主体教学
有效性探索

王 升◎著

ZHUTI JIAOXUE
YOUXIAOXING TANSUO

教育科学出版社
·北京·

出版人　所广一
责任编辑　刘　灿　何　薇
版式设计　孙欢欢
责任校对　贾静芳
责任印制　曲凤玲

图书在版编目（CIP）数据

主体教学有效性探索/王升著. —北京：教育科学出版社，2012.11
ISBN 978–7–5041–6989–1

Ⅰ.①主⋯　Ⅱ.①王⋯　Ⅲ.①教学研究　Ⅳ.①G420

中国版本图书馆 CIP 数据核字（2012）第 228857 号

主体教学有效性探索
ZHUTI JIAOXUE YOUXIAOXING TANSUO

出版发行	教育科学出版社		
社　　址	北京·朝阳区安慧北里安园甲9号	市场部电话	010–64989009
邮　　编	100101	编辑部电话	010–64989179
传　　真	010–64891796	网　　址	http://www.esph.com.cn
经　　销	各地新华书店		
制　　作	北京金奥都图文制作中心		
印　　刷	北京中科印刷有限公司	版　　次	2012年11月第1版
开　　本	169毫米×239毫米　16开	印　　次	2012年11月第1次印刷
印　　张	20.25	印　　数	1–3 000册
字　　数	296千	定　　价	42.00元

如有印装质量问题，请到所购图书销售部门联系调换。

目 录

前 言 ··· 001

绪 论 为什么要研究主体教学的有效性 ····· 001

    第一节 主体教学实践中存在的问题 ······················· 002
    第二节 国内外教学有效性研究现状 ······················· 010
    第三节 主体教学有效性研究的意义 ······················· 028

第一章 主体教学有效性的基本含义 ············ 033

    第一节 主体教学有效性的内涵 ···························· 034
    第二节 合理的主体性——确保主体教学有效性的
             目标定位 ·· 040
    第三节 保证主体教学有效性的价值取向 ················ 058

第二章 主体教学有效性的视阈 ···················· 071

    第一节 主体教学有效性的社会性视阈 ··················· 072
    第二节 主体教学有效性的教学艺术视阈 ··············· 079
    第三节 主体教学有效性的公平视阈 ······················· 086

第三章 保证主体教学有效性的动力 ············ 107

    第一节 主体教学有效性的社会动力 ······················· 108
    第二节 主体教学有效性的心理动力 ······················· 122
    第三节 主体教学自身的矛盾 ································ 133

第四章　主体教学有效性的标准 ······ 149

第一节　制订主体教学有效性标准的原则 ······ 150
第二节　主体教学有效性标准的维度分析 ······ 163
第三节　主体教学有效性的指标体系 ······ 170

第五章　保证主体教学有效性的策略 ······ 189

第一节　走向有效教师的策略 ······ 190
第二节　学生有效参与策略 ······ 204
第三节　主体教学公平策略 ······ 216
第四节　主体教学艺术策略 ······ 230

第六章　主体教学有效性实验研究 ······ 245

第一节　有效教师有利于提高主体教学的有效性？ ······ 246
第二节　合理的主体性参与有利于提高主体教学的有效性？ ······ 261
第三节　教学艺术有利于提高主体教学的有效性？ ······ 282
第四节　教学公平有利于保证主体教学的有效性？ ······ 297

参考文献 ······ 307
后　记 ······ 317

主体教学在我国开展已有十余年历史，它在引领我国教学从传统向现代转变方面功不可没。但在实践层面，主体教学却暴露出有效性不足的问题，严重影响了主体教学的深入发展。主体教学有效性不足主要表现为：主体性发挥的合理程度较低，充分性及深入程度不足，均衡性和协同配合程度较弱。主体教学有效性的研究有助于这些问题的解决，然而，目前国内外关于主体教学有效性的研究成果很少。因此，本研究具有很重要的理论意义与实践价值。

本研究首先从形而上的层面研究了主体教学有效性的目标定位与主体教学运行的动力，确定了主体教学有效性的视阈。追求主体教学有效旨在培养与发展学生合理的主体性，促进他们全面发展，这要求师生双方能够较好地发挥各自的主体性，协同配合，教学方法科学，教学手段合理，教学效果良好。合理的主体性的要义包括：从强调个体主体性走向个体主体性与类主体性并重；从表面的主体性走向根主体性；从异化的主体性走向非异化的主体性；从神秘的主体性走向平常的主体性。科学精神与人文素养的结合是保证主体教学内容有效性的价值取向。把科学教育与人文教育结合起来，会使教学理性与非理性相互补充，有利于调动学生的主体性。主体教学中的科学发展观是指以合理的主体性发展为基础的学生个性的全面发展。

审视主体教学有效性的视阈包括社会性视阈、教学艺术视阈与公平视阈。主体教学具有很强的社会交往性、社会活动性和社会实践性。教学艺术作为高水平地运用教学方法的状态，是教学方法主体化理想的表现形式，是主体教学所需要教师的各种素质最集中、最典型、最完美的体现，能够引起学生智能、情意、审美能力的协同发展。主体教学公平具有协同性、差异性、整体性及共益性。主体教学公平能确保教师责任的履行、教学和谐及教学资源利用的合理性，有利于实现从精英教育向大众教育的转变以及学生合理的发展。

保证主体教学有效性的动力系统分为社会动力、心理动力及主体教学自身的矛盾三个方面。教学交往可给主体教学提供观念之力、机制之力和互动之力。教学合作可产生认知、情感、行为方面的倾向力及主体性、思维、方法方面的冲击力。教学竞争在教学中能够产生压力和表现力。保证主体教学运行的心理动力包括情感动力、兴趣动力、审美动力及意志动力。主体教学自身的矛盾是主体教学运行的根本动力。主体教学的矛盾有深层矛盾、中层矛盾与表层矛盾。

本研究从形而下的层次制订了主体教学有效性的标准，探索了确保主体教学有效性的策略。制订主体教学有效性标准时应坚持方向性原则、适度开放与民主原则以及高质量原则。主体教学有效性的指标体系包括教学目标结构、教学内容结构、主体参与结构及教学管理结构。本研究即从这几个方面制订了主体教学有效性的标准。为了保证主体教学的有效性，首先，应使教师走向"有效教师"；其次，应努力创造条件使学生在教学中进行合理的主体性参与；再次，应在教学过程中推行公平；最后，应提高主体教学艺术。本研究通过实验研究验证了这些主体教学策略的科学性与合理性。

绪 论

为什么要研究主体教学的有效性

内容提要

从主体教学实践中存在的问题看，主体教学有效性问题的提出具有一定的迫切性。主体教学在我国已开展了十余年，但在实践层面暴露出有效性不足的问题：主体性发挥的合理程度较低，充分性及深入程度不足，均衡性和协同配合程度较弱。这些问题制约着主体教学的进一步发展。从国内外教学有效性研究的现状看，主体教学有效性问题的提出具有必要性。当前我国教学理论研究缺乏对主体教学有效性的研究，国内外教学有效性的研究在微观层面也存在许多问题。从主体教学有效性研究的意义看，主体教学有效性问题的研究具有十分重要的意义。主体教学有效性研究的理论意义表现在：有利于教学有效性研究的深化，有利于主体教学研究的深化；在教学实践方面，主体教学有效性研究有利于培养学生合理的主体性，有利于提高主体教学的效度。

第一节 主体教学实践中存在的问题

笔者在和中小学教师座谈中了解到，目前主体教学在实践中存在一些问题，诸如学生主体性得不到充分发挥，主体教学难以照顾到所有学生等。为了验证这些调查结论，了解主体教学在实践过程中的开展情况，本研究采用问卷法调查了一线教师对此问题的态度和看法。本研究采用自编的主体教学有效性调查问卷，包含五个维度，即学生主体性发挥的合理程度、充分程度、深入程度、均衡性以及各方面的整体协同程度，共18道题；采用likert五点计分方式，1~5分别表示完全同意、基本同意、一般、基本不同意、完全不同意，代表教师对上述五个方面的态度，每个题目的得分在1~5之间，3为中等强度值。均值越趋近于1，表示教师越认可主体教学开展的有效性；越趋近于5，表示教师越不认同主体教学的有效性。自2008年3月起，在河北、山西、陕西、甘肃等地共发放2500份教师调查问卷，收回问卷2115份，回收率为84.6%；去除填写不完整和不符合要求的问卷85份，保留有效问卷2030份，有效率为81.2%。

一、教师对主体教学实践有效性的评价较低

表0-1 教师从不同维度评价主体教学实践有效性的平均值和标准差

(N=2030)

维　度	平均值	标准差
合理程度	2.748	0.680
充分程度	2.848	0.570
深入程度	2.671	0.627
均　衡　性	2.776	0.804
协同程度	2.956	0.507

统计结果显示，学生主体性发挥的合理程度、充分程度、深入程度、均衡性以及各方面的整体协同程度这五个方面的均分依次为 2.748、2.848、2.671、2.776、2.956。上述统计结果的均值都略高于 2.5 分中等强度值，如图 0-1 所示。

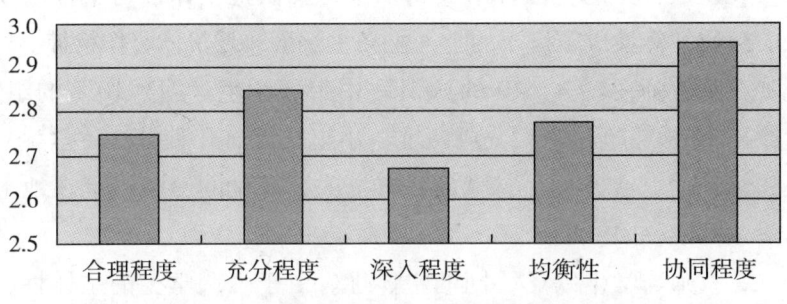

图 0-1　主体教学有效性五个层面的平均值

问卷调查结果反映出主体教学在实践中的开展情况并不如预想中的那样乐观。这主要表现在：学生主体性发挥的合理程度较低，充分程度以及深入程度较弱，均衡性以及各方面的整体协同不足。其中，教师对主体教学开展的深入程度认同最高，对其合理程度、均衡程度、充分程度的认同处于中间水平，对其整体协同程度的评价和认同最低。

二、学生主体性发挥的不合理影响了教学有效性的价值取向

教学的有效性必须基于正确的教学价值取向，如果教学价值取向出了问题，则教学越"有效"，对学生的负面影响便越大。

在我国，主体性教育已经推行了十几年。在主体性教育教学的实践中，由于理解的偏差，也出现了一些问题。在本次调查中，教师们的回答如下：

表 0-2　主体教学开展的合理程度

教师在相关问题上的回答	所占比例（%）
主体教学开展中过分强调学生的主体性，忽视教师的主导作用。	39.1
主体教学开展中学生过分张扬个性，彼此之间缺乏合作。	33.1

表 0-2 中的数据反映了学生主体性的发挥存在不合理的地方，主要表现为：

第一，放任的主体性。在一些学校，由于一味强调学生的主体性，忽视了教师的主导作用，使学生的个性张扬走向了极端。

第二，缺乏合作的主体性。长期以来，我们把主体性与个性的发挥混为一谈，致使主体性成了极端的个人主义，学生缺乏集体合作精神。

比如，某教师在教学《10 的认识》中带领学生学习"10"的组成时，让学生拿出 10 根铅笔将它们分成两堆，小组交流有几种分法。学生立即投入到小组活动中，有吵的、有喊的、有抢的、有玩的……铅笔在地上噼啪直响，学生乱成一团。[1]

第三，教师与学生缺乏协同的主体性。由于强调学生的主体性，忽视了教师的主导性，致使教师的主体性不知如何发挥。

事实上，教育一是要培养服务社会的人才，二是要培养改造社会的人才。不管是培养服务社会的人才还是改造社会的人才，教育必须首先培养适应社会的人，只有这样的人才能更好地肩负起服务社会与改造社会的重任，这是由教育的社会性所决定的。人是社会的人，脱离社会长期离群索居的人会失去社会性。人的主体性也是一定社会、一定时代的主体性，倘若我们离开所处的社会及时代背景去考虑人的主体性，则主体性就会失去根基，也就会失去其存在的必要。因此，我们所提倡的主体性应该是具有很强的社会属性、文化属性的主体性。

在理论研究过程中，为了纠偏，可以矫正，但在实践过程中如果走得太偏、太极端，则可能会贻误一代或几代人。如果学校培养的学生过分张扬个性，那么，他们面对社会时恐怕就会更多地表现出一种叛逆，并因此最终被主流社会抛弃。

主体教学有效性的研究，就是要思考——什么样的主体性才更加合理。

三、学生主体性的缺乏影响了教学有效性的层次

根据我们对教改实验区的调查了解，尽管新课程要求学生主体参与，

但由于升学压力、教师理念、教学方法等原因,学生还是缺乏应有的主体性。为了解课堂教学存在的问题及其在发挥学生主体性方面的不足,我们在山西省部分城市的中学发放了 99 份开放式教师问卷进行调查,结果见表 0-3。

表 0-3 主体教学实践中存在的问题

教师问卷中提到的教学中存在的问题	人数	百分比(%)
学生厌学、被动,缺少主动学习的动机,主动性和积极性差。	52	52.5
课程内容过多,教学时间少,升学压力大,教师满堂灌现象严重。	48	48.5
学生学业压力大,负担重,死读书现象严重。	39	39.4
传统而单一的评价方式,制约了学生探究合作学习的积极性。	27	27.3
教师教学手段和形式单一,以教授为主,缺少让学生主动参与的形式。	25	25.3

表 0-3 中的统计数字反映了教学中学生主体性缺乏的问题。除了这 99 份开放式问卷,在 2030 份封闭式问卷中也有题目调查教师对学生主体性发挥是否缺乏这一问题的看法,结果见表 0-4。

表 0-4 主体教学开展的充分程度

教师相关问题上的回答	所占比例(%)
学生学习被动,缺少主动性。	37.6
学生意识不到自己在课堂教学中的主体地位,无法充分发挥自己的作用。	23.2
主体教学浪费时间,效果不显著。	31.1
教师在课堂上没有将学生看作教学活动的主体,也没有为其发挥主体作用创设条件。	10.3

若教师认为主体教学浪费时间,就会更多地采用"讲授—听讲"的教学模式,学生的主体性就必然处于缺乏的状态。

上面的调查结果表明,虽然我们一直在提倡主体教学,提倡发挥学生的主动性和创造性,但在教学实践层面还存在很多问题。这些现实状况制约了学生主体性的发挥,使得学生主体性缺乏,影响了教学有效性的层次。

一位校长在经历了很多公开课评审之后,认为当今课堂存在的典型问题包括:课堂上教师假民主、假自由,看似给予了学生发言与选择的权利,但实际上还是按照原先的教学计划走,根本不注意倾听学生的意见。[2]

有些教师也认为发挥学生的主体性会影响教学的有效性,于是表面上给学生主体参与课堂教学的权利,但实际上牵着学生跟着自己走,教学完全根据教师的设计进行。这些都说明,在目前的教学中,学生主体性的发挥还很不充分,处于主体性缺乏的状态。

四、学生主体性的肤浅影响了教学有效性的程度

目前的课堂教学中,学生获得了更多表现的机会,但要判断这种机会是否真正对学生产生了积极的效果,则不仅仅要看学生参与活动人数的多少或学生参与时间的多少,而要看学生在参与过程中是否在发展。[3]有研究者提出,在课堂上学生"参加"并不等于是"参与",参与不是简单的数量上的相加,而是全身心地投入,积极主动地自我建构,是结构性的不断生成。[4]

案例0-1

某教师在教学《认识角》时,播放了一段一个男孩和一个女孩在折千纸鹤的录像,试图引导学生从千纸鹤身上发现角。

师:从刚才的录像中,你们发现了什么?

学生纷纷举手:我看到了一个哥哥和姐姐在折千纸鹤;我看到那个姐姐比哥哥折得快;我看到哥哥在剪纸;我还看到那个哥哥在对着姐姐笑呢……

5分钟过去了,学生就是没发现角。[2]

笔者在课堂观察中也发现，在许多教师的教学中，学生主体性集中表现在举手发言、分组讨论、情节表演等热闹但浮泛的场景中，这都是肢体式参与行为，属于肤浅的主体性，缺乏主体内部的活动，思维不活跃。表面上，学生在参与教学活动，但他们却缺乏独立性、探索性。

为了了解实践中主体教学开展的深入程度，我们设计了四道反映主体教学开展充分程度的题目，调查结果见表0-5。

表0-5 主体教学开展的深入程度

教师在相关问题上的回答	所占比例（%）
目前的主体教学是一种浅表性的、流于形式的活动。	20.0
不认同主体教学对促进学生主动性发展的作用。	11.4
主体教学没有真正给予学生参与的权利。	43.4
主体教学没有促进学生各方面能力的发展。	10.0

统计结果显示，还是有相当一部分教师认为目前的主体教学开展得较为肤浅，不能实实在在地促进学生发展。

99份开放式教师问卷中也有教师提到此类问题。一位教师在问卷中写道："目前，教学中发挥学生主体性主要表现在：学生预习、自学；互相讨论和探究；亲自动手操作实验。但以上主体性的体现，都是比较浅层次的。"还有教师提到："目前学生主体性发挥不到位，学生主体性不强，主要是一些浅表性的，诸如自学、做题和课堂讨论、思考问题等。"一切形式化的、不利于学生发展和提高的东西要排除在外，学生要在实实在在的课堂上实现有个性的发展。

课堂教学中，学生主体参与肤浅的问题已经越来越引起了教师与研究人员的注意。有人甚至认为课堂表面参与的热闹都是假主体性的表现。其实这不是假主体性，而是主体性的程度问题，是比较肤浅的主体性。客观地讲，不存在纯粹没有主体性的课堂教学。倘若学生完全没有主体性，那么教学就不会形成，就不会有任何效果。在教改实验学校，主体教学成为人们的核心理念，但他们的主体性表现形式化，表面性较强；主体教学形式主义严重，缺乏较高的质量。

五、学生主体性发挥的不均衡影响了教学有效性的受益范围

为了解主体教学发挥的均衡性，即主体教学是促进了大部分学生的发展，还是只促进了少部分优等生的发展，问卷设计了相应题目，结果见表0-6。

表0-6 主体教学开展的均衡性

教师在相关问题上的回答	所占比例（%）
主体教学令优等生受益，令中差生失去了表现机会。	32.0
主体教学只能使小部分学生从中受益。	43.8

统计结果表明，学生主体性发挥还存在明显不均衡的状况。主体教育认为，促进每个学生主体性的发展，是教育的根本目的。[5]然而，现在有不少课堂教学出现这样的现象：主体作用发挥得好的学生是接受能力较快、学习成绩较好的学生，他们主导了整个课堂教学，中等生或相对比较差的学生则丧失了"发挥"的机会。[6]笔者的调查表明，好、中、差三类学生在课堂主动参与的时间方面存在十分巨大的差异，差生与好生相比，一天之内，相当于少上3节课，一周则要少上15节课。[7]在对学生的调查中，有些学生反映，"班里好学生发言机会多，其他学生往往缺乏机会"。一些教师也认为，学生的主体性存在严重的不均衡现象。

主体教学有效性包括两个方面：面向个体学生的有效性与面向全体学生的有效性。只有实现了这两方面的统一，主体教学才是真正有效的。

有效性的幅度就是看教学是否对全体学生而言都具有有效性，这是有效性的受益范围问题。根据调查，课堂教学中，少数学生活跃，多数学生沉默，多数学生的主体性较差，从而严重影响了教学有效性的受益范围。在调查中有教师告诉笔者，少数学生主体性的发挥与发展是建立在大多数学生主体性不能很好发挥与发展的基础之上的。

六、教学中整体协同配合的缺乏影响了教学有效性的持续

为了解主体教学开展过程中各方面协同配合的情况，我们在问卷中设

计了相应题目。问卷统计结果显示，老师们在对主体教学有效性的五个方面（合理程度、充分程度、深入程度、均衡性、协同程度）进行评价时对"各方面整体协同配合"这一维度的认同度最低。老师们对这个维度下题目的回答情况见表0-7。

表0-7 主体教学开展的协同程度

教师在相关问题上的回答	所占比例（%）
教材内容无法反映主体教学的最新理念。	15.0
目前的主体教学理论空洞，不能真正帮助自己解决工作中的问题。	16.0
管理层注重升学率，导致自己难以在课堂中有效开展主体教学。	53.5
主体教学对教师素质要求较高，而教师素质还达不到这一要求	33.4

这些都暴露出主体教学在开展过程中各方面协同配合不足的问题。近几年在主体教学实践中，对微观层面探讨得比较多，而对中观与宏观层面探讨得比较少。微观层面的实践得不到中观与宏观层面的支持，主体教学的有效性受到了严重的影响。即使有一些较有价值的宏观层面的探讨，但由于缺乏一种合理的层级转换机制，长期以来，这些光辉闪烁的思想几乎沦落为乏力的教条，中观、微观层面理论概括的缺失使宏观的理论主张成了空中楼阁。例如，教材、课程对教学的影响很大，但在我国，教材的编制、课程内容的选择、教学大纲、教学计划的制订等都是政府与专家学者的事情，新的教育理念、主体教学思想很难及时渗透到其中，这严重地制约着微观层面的主体教学。正如有些教师提到的那样，"目前的教材针对性不强，不太适合学生使用；学校使用的教材脱离学生实际，学生对教材不满意"。另外一种情况是，国家从宏观层面推广素质教育，提倡主体教学，但是由于教师素质跟不上，素质教育在微观层面的运行上存在着理解偏差、方法不对路的问题。由于评价改革不能与课改同步进行，管理层无法为教师开展主体教学提供有效支持，课堂上教师能否充分调动学生的主体性还是令人颇为担忧，主体教学仍然停留在较为低效的层次上。

第二节　国内外教学有效性研究现状

一、当前我国教学理论研究中存在的问题：缺乏对主体教学有效性的研究

（一）主体教学研究存在的问题：缺乏从有效性角度的研究，影响了主体教学的有效性

在 CNKI 中分别输入关键词"主体教学"、"主体教育"、"发展性教学"等，检索 1999～2008 年的文章，在检索结果中输入关键词"有效"，进一步检索，结果见表 0-8。

表 0-8　对主体教学相关研究文章的检索结果

年份（1999～2008）	文章数
主体教学/主体教育/发展性教学的研究	约 2000 篇
主体教学/主体教育/发展性教学有效性的研究	2 篇
主体教学有效性的相关研究（抽样检索）	约 136 篇

主体教学有效性的相关研究主要表现为使主体教学更加完善的一些研究。大致包括：应用多媒体手段、调动学生主动性以更好地促进教学的研究；一些新的课堂教学模式、教学设计及教学运行机制的探索和尝试，促进主体教学的发展的研究；关于主体教学开展过程中的反思及教学策略的研究；关于提高教师主体性水平的研究，等等。

通过对近年来出版的主体性教育及相关的 20 余部著作的分析，发现尚未有著作对主体教学的有效性进行探讨。

（二）教学有效性研究存在的问题：缺乏从主体性角度对教学有效性的系统研究，影响了教学有效性研究的深度与时代性

在 CNKI 中键入关键词"有效教学"或"教学有效性"，检索此类研

究，进而在检索结果中键入关键词"主体"，查找关于主体教学有效性的研究，检索结果见表0-9。

表0-9 对教学有效性相关研究文章的检索结果

年份（1999~2008）	文章数
教学有效性研究	约1158篇
从主体性角度探讨教学有效性的研究	6篇

通过文献检索发现，很多研究者已经认识到主体性在课堂教学中的重要意义，例如很多文章谈到如何在课堂教学中发挥学生的主体地位，发挥学生主体地位的重要性等。但是进一步挖掘下去，发挥了学生的主体性后，是否真的产生了积极意义，是否真的对课堂教学产生了良好效果，主体性的发挥是否合理有效，对这些更为深层次的问题较少涉及，特别是在理论层面探讨主体教学有效性的文章更少。从文献检索情况看，关于主体教学有效性的研究，2000年和2004年各有一篇文章，近几年就很少有这方面的研究。但这个问题又是近年来教学中涌现出来的制约主体教学良性发展的关键性问题，因此极具现实意义和研究价值。

笔者查阅了十年来教学有效性研究论文，发现缺乏对以下内容的研究与探讨：第一，主体性与有效性关系问题；第二，如何从主体性角度提高教学有效性问题；第三，教师的主体性对提高教学有效性的意义问题；第四，教学有效性策略中的主体性问题。

二、对国内有关教学有效性研究的综述

教学有效性（teaching effectiveness/effective teaching）的理念，源于20世纪上半叶西方教学科学化运动，特别是在受美国实用主义哲学和行为主义心理学影响的教学效能核定运动之后，这一概念频繁地出现在英语教育文献之中，引起了各国同仁的关注。[8]我国对教学有效性的系统研究始于20世纪90年代，这一阶段出现了一系列介绍国外教学有效性的文章和著作。在我国，对这一问题的首次论述出现于1997年陈琦、刘儒德主编的《当代

教育心理学》中。[9]该书专门用一整章论述了教学有效性,探讨了有效教师的三个特征和针对不同课题的教学有效性。此后,陈厚德于2000年出版了《基础教育新概念:有效教学》一书,该书介绍了有效教学的基础理念、有效学习的基本要素、有效教学的基本原则、有效教学的基本要素、有效教学的基本模式以及有效教师的基本素质和基本技能等问题,这是国内有关教学有效性的第一本专著。进入2001年,我国开展了新一轮基础教育课程改革,钟启泉、崔允漷等在编著的《基础教育课程改革纲要(试行)解读》中明确提出在学科教学中应具备有效教学这一理念。[10]自此,我国关于教学有效性的研究更为多样与深入。

国内教学有效性的研究主要探讨了以下几个方面的问题。

(一) 教学有效性的评价标准

教学有效性的评价标准主要是通过评估教育资源的使用情况,教师言语表述的清晰程度,教学方法的灵活运用,学生主动性的调动,教师及学生创造性的发挥等项目,从而对教学目标、教学内容、教学方法、教学手段等方面加以综合评价的一套完备的指标体系。教学有效性评价标准实质上是以什么样的准则和尺度去判断教学是高效的还是低效的。

建立一套合理科学的课堂教学有效性评价标准具有重要意义。首先,标准的制订使教学成为一种专业活动、教师成为专业人员,让教育逐渐走上专业化发展之路,提高教师的专业化地位;其次,标准的制订使教学有了一个参照体系和发展的蓝图,使所有教师有了一致的对话和交流的平台。然而,教学工作是一项复杂并具有高度创造性的工作,工作效果又具有滞后性,因此确定教学有效性的标准是较为复杂的问题,目前我国还没有建立起一套得到普遍认可的评价标准框架。

出于评价和选拔的需要,一些地区和机构结合自身特点制订了相应的课堂教学评价标准。文献检索发现,比较系统地阐释该问题并较有代表性的是孙亚玲的博士论文《课堂教学有效性标准研究》。[11]该研究通过观看课堂教学录像、对学生及教师进行问卷调查的方式,并结合国外大量研究,制订了课堂教学有效性标准的框架。该框架由5个一级指标、27个二级指标构成,这5个一级指标分别是教学目标、教学活动、教学能力、教学反馈、教学组织与管理,27个二级指标包括适合学生需要、活动目标明确、与学习内容一致、运用提问与讨论技术、为学生提供反馈、组织与管理教学过程等,其中每一项都有不同的权重和分值。作者还对该框架得出的一级标准和二级标准进行了详细解读。

还有一些研究通过理论梳理总结了教学有效性的标准。如关文信在分析了目前国内研究存在的问题后提出评价教学有效性的五条标准:营造良好的教学氛围、用教学目标引领学生发展、学生主动参与、重视学习策略的教学、突出创新素质的培养。[12]最后他还指出评价标准需要注意两个问题:一是评价的价值定位,要处理好终极价值与过程价值、中心价值与非中心价值的关系,实现价值间的内在和谐;二是要把价值取向转化为具体的、操作性定义,实现理念与策略的内在和谐。宋秋前在其著作《有效教学的理念与实施策略》中指出,教学有效性的评价标准是学生是否进行了有效学习,其核心是学生的进步和发展。教学是否有效关键是看通过教学学生取得了什么样的进步和发展以及能否引发学生持续学习的动机。[8]4蒋萍等从新课程的角度提出了教学有效性的标准:关注学生的进步或发展、关注教学效益、教师具有时间与效益观念、关注可测性或量化、教师具备批判意识和确立有效教学的一套策略。[13]这些研究提出的标准大多是从文献和理论梳理中得出的,没有阐释标准得出的依据和具有可操作性的指标体系,只是一种理论上的阐释。

此类研究中比较典型的是林少杰的观点,他分别从远观、中观、近观三个层面评价教学有效性。[14]他认为学生的发展是评价教学是否有效的重要指标,然而不能采取简单的做法,应该从远观、中观、近观等不同的视点来评价学生发展。远观评价以今后学生对社会的贡献为主,中观评价以社会性选拔状况为主,近观评价以学业质量为主,主要考虑的是在远观和中观评价标准指导下对教师教学效益的评价。近观评价的主要内容包括三方面:第一方面为学生对学校生活的满意程度,包括学生对学习结果的认同程度、对学习过程的感受等;第二方面为学校或教师对教师的间接评价,包括考查学生学习方式的运用和学习态度的形成等;第三方面为学校或教师对教师的直接评价，包括教师自身专业发展和教师对职业的认同等。林少杰将教学有效性的评价延伸到课堂教学之外，将学生对社会的贡献程度以及社会性选拔的情况也作为评价尺度。该评价标准使教学有效性的判定从课堂教学走向更广泛、更长远的范围，具有一定的创新性。

张璐曾经对国内有效教学的标准进行了归纳总结，他的归纳方式得到了很多研究者的认可。他认为国内有效教学的标准大致有两类：基础性和发展性。[15]其中基础性评价标准包括四个方面：是否能把握教学内容的定位，是否注意个别差异，教师的表达是否清晰，是否有效地使用教学资源。发展性评价标准包括：是否能灵活运用、选择和编制教学计划，是否运用启发式方法使学生积极投入到课堂教学中，课堂教学是否体现互动和开放的要求，教师能否尊重学生，能否唤起学生自律意识，能否允许学生个体专长的课外发展，是否具有科学思维和创造性。

关于教学有效性的标准问题，国内有不少学者进行了研究，但总体还存在一些不足之处，主要表现在以下几个方面：①缺乏关于标准的制订过程、方法和理念的阐释，因此很难通过这些标准看到其认同的教育理念和理论假设；②所制订的标准有的只能适用于某类学校或者地区，不具有普遍适应性；③这些标准大都以评优和选拔为目的，真正能激励教师和促进学生发展的标准较少，在这样的观念和目的下制订出的评价标准不能使教师产生较强的改革自身和完善工作的动力；④这些各级各类的标准的内容差异很大，指标间的层次和隶属关系不明确，有的抽象、有的过于琐碎、有的空洞，各项指标在权重的分配上随意性较大，缺少统一和客观的标准；⑤目前大多数评价标准仍局限于课堂教学，没有从学生全人发展的角度去制订标准，因此无法衡量教学除了对学生在课堂上的影响外是否还产生了其他影响；⑥目前课堂教学标准的研究还主要是宏观的把握，微观分析不够。

（二）教学有效性的实施策略

教学有效性策略是教师为实现教学目标或教学意图，使学生掌握有效学习策略而采用的一系列具体的问题解决行为方式。[16]教学有效性策略主要在于激发学习主体的主动性和积极性,让学生主动寻找信息而非被动遭遇信息。课堂教学中,教师只有恰当运用教学策略,才能提高教学有效性。因此,探讨教学有效性策略对提高课堂教学效果具有重要意义。

关于教学有效性策略的研究大致可以分为以下几类。

第一类:根据教学发展进程和阶段(课前准备、课堂实施、课后评价)制订策略。其中比较有代表性的观点,如崔允漷按照教学进程将教学有效性策略分为教学准备策略、教学实施策略以及教学评价策略,并分别对各种策略进行了详细阐述。[17]李诏从五个方面总结了实现教学有效性的策略:教学目标制订的策略、教学内容选择的策略、教师的行为策略、教学实施的策略、教学评价的策略。[16]蒋诗泉通过对高中数学课的调查了解,总结出高中数学的有效教学策略:第一,实施有效讲授策略,加强为理解而教的讲授策略;第二,注意提升学生的学习动机,正确运用激励策略;第三,实施数学教学的过程性策略,加强数学过程教学模式的训练;第四,实施数学教学的反思策略,促进两个"学会";第五,实施数学教学的评价性策略,改变对学生评价的单一方式;第六,注意学习策略的训练,切实提高学生的学习策略,切实提高学生的学习策略应用水平。[18]

第二类:依据自己的教学实践提出了具有较强操作性的教学有效性策略。陶蓉芳根据自己的教学实践提出几点提高数学教学有效性的策略:利用学生错误、利用学生的质疑、借助数学活动、合理拓展教材。[19]唐珺结合英语教学实际指出提高词汇教学有效性的策略有:重视起始教学,激发学习兴趣;重视语音教学,强调音形结合;教授构词规律,帮助词汇扩充;指导使用辞典,培养学生自学能力;运用多种手段,提高学习效率。[20]宋秋前在其专著《有效教学的理念与实施策略》中指出课堂教学有效性的实施策略包括:教学准备策略、差异教学策略、教学优化策略、创造和主体教学策略、情感教学策略五个方面。[8]2

第三类:还有研究者提出了不同于以上两类的策略。陈理宣指出应从学习的实现过程与学生学习行为的性质对教学有效性策略进行探讨。[21]他认为信息与人们相互作用的情况有两种:一是人们主动寻找到的信息;二是人们被动遭遇到的信息。学习是信息与学习主体相互作用,从而引起主体经验的获得和行为变化的过程，而对实现学习行为最有效的信息是学习主体主动去寻找到的信息。教师应围绕这两方面进行教学：第一，对知识进行加工；第二，激发学生学习知识的兴趣，根据学生身心发展规律来激发学生的积极性和主动性。

（三）教学有效性的影响因素

影响教学有效性的因素是指影响教学取得理想效果的因素，包括教师、学生、教学环境、教学手段、教学行为等。陈厚德指出，影响学习有效性的因素有背景性要素（或基础性要素）和过程性要素（或实践性要素）两大类，八个基本要素或机制，并通过图标的形式对它们之间的关系进行了阐释。[22]其中情境、个性属于背景性要素系统，动机、选择、构建、应用、计划、评价属过程性要素系统。吕西萍指出影响课堂教学有效性的因素有：教学知识的有效性、教学调控的有效性、教学方法的有效性、教学信息传递的有效性、教学交往的有效性。[23]

关文信指出影响教学有效性的主要变量有：主体变量、内容变量、过程变量、环境变量。[12]主体变量指教学过程中的教师和学生；内容变量指教学内容，该变量是教与学活动的联结点；过程变量指课堂教学过程；环境变量指在教学活动中影响教与学的一切条件和因素。其中主体变量要有复合性，内容变量要有发展性，过程变量要有交互性，环境变量要有支持性。此外，关文信还指出，这些变量不但分别影响着教学有效性，它们之间还存在相互影响的关系。这种关系表现为：主体变量是实现教学有效性的决定性因素，内容变量是实现教学有效性诸多因素的联结点，过程变量和环境变量是实现教学有效性的关键所在。和关文信持类似观点的研究者还有朱浩亮等，他们对影响课堂教学有效性的因素进行了简要分析，提出课堂教学活动是由多因素构成的，其中最基本的要素是活动主体（教师、学生）、活动客体（课程或教材）和中介手段（课堂教学手段）。课堂教学有效性不仅受这些单个因素的影响，而且这些因素的相互作用方式也会制约和影响教学有效性。[24]有的研究者关注于影响教学有效性的某一方面因素，并对此进行了详细分析。陈厚德在专著中专门用一章论述了影响教学有效性的重要因素——教师素质和技能。作者指出，作为一名有效教师需要具备四项素质：忠诚教育事业的敬业精神和献身精神，现代科学的教育思想和教学观念，高尚的思想道德和优良的人格风范，广博而扎实的文化科学素养。有效教师需要具备的技能包括：建立良好的师生关系，搞好教学设计，语言表述技能，组织和调控课堂的技能。[22]姚利民对教学有效性的重要影响因素——教师行为进行了详细分析。他指出，影响教师行为的教师因素包括教师的教育观念、知识、教学责任意识、教学效能感、教学能力、教学机智、教学监控能力等。[25]其中，教师的知识是教学行为的基础，教学观念指导教学行为，教学责任意识是教学行为的推动力，教学效能感对教学行为有激励作用，教学行为外化了教学能力、展现了教学机智，教学监控能力使教师能够对自己的教学行为进行自我监控。所有这些因素都对教师行为进而对教学有效性产生了整体影响。和姚利民一样关注教师因素的还有严云堂，他在研究中指出，教师的职业兴趣、工作条件、认知风格、情绪状态、个性特征、教育培训等都会影响教学有效性。除此之外，教育评价机制、教育教学经验、教学活动的对象、教师的身心健康等也都会影响到教学有效性。教师如果想具有较高的教学艺术性和教学有效性，除客观条件外，自身还需具备责任感强、关心热爱学生等个性品质特征。[26]

（四）教学有效性的特征

教学有效性的特征是指教学有效性的独特征象、标志等，即教学有效区别于教学低效、负效、无效的方面。姚利民教授认为教学有效性的特征应是最符合教学有效性的含义、最有助于教学有效性实现的特征，它是通过教师的具体教学行为来体现的。

姚利民在专门论述教学有效性特征的一篇文章中指出，教学有效性的特征包括九个方面：正确的目标、充分的准备、科学的组织、清楚明了、充满热情、促进学生学习、以融洽的师生关系为基础、高效利用时间、激励学生。[27]如果教师希望自己的教学在有效性方面得以提高，就需要在兼具个人特色和风格的基础上，逐步具备这些特征。和姚利民有类似观点的还有厦门大学的进连军，他在文章中指出，若要实现教学有效性，教学应具备七个特征：它能实现即时的课堂教学目标，能促进学生的终身发展，有适切的教学策略，学生处于最佳投入状态，具有畅通的师生沟通渠道，具备良好的课堂管理方式，拥有优化的教学环境。[28]作者同时指出，这七个特征之间存在相互依存的关系，为实现教学有效性，就需要在正确教育理念的引导下，进行全程、全系统的设计实施，同时教师也应根据授课对象、课程内容等情况开创独具个人特色的教学风格。宋秋前在其专著《有效教学的理念与实施策略》中也对此进行了初步探究。他指出，教学有效性的基本特征有以下几个方面：以学生发展为本的教学目标，预设与生成的辩证统一，教学的有效知识量高，教学生态和谐平衡，以学生发展为取向的教师教学行为。[8]6-15

上述关于教学有效性特征的研究是一种静态的研究，是对特征属性的整体把握。龙宝新、陈晓端则从动态的角度对教学有效性的特征进行了描述。他们指出，教学有效性的特征是：一种具有可持续性的教学环节"链接"，对"预成课程"与"生成课程"的主动调试，有效教学与教师专业发展同步，与有效评价相互依存。[29]这种区别于其他的从动态角度对教学有效性的特征进行的分析，在教学中追求有效的"起点"，着眼于对"生成"课程的积极关注，构建了教与学同步发展的路径，建立了动态评价的教学。

虽然有不少研究者对这一领域进行了研究，但由于教学的复杂性——非线性、不可还原性、偶然性和开放性等特点，教学有效性的特征还是一个复杂的问题，仍需深入探究。

综上所述，国内研究者对教学有效性这一问题进行了深入和广泛的探讨，这些研究有助于提高教学有效性，但已有研究也存在一些不足之处，主要表现在以下几方面。

首先，关于教学有效性的研究以理论探讨居多，实践性探讨较少。教学有效性不仅仅是一种理念和目标，更是一种借助教师智慧以实现学生发展和进步的策略与手段。国内学者们的探讨更多地集中在教学有效性的内涵、特征、影响因素等方面，即便是关于策略和标准的探讨，也是理论构建多，实证研究和验证性研究少。这就导致教学有效性更多地处于一种观念状态，难以推行到一线课堂教学中，因为教师们很难运用这些抽象和概括的理念去开展教学，实现课堂教学的有效性。我国学者更多地集中于在理论上构建一些标准，只有少部分研究者通过访谈观察——确立标准权重——验证标准这种程序去制订具有普适性和可操作、可推广的标准。

其次，关于教学有效性的研究较多停留在静态的和浅表性的关注，深入研究较少。动力机制是教学有效性的机制性保障，缺乏对这一问题的关注，教学的有效开展就会缺乏强劲的助推力。而关于教学有效性视阈的研究则涉及从哪几方面审视教学有效性的问题。对教学有效性的视阈进行探讨，可以使我们对教学有效性有更为全面的认识和了解。上述研究的缺乏显示出目前国内对教学有效性的研究还不够深入和全面。

再次，国内研究仍然是就教学有效性谈教学有效性，没有把研究范围拓展开。国外在这方面就进行了更为广泛的探讨，比如关于教学艺术、教学风格、教学模式、教师行为等方面和教学有效性的关系的研究。这些探讨更好地促进了教学的有效开展。事实上，教学艺术、教学模式等都是实现教学有效性必不可少的研究领域，对这些方面的研究有助于更好地实现教学有效性，但国内这几方面的研究很少与教学有效性相联系。教学艺术研究的只是教学艺术，教学模式是教学模式，教学有效性是教学有效性，没有将教学艺术和教学模式等看做是促进和实现教学有效性的重要手段。

最后，对教学有效性进行概括和总结整理的研究较多，而对于"如何才能使教学变得更有效"这类问题研究得较少。事实上，研究教学有效性旨在通过对该问题的深入探究，提高和改进课堂教学，使教学更好地促进学生发展。只有深入探讨"如何才能使教学变得更有效"这类问题，才能真正实现教学有效性这一目标，但是国内研究多集中在概括教学有效性的含义、描述它的特征、分析其影响因素等描述性研究上，具有应用价值和实践意义的研究较少。今后应更关注改进和提高课堂教学有效性的相关研究。

三、对国外有关研究的综述

有关教学有效性的研究是既广泛又复杂的。在过去五十年里，此类研究从教师的个性特点、教学方法、学生成长、班级互动、教学策略等各个方面进行了探究,然而研究结论的一致性却比较低。Biddle 和 Ellena 甚至指出,"毫不夸张地说,虽然我们进行了如此多的关于教学有效性的研究,但仍然不知道如何去挑选、培训、鼓励教师或者评价教师的教学有效性"。[30] 在此需要指出的一点是,在有"effective teaching"(有效教学)词条的英文词典中,无一例外地将之等同于 teaching effectiveness(教学有效性),如胡封主编的《国际教育百科全书》、丹尼·斯劳顿等主编的《教育词典》、蒂尔德·普朗普等主编的《国际教育技术百科全书》等。所以本文在梳理国外有效教学的文献时将其等同于教学有效性的研究。

这些年来,教学有效性的研究出现了不同的方法,并基于不同的研究视角。为了对这些研究进行介绍,本文将主要采纳 Hopkins 等人在 1995 年提出的分类方式,其中描述概括了三种主要观点。[31]第一种观点关注教学效果,它包含教学行为和教学技巧。这种观点认为,教学是一项复杂的任务,为了解教学过程中的个体因素,这种任务是可以被分析的。学生学业成绩的得分与教师教学行为和教学技巧有着高度一致的相关。第二种观点关注教学模式以及独特教学方法的获得。这里的教学模式是根据教育教学以及操作规则进行定义的。第三种观点具有艺术性,教学被认为是一种具有高度创造性的活动,它包括娴熟地回应学生的能力和高于实践的教学反思能力的运用。采用第三种视角的研究文章始终关注教师的专业发展。

基于以上三种观点并结合其他研究,可以将教学有效性的研究概括为以下几个方面:教师个性品质,教学行为,教学风格,教学模式,教学评价,教学艺术。

(一) 教师个性品质特点的研究

教学有效性的早期研究关注优秀教师的个性特点。这类研究始于 20 世纪 20 年代,截至 20 世纪 50 年代已有数千篇文章涉及教师的个性品质。A. S. Barr 在对这些文献进行梳理之后,总结了成功教师的 12 个特点,如情绪的稳定性、有鼓舞力、具有合作精神等。[32]18-19 此后也有其他研究机构总结了有效教师的特点,但 Barr 的研究被认为是最全面深入的。Getzels &

Jackson 在其教育研究手册中甚至用了整整一章去描述教师的个性特征及其与学生成绩的关系。[33]20 世纪 60 年代，David Ryans 及其同事历时 6 年调查了 1700 所学校的 6000 名教师，通过课堂观察和教师自我评定的方式，对成功和失败的教学进行了描述和区分，进而概括了 25 个有效教学的特征和 25 个低效教学的特征，对新教师及经验丰富的教师都具有很好的指导作用。[32]18-20 随后，Ryans 又发展出了具有两级对立性的 18 个条目的教师特征问卷（诸如新颖 VS 传统、耐心 VS 不耐心、敌对 VS 热情等），回答要求给出教师在每组中的大致得分，问卷以 7 点计分。进而，这 18 个条目的教师特征又被进一步划分为成功教师 VS 不成功教师的三种模式[33]506-582。

① X 模式：热情与理解 VS 冷漠与疏远；
② Y 模式：有组织与有条理 VS 无计划与拖沓；
③ Z 模式：刺激与想象 VS 笨拙与呆板。

根据 Ryans 的解释，教师的特点越是接近积极因素的一端，其教学就越有效；相反，教师的特点越是接近消极因素的一端，教学的有效性就越难得到保证。[34]接着，Ryans 又利用该问卷对不同性别、不同年龄、不同任教年级的教师进行了测查，并得出一系列结论。

截至 20 世纪 70 年代初，已经有 10000 多项关于有效教师方面的研究。有关研究将教师的个性品质划分为两类：一类是教师的生理和心理特征或品质，如个人外表、魅力、整洁、善良和亲切、智力、机智、开放、热情、幽默等；另一类是与教学工作相关的特征或品质，如体谅学生、对学生有高要求、教学能力强、学科知识丰富、教学的适应性等。[9]这些研究的价值在于使教师意识到，要成为有效教师，就必须培养有效教师所具有的或应该具有的特征或品质。因为这种研究忽视课堂教学中教师的行为，忽视师生互动，只注重静态的教师个性特点，NcNamara 把这种将教师特征或品质与教学效果相关联的研究称作黑箱（black box）研究。[35]这类研究远离真实的课堂情景，也无法回答教师的个性品质如何影响了学生的学业成就，因而受到了很多质疑和批评。

（二）有效教学行为的研究

由于上述研究存在的局限性，后来的研究开始关注有效教师在课堂上做了什么及其与学生成绩的关系，而不是他们具有什么样的个性特征。这种方法追求教学行为对学生知识和技能增长的预测性。研究者通过教师行为与学生学习效果的相关性研究，力图发现可以推广到所有教师、课堂和教学情境的有效教学行为。最初关于教师行为的研究是描述性的，后来出现了统计和实验性研究，即先提出一些特定的教学行为，进而检验其对学生成绩的影响。

很多研究证明了教师的教学行为和学生学习之间存在相关。比如 Stallings 等人的研究表明，那些被教师指导时间更多或者在教师指导下进行学习的学生比那些自己独立学习的学生在学业上取得了更高的成就。[31] 同样，Soar 的研究表明，那些建立了明确的课堂结构和规范的教师使学生取得了更大成绩。[31] 1980 年，Powell 的一项重要研究表明，取得更多学业成就的学生出现在这样的课堂中：教师很好地组织课堂，花较多时间积极主动指导学生，而少部分时间自己讲解。[31] Doyle 的研究指出，教师在教学过程中采取如下行为可以促进学生更加有效地学习，这些行为是：强调学习目标，认真组织课程内容之间的次序，详细给学生解释将要学习的内容，不断对学生进行提问以检查其理解程度，给学生提供充分的实践机会，给学生及时反馈，定期复习等。[31] Scheeren & Bosker 进行研究后指出，一系列教学过程变量对学生学业成绩有直接影响，诸如巩固复习、及时反馈、适宜的指导和时间管理等，这四项和学生成绩的相关程度分别为 0.58、0.48、0.22、0.19。[36] G. D. Borich 在《有效教学方法（第 4 版）》中指出，有十种教学行为与学生学业成绩具有显著相关，通过大量研究，其中的五种行为得到了一致的验证，这五种行为被称为关键行为（key behavior），分别是：①课程清晰明了；②教学的变异性；③以任务为导向；④学生参与学习过程；⑤确保学生的成功比率。[9] 上述这些能够促进学生成绩提高的行为就是有效教学行为，是有效教师所具有的显著行为特征，这样的教学必然能够实现教学有效性。

相比早期关注教师个性特征的研究，教师行为的相关研究关注真实的课堂教学，总结概括了有效教师的行为特点，丰富了有效教学的研究成果，但是也因为所存在的一些局限性而受到批评。其一，此类研究仅仅关注教师的行为对学生成绩的影响,只关注了教学过程中"教"这一环节,却忽视了学生在教学过程中的作用。事实上教学效果不是靠教师单方面就可以达成的,是师生相互作用的结果。没有学生主动参与学习,即使教师教得再好,表现出再多高效教师行为,也无法实现教学目标。其二,教学是一项复杂的活动,具有高度创造性和个人化,并有很强的情境性。教学有效性并非是教师遵循一套死板的行为规则就能达成的,而是要求教师依据有效教学理念的指导,运用自己的专业知识在具体情境中做出决策。然而,有效教学行为研究却力图寻找到具有普遍性和可以推广的优秀教师的行为特征,这在一定程度上会导致教师模仿行为增加,创造性教学活动减少。

(三) 教学风格的研究

教学风格是教师在教学中所体现的具有个人特点的风格和格调。Bennett 观察了学生在数学、阅读和英语这三门科目标准化测验中的成绩,进而把教师的教学风格归纳为两种:传统型、革新型。[31]他的研究发现,相比较而言,具有传统型教学风格的教师教学更为有效。

另一项较具代表性的研究是 Galton 等人 1980 年所进行的小学课堂教学风格研究。该研究指出,严格的教师控制和有效的班级管理是小学课堂中最普遍的教学方法。[37]该研究并未就适宜的教学风格得出结论,却强调了将教学风格直接和学生成绩联系起来具有复杂性。

对中学阶段教学风格的研究相对较少,其中在 Rutter 等人所进行的中学教学有效性研究中,涉及不同的教学风格和学生的学习。[31]该项研究同样指出定义教学风格和将教学风格与学习结果相联系存在困难。在中学进行的科学领域和数学领域的有关教学风格的研究也得出了类似结论。[31]

总而言之,不同的教学风格和教学方法各有各的价值,研究结论很少能寻找到证据去支持某一种特定的教学风格。在探寻不同教学风格有效性上存在的主要问题是,教学情境具有多样性,而不同的教学风格只具有相对价值,只有那些适合当前教学情境的教学风格才有助于实现教学的有效性。因此,很难概括出哪种教学风格是有效的,哪种教学风格是低效的。作为有效教师应该具备调试自己的教学风格以适应当前教学情境的能力。

（四）有效教学模式的研究

教学模式是反映特定教学理论逻辑轮廓，为完成某种教学任务服务的相对稳定而具体的教学活动结构。Joyce&Weil 指出，教学模式的发展就是使一种教育理念重复被验证，直到它能够确保学习效果的过程。[38] 在教学过程中综合运用这些模式，可以促进学生更好地学习，并让教学变得更有效。Bruce Joyce 和他的同事在有关教学模式的研究上进行了大量的工作。Joyce 依据人们的学习类型和学习方式将教学模式分为以下四类。[38]

1. 信息加工模式群集

信息加工模式强调组织数据的方式、理解概念的方式及解决问题的方式。这个群集中的一些模式给学习者提供信息和概念；一些模式强调学习者概念的形成及验证所提出的假设；其他一些模式产生创造性的思维。因为信息加工模式直接关注智力能力的发展，因而它可以帮助学生学会如何组织构建知识。

2. 社会模式群集

这个模式群集强调在社会环境中合作的重要意义。社会模式利用班级内部的合作关系及其综合多样的相互作用方式去支持各种类型的学习活动。这种模式群集帮助学生学习如何通过相互间合作促进自身认识能力更好地发展、如何与其他人更有效地开展合作、如何像一个团体一样去开展工作。

3. 个人模式群集

这种教学模式群集来源于个人化的视角。他们试图塑造这样的教育：使个体可以更好地了解自己，让个体对自身发展承担责任，在追寻更高质量的生活中可以更加敏感和富有创造性。这种模式更加关注个人化的视角，鼓励独立性，以便使个体能够对自己的命运逐渐变得更有责任感和更加自知。

4. 行为体系模式群集

该模式群集以行为矫正、行为治疗和控制而著称。这种模式基于这样的理念：人类可以通过反馈和调试进行学习。该领域最著名的研究是 1953 年斯金纳进行的"刺激—反应"实验。

除此之外，应用非常广泛的一种模式是"过程—产品"模式，该模式由基里亚库（Kyriacou）提出。这种模式研究某些教学行为（过程）和学生成绩（产品）之间的关系。Dunkin & Biddle 在 1974 年对"过程—产品"模式中涉及的四个变量进行了区分，即结果变量、过程变量、预测变量和背景变量。[39]结果变量指学生的学业成绩，比如学业进步对于学习态度的改善；过程变量涉及教师的课堂教学行为和学生的学习行为；预测变量重视学生的个性特征和先前的知识储备，如年龄、能力和性别；背景变量则指诸如学生家长的参与程度和指导媒介（instructional media）等一些变量。其中，过程变量是决定结果变量进而反映教师教学有效性的重要变量。教师行为是过程变量中的重要组成部分，因为在很大程度上教学有效性依赖于教师的有效教学行为。"过程—产品"模式在研究中应用非常广泛，自 20 世纪 70 年代开始的探究教师行为对学生学业成就的影响的研究都是遵循"过程—产品"模式。Tina Seidel & Richard J. Shavelson 研究后更是指出，"几乎所有关于学校、教师和教学有效性的回顾及汇总分析（meta-analyses）都是基于'过程—产品'模式"。[39]

另外，国内有学者在梳理国外有效教学模式时提到三类：表层分析模式、心理学分析模式和教育学分析模式。[40]表层分析模式的研究关注两个互补概念，即积极学习时间和教学质量，该模式认为有效教学就是积极学习时间与教学质量的结合。心理学分析模式试图通过分析教学中所包含的多种心理概念、规律和过程，进而探寻学生学习的心理过程是如何影响教育结果的，因此是对有效性教学的更进一步的分析。教育学分析模式通过让教师自己思考和讨论教学活动，给新教师提供有益建议，帮助其实现职业成熟。

（五）教学有效性的评价研究

对教学的有效性进行评价旨在通过评价促进教学朝更有效的方向发展。教学有效性的评价有多种形式，诸如教师自我评价、学生评价、同伴评价以及专业委员会评价。这些评价可以为教师本人和学校管理层及时提供教学质量上的反馈。由于可操作性较强，目前应用较为普及的是学生评价教学有效性这一方式。自 20 世纪 60 年代以来，通过对学生的调查评价教师的教学有效性水平（SETE）这一方式在美国大学中广泛使用，并逐渐成为深入研究的领域。[41] Abrami 等更是指出，通过学生问卷的方式了解教师教学有效性的不足在于，该方式通常反映了学生对学习满意程度的评价，而非对教学有效性的评价。[42] 因此 SOS（student opinion survey）不能作为评价教学有效性的唯一标准，需要配合其他评价方式才能使评价更具科学性和完整性。Emery 提出在对教学进行评价时可以使用以下几种方式：教师教学文件评价（该方式评价教师所有与教学相关的活动，包括课程材料及其准备情况），自我评价（教师对教学活动的自我评价），专业委员会评价（评价由专业委员会中两至三名成员或者行政人员或者二者相结合的人员执行），学生的发展（根据学生在一门课中的表现情况，主要是用考试测验中的成绩去评判教学有效性）。[41] 事实上，对教学有效性的评价不能局限于学生成绩的提高和改善，更要关注学生对学习方法的掌握，这和学生学到了什么同等重要。然而，由于学习方法的掌握不像学生测验分数一样显而易见，关于这方面的评价就不太容易进行，于是这方面的研究就被忽视了。正如 Laurillard 指出的，在教学有效性的评价中存在一些错误观念，过分强调教师对学生知识的传授，忽视对教师课堂教学技巧和有效组织课堂的能力的考察。[41] 教学有效性的影响兼具长期性和短期性，教学效果的短期影响可以很快体现出来，并得以评价，而长期影响，诸如教学对学生学习方法和学习风格等方面的影响则无法通过评价机制得以及时体现。可见，目前教学有效性的评价体制还不完善，因此迫切需要建立一套系统完备并兼具信度、效度的评价标准。

（六）教学艺术的研究

该研究有一个核心观念，即教学是创造性的活动，是以高度个人化的方式开展的。这种模式强调在有效学习过程中教师的个人责任感。当有效的教和有效的学二者完美搭配时会取得积极的效果。完美协调二者关系的能力即"教学艺术"。教学艺术的显著特点是高度个人化和个性化。教学过程中艺术性的理念被 Rubin 概括为：有效教师会努力营造这样的班级氛围：

学生们在学习中竞争追赶，班级中充满着刺激、兴奋、快乐以及严肃认真，这样的班级有明确清晰的目标，同时具备教学艺术的教师既能很好地理解自己所教主题，又能很好地理解学生；通过理解、直觉和创造性的激情熟练地指导学生学习。[43]

教学艺术融合了这样一种观念：教学是一种富有高度艺术性和个人化的活动。与以前关于教师行为和教学模式的研究不同，教师艺术的研究并不把自己归纳成条条框框，而是结合具体的教学情境体现出来。教学艺术的核心是教师与学生之间良好的关系。作为有效教师要有将突发事件向积极方面转化的能力。

从上述有效教学的六个方面研究中，我们可以总结出以下几个方面的特点。首先，教学有效性和教育目标以及课程目标密切相关。因为实现教学有效性的过程就是使学生掌握教育目标、课程目标以实现发展的过程。如果教师的教学过程背离了教育目标，则可视为无效教学。教学有效性的最终落脚点在学生发展上，学生的发展就体现在对课程目标的掌握上。其次，为实现教学有效性，一些突出的教师品质、教学技能和教师行为是必要的。如果教师既具备良好的个性品质，又具有能促进学生发展的行为特征和丰富的教学技能，那么教学效果就会得到有效保障。再次，丰富而多样化的教学模式和教学风格也是实现教学有效性所必需的。教学有效性的实现必须结合具体教学情境，也许在这个课堂中能够实现教学有效性，在另外一个课堂中就成为低效教学。没有适用于所有教学情境的教学模式和教学风格。多样化的教学模式及教学风格保证了在各种课堂教学中都具备实现教学有效性的途径。最后，教学有效性的实现与教师对教学实践的不断反思、自我发问以及持续的专业成长和发展密切相关。有效教师必定能够不断对自己的教学进行反思、总结，在自己的专业领域不断学习和成长，从而更好地开展教学活动。

虽然关于教学有效性的研究得出了许多有价值的结论，但还是有一些研究被忽视了，概括起来主要有以下四点。

第一，现有研究所忽视的最重要的方面是关于"教师如何变得更为有效"这类问题。除了 Joyce 的研究和有关学习革新的研究之外，大部分教学有效性的研究都关注对实践的描述、分析和归类。[38]然而这些研究很难直接促进教学更加有效。因此，目前紧迫的研究任务是努力改进教学而非描述课堂教学实际。

第二，对教学有效性的很多深层次问题鲜有探讨，诸如教学有效性的动力机制、教学有效性的视阈等。教学有效性的视阈研究有助于我们多角度、立体地理解教学有效性，然而国外缺乏对此类问题的深入探讨。

第三，教学有效性不仅仅是课堂教学和学生发展层面的要求，更是社会层面的要求，即教学有效性不仅仅是教育教学公平的要求，还是社会公平公正的要求。然而，目前很多研究还没有将教学有效性拓展到这样一个更宏观的角度来看。应将这一问题提升到教育公平和社会公正的层面，赋予教学有效性更多意义，也赋予教师更多责任，促使教师采取切实有效的措施促进教学的有效展开。

第四，虽然国外对教学有效性的评价标准进行了大量研究，但至今仍未形成一套完整的评价体系，如何评价教学有效性仍然是困扰研究者、教育管理部门以及教师的主要问题。

第三节　主体教学有效性研究的意义

一、主体教学有效性研究的理论价值

（一）有利于教学有效性的深化研究

第一，主体教学有效性的研究为教学有效性研究提供了一个新的视角。主体教学有效性研究从主体性角度切入，开展教学有效性问题的探讨，实现了教学有效性研究从关注教师教的有效性向关注学生学的有效性的转变，从关注教学中多元目标向关注核心目标、关键目标的转变。从什么角度看待教学往往决定着人们会有什么样的教学观与教学行为。从主体性角度研究教学有效性，有助于人们抓住确保教学有效性的根本。

第二，主体教学有效性的研究可以提升教学有效性研究的观念层次。

主体教学有效性研究有助于将现代教学的先进理念引入到教学有效性研究当中。主体教学是现代教学最集中、最前卫的体现。新的知识观、教师观、学生观、课程观、教学评价观等都会在这里得到生发。通过主体教学有效性研究，一些现代教学的新理念必将成为教学有效性的重要观念。

第三，主体教学有效性研究为教学有效性研究提供了新的研究内容。主体教学有效性研究的一个基本价值着眼点就是发展学生以合理的主体性为核心的整体素质，其有效性研究要紧密围绕这一主题展开。与以前的教学有效性研究相比，主体教学有效性研究在内容上会有很大的变化，这为教学有效性研究提供了新的内容，如关于主体性对教学有效性价值的研究，对教学有效性模式与策略的研究，对主体教学有效性标准的研究等。这些都是主体教学有效性研究的基本内容，也是教学有效性研究的新内容。

第四，主体教学有效性研究为教学有效性研究提供了新的标准。在前期，主体教学的研究更侧重于理念等较为宏观的问题，较少涉及有效性的标准问题。因为在这一教学形态刚刚兴起时，它首先要完成价值观念转变的任务。继而，当教师在实践中遇到许多困惑，但现有的宏观理论无法帮助他们解决这些问题时，就需要人们对主体教学的标准等问题作一些探讨。在教学有效性研究中，也有学者探讨过标准问题，但不是从主体性角度进行的。标准问题是主体教学有效性研究的一个难点，也是较为重要的问题。我国教学正在从传统走向现代，现代教学最本质的一个特点就是学生是教学的主体，具有主体性。因此，主体教学标准问题的研究对于我国教学现代化具有十分重要的意义，对于教学有效性的深化研究具有重要的参考价值。关于这一问题的探讨无疑有助于教学有效性的深化研究。

（二）有利于主体教学的深化研究

第一，主体教学有效性研究有利于弥补主体教学关于有效性研究的不足。近几年我国开展的主体教学理论研究缺乏对主体教学有效性的关注，"教学有效性"概念作为研究主体教学的着眼点或思考问题的逻辑维度，未能及时被引入主体教学理论当中。进行主体教学有效性的研究，既是主体教学实践的呼唤，又是主体教学理论进一步发展的需求。主体教学有效性研究正是主体教学深化研究的必然趋势。关于主体教学有效性的研究可以为主体教学研究开拓广阔的视野。

第二，主体教学有效性研究使主体教学研究具有更加清晰的方向。主体教学在培养与发展学生主体性方面应当具有明确的方向，也就是说，应当具有明确的教学价值预设。这是主体教学有效性的基本前提。主体性可分为正向的主体性与负向的主体性，这决定着主体教学的两个基本方向。正向的主体性即符合主体文化与道德价值要求的主体性。以前我们在主体性教学研究中强调增强与发展学生的主体性，但并未考虑主体性的性质与方向。主体教学有效性研究可以引起人们思考什么样的主体性才会使教学更加有效，可以使我们思考主体教学的方向与性质。不管我们研究主体教学的哪一个方面，都必须首先考虑其有效性。这是一把尺子，用它去考量主体教学的实践价值。主体教学有效性研究为我们提供了一个价值判断标尺，它是检验主体性教学研究是否科学合理的标准或依据。也正是因为以前的研究缺乏这方面的思考，致使在课堂教学实践中出现了一些问题。

第三，主体教学有效性研究可以增强主体教学理论的实务性，使之更有利于指导教学实践。有效性研究必须基于教师、学生、教学环境以及教学条件等方面的实际情况。现有的主体教学理论高于我国教师与学生的接受水平，致使许多教师与学生难以消化和接受，严重影响了教学有效性。主体教学应该是基于我国国情的一种教学，否则其有效性是难以保障的。我们从有效性角度探索主体教学，就是要寻求本土化的主体教学。基于这样的考虑，我们所进行的研究就具有一定的务实性，其目的就是为了更好地指导教学实践。

二、主体教学有效性研究的教学实践价值

（一）有利于培养学生合理的主体性

第一，主体教学有效性研究要对主体教学的价值趋向进行探讨，这决定着用什么样的价值标准看待主体教学的有效性问题。也就是说，只有主体性具有正确的方向与合理的边界，才会真正有利于学生的发展，这是主

体教学有效性的基本前提。第二，主体教学有效性研究要从有效性角度探讨主体教学的相关问题，从而克服教学中放任的主体性与"裹脚"的主体性。第三，主体教学有效性要深入探讨发挥学生主体性的更加科学的教学方法、更加有效的教学策略与更加实用的教学手段，从而保证在一定程度上发挥与发展学生的主体性。第四，主体教学有效性研究亦探讨教师主体性表现的尺度及其有效性，这是培养与发展学生合理的主体性的关键。

（二）有利于提高主体教学的效度

第一，关于主体教学有效性的研究有助于人们发现当前主体教学中存在的问题与偏颇，这是解决问题，纠正偏颇，提高教学有效性的前提。第二，关于主体教学有效性的研究可以形成关于主体教学有效性的理论成果，给广大教师实现主体教学有效性目标提供教学过程的理论指南。第三，关于主体教学有效性的研究可以指导教师从有效性角度思考主体教学，这有利于提高他们主体教学的理性素养，使主体教学建立在理性思考与行动反思的基础上，从而使之更加科学与合理。第四，关于主体教学有效性的研究可以给教师提供教学方法的指导。该课题的研究必然从宏观、中观与微观三个层面探讨主体教学的有效性问题，必然涉及方法与策略的问题，教师可以从中得到更为具体有效的指导。第五，关于主体教学有效性的研究可以为教师提供有效的主体教学的标准框架，这将是教师进行主体教学的重要参照系，为进行主体教学的评价提供参考标准，有利于从评价方面保证主体教学的有效性。

第一章

主体教学有效性的基本含义

内容提要

所谓主体教学有效性就是以培养与发展学生合理的主体性，促进学生全面发展为主旨，师生双方均能够较好地发挥各自的主体性，协同配合，教学方法科学，教学手段合理，教学效果、效率、效益良好的一种教学状态。为确保主体教学有效性，应对教学主体性进行合理定位：第一，从强调个体主体性走向个体主体性与类主体性并重；第二，从表面的主体性走向根主体性；第三，从异化的主体性走向非异化的主体性；第四，从神秘的主体性走向平常的主体性。在此过程中要考虑以下三点：一是正确认识主体性，二是从教学系统的角度把握主体性，三是从理论与实践两方面对主体教学进行探索。科学精神与人文素养的结合是保证主体教学内容有效性的价值取向。人文素养为主体性的发挥提供了具体内容，为学生主体性的发挥与发展提供了价值指南。科学精神能够提升学生的主体性品质，同时又为他们主体性的发挥与发展提供了一种发展的价值取向。把科学教育与人文教育结合起来，就会使教学理性与非理性相互补充，科学性与艺术性相得益彰，就能够调动学生各方面的主体性。树立科学发展观是保证主体教学正确方向的价值取向。主体教学中的学生科学发展观是指以合理的主体性发展为基础的学生个性全面发展。

第一节　主体教学有效性的内涵

一、主体教学的含义

（一）发展成为现代教学的核心命题

长期以来，我国教育实践中的教学价值取向是以学科为中心的知识授受，这就决定了教师在教学中的绝对统治地位，而学生仅仅被视为被动承受教学影响的简单客体，学生学习与发展的主体性因此受到严重忽视。现代教学论认为，教学过程是教师与学生共同探索新知的发展性活动体系。学生在教学中不是被动地接受外界影响，而是在与教师的交往中积极主动地去形成与建构自己的知识体系。教育的基本内涵就在于使人的生命价值得以全面扩展，使人的本质力量得到充分的发展与体现。"课堂教学的观点之一就是要注重人的发展。教师在教学实践中和对实践反思的过程中实现自我发展、自我完善的同时，要关注每个学生的发展，要让学生学习文化知识的课堂成为学生发展能力的场所。"[44] 不同时期的教育有不同的人的发展观。传统教育重视知识的掌握，不重视学生的发展；现代教育观逐渐由知识论向发展论转变。赞科夫认为，知识的教学不等于人的发展，学生的发展虽然同掌握知识有密切联系，但掌握知识和发展毕竟是两回事。在他看来，传统的教育方式——严格按照教师的要求学习，教师给学生提供现成的知识，单调重复的教学方式等，这不仅不可能对学生的发展有帮助，不可能把这些知识变成儿童享用一生的精神财富，相反还抑制了儿童的发展。

（二）主体性地参与活动是人发展的基本方式

现代哲学认为，活动是人存在和发展的基本形式，历史不过是追求着自己目的的人的活动而已。意识活动增强了人活动的目的性、计划性，它使人的活动进入一种积极主动的状态；实践活动是人作为自身社会性存在的确证，是人们认识世界、改造世界的基本途径。由于人的活动具有意识性和社会性，因而它就具有了变革客观世界的性质。按照马克思"劳动创造人"的观点，人的发展的一切条件中最重要的是人自身的活动，其他条件最终都要通过人的活动发生作用。对于个人来说，生产力、生产关系和社会教育都是外因，活动则是个人发展的内因。外因通过内因而起作用。不难理解，个人生理素质的改善和提高要通过个人的生理活动，个人心理素质的改善和提高要通过个人的心理活动，个人所有素质的改善和提高要通过个人的实践活动。没有个人积极的实践活动，就谈不上个人的任何发展。[45]294在主体性生成方面，人们特别重视活动的生成机制。人的生成源于活动，人的自我意识、社会性需要都是由实践产生的。有人认为主体性存在于三个层面：精神层面、需要层面以及活动层面。[46]倘若没有活动，主体的精神只能存在于人的观念当中，而不会成为现实的能倾。新观念、新方式取代旧观念、旧方式都是通过活动、交往形成的。活动方式、交往方式的上升性变化意味着人的发展。皮亚杰的发生认识论也认为，活动是认识发生的前提。从活动的主体上看，人的活动有个体活动和群体活动，个体活动需要投入，群体活动需要参与。人们参与群体活动的态度有积极与消极之分，主体参与属于一种积极参与，群体活动中的主体性更多地表现在主体参与上。课堂教学活动是一种集体活动，要完成以活动促进发展的教学任务，必须使课堂活动转变为学生个体的主体活动，而这一转换机制就是主体参与。"教师的主要任务是为学生的学习提供参与的便利条件。"[47] Silcock认为，有效性教学研究的结果表明，有效性教师是指那些能为学生提供最多学习机会的老师。[48]75由此可见，"发展—活动—参与"是现代教学的内在逻辑。

（三）主体教学所强调的正是通过学生对教学活动的主体性参与实现其良好发展

主体教学的核心是现代教学观，它区别于传统的教学观。现代教学从主体教育论出发，要求确立整体综合的观点、发展的观点、结构的观点、主体性的观点、活动和实践的观点、教学认识的社会性观点，正是这些构成了发展性教学的核心思想。主体教学的目标是促进学生主体性发展与我国社会主义现代化的发展，要求学校培养的人必须具有良好的品格，有较强的适应社会的能力和较高的文化素养。他们不仅会学习、会生活，而且会创造、会做人。主体性的高度发展是这类人的主要特征。主体教学是对传统教学的扬弃，主要是针对传统教学中严重忽视人的发展这一弊端而提出的。[49]主体教学强调学生的发展是一个在教师的引导下自我生成的过程，从学生主体性发展的角度展开设计与创造。它有明确的目标定位，就是学生的发展，同时它所提出的发展目标具有一定的包容力和层次性。这就使之成为教学论发展中的时代潮流，使之具有一定的生命力。

总体看来，人们对这一概念内涵的界定表现出以下共识：学生个性的形成与发展是教育中的核心问题；主体性是学生素质发展的核心内容，主体性的发展能有利促进学生其他方面素质的提高；教学活动与教学交往是学生发展的重要方式；社会制约性在学生发展中是不可否认的，学生的发展就是教育环境中个性化与社会化的统一。

本书认为，主体教学就是教学主体通过一系列活动的和谐共创，进行教学意义的建构、分享，从而发展学生以合理的主体性为核心的整体素质的教学。

二、教学有效性的内涵

(一) 关于"教学有效性"概念已有如下几种认识

1. 效果说

教学有效性是指师生能否遵循教学活动的客观规律，在教学中投入时间、精力和物力所产生教学效果的比例程度。[50]

2. 合目的说

教学活动的有效性是在教学效果中体现出来的教师和学生共同活动引起学生身心素质变化并使之符合预定目的的特性。[51]

3. 发展说

通俗地说，课堂教学有效性是指通过课堂教学活动，学生在学业上有收获、提高、进步。具体表现在：认知上，从不懂到懂，从少知到多知，从不会到会；情感上，从不喜欢到喜欢，从不热爱到热爱，从不感兴趣到感兴趣。从专业角度说，有效性指能通过课堂教学，学生获得发展。[52]有效教学是为了提高教师的工作效益，强化过程评价和目标管理的一种现代教学理念。所谓有效教学是指教师在通过一段时间的教学之后，学生获得了具体的进步或发展，也就是说，学生有无发展是教学有没有效益的唯一指标。[53]

4. 多重理解说

从表层分析，有效教学是一种教学形态，它兼具了一切"好教学"的外在特征，如教得轻松、学得愉快、教学效率高、教学过程严谨、师生配合默契、教学气氛融洽等。

从中层分析，有效教学是一种教学思维。它是为逼近"有效"的目标而对教学进行的科学控制与情感调适，是潜藏在"好教学"背后的教学逻辑。与表层不同，这一层次的有效教学集中体现为教师对教学过程的全面干预和自觉调适能力。它是教师基于对教学规律、教学原则的把握，积极权衡学生、情境、课程、教师自身四个因素的现实状态和动态关联，利用自己的实践智慧和教学艺术，对教学因素进行的最优化组合。其目的在于追求一种融认知建构与情感激活、价值引导与人格陶冶、教学控制与情境创设为一体，使教与学交感互动、协调平稳推进的"好教学"。

从深层分析，有效教学是一种教学理想、境界。所谓"理想"、"境界"，就是追求的目标，其存在的意义是对现实教学产生一种推动、牵引、导向作用。这一层面上，有效教学的内涵和新课程的理念应是一致的，即积极倡导创新精神和实践能力，促使学生自主合作探究，追求多元智力发展，强调整合、弹性、参与等。具备这些特点的课程是"好课程"，具备这些特点的教学是"好教学"，即有效教学。这一层次的有效教学体现着教学主体对教学的执著追求和永恒超越，它充分显示了教学的开放性和时代性，因为最"好"的教学是善于推陈出新、与时俱进的。

综合有效教学的三个层面来看，有效教学应是一个动态的转化过程：把有效教学从有效的"理想"转化为有效的"思维"，再转化为一种有效的"状态"。[54]

（二）关于"教学有效性"概念的理解

根据上述观点，本书认为教学有效性有如下含义：

① 从教学目的来看，实现学生全面发展；
② 从教学主体来看，师生双方协同配合；
③ 从教学过程来看，方法科学，手段合理；
④ 从教学结果来看，教学有效性是一种教学的良好状态，能够实现三效合一。

所谓教学有效性就是旨在促进学生全面发展，师生双方协同配合，教学方法科学，教学手段合理，教学效果、效率、效益良好的一种教学状态。

三、主体教学有效性的内涵

根据以上关于主体教学与教学有效性的理解，本研究认为，主体教学有效性有如下含义：

① 从教学目的来看，培养与发展学生合理的主体性，促进全面发展；
② 从教学主体来看，师生双方能够较好地发挥各自的主体性，协同配合；
③ 从教学过程来看，方法科学，手段合理；
④ 从教学结果来看，实现了学生合理主体性的发展，三效合一。

至此，本研究认为，主体教学有效性就是以培养与发展学生合理的主体性、促进学生全面发展为主旨，师生双方协同配合，能够较好地发挥各自的主体性，教学方法科学，教学手段合理，从而使教学效果良好，学生合理的主体性得到最终发展的一种教学状态。

四、有效的主体教学的特征

对学生而言，有效的主体教学也必然是一种有效的学习。此观点对我们是一个启示，可以帮助我们分析有效的主体教学的特征。

（一）教学进度有层次

对于有效教学而言，我们必须考虑教学的速度问题，但为了学生的全面发展，不能片面地追求速度。对于复数主体的教学活动而言，追求统一的速度，就可能会影响教学有效性，因为我们追求的是全体学生的全面发展。对个体学生的学习而言，在越短的时间内学习得越好，效率就越高；但在班级教学中，面对全体学生，效率问题变得较为复杂。如果我们统一速度，而且是高速度，对一部分学困生来说就是不公平的，他们就有可能被淘汰。在一个班上，有的学生学习得快，我们可以采取高速度的办法；有的学生学习得慢，我们就可以放慢速度，这才是因材施教，才会有好的教学效果。

（二）教师与学生具有合理的主体性

在主体教学中，主导的教学方法就是主体性方法。这比任何一种具体的方法都重要。主体教学中，可能会涉及许多具体的方法。调动与发挥教师和学生的主体性，就可以探索适合不同教学内容与不同学生实际情况的具体的教与学的方法。

同时，主体性太强、太弱或主体性发挥不当，也会影响教学的有效性。太强的主体性，如个别学生过于活跃，就可能会造成一种扰乱；太弱，就会使整个教学过程拖沓。合理的主体性，强调一种合节奏，也就是说，教师与学生的主体行为必须合乎班级教学统一节奏的基本要求。过快或过慢的节奏，过强或过弱的主体性都会影响教学的有效性。

（三）在教学中能运用有效的教学策略

有效的教与学的策略包括：教师有效的教的策略、学生有效的学的策略以及师生有效的互动策略。教师有效的教的策略是指教师启动教学、监控教学、评价教学等有效促进学生学的策略。

学生学的有效策略指学生参与学习活动，与其他教学主体进行交往以及接受学习、发现学习的有效策略。这是主体教学策略的关键策略。教师教的策略归根结底要通过学生学的策略发挥作用，在主体教学中尤其如此。

师生互动的策略指在教学中师生相互影响、相互作用的策略。教师影响学生，学生反过来影响教师，学生之间也经常互相影响。教学中，人际互动是实现教学有效性的有机组成部分。但是如何互动，就需要我们研究并采取策略。

第二节 合理的主体性——确保主体教学有效性的目标定位

一、从强调个体主体性走向个体主体性与类主体性并重

（一）我国当前处于发展个体主体性与发展类主体性并存的历史阶段

马克思认为，人类特性渐次展开的三种形态是群体本位阶段、个体本位阶段和类主体本位阶段，人类已经逐渐走出了前两个阶段，进入了类主体本位的阶段。所以在西方国家乃至我国有"消解主体性"和"主体性黄昏"之说。当然，世界发展是不均衡的，今天仍有一些国家处于个体主体性尚未完全形成的阶段。我国经济、社会发展表现出城乡差别、东西部的差别，在主体性表现与发展上，也表现出很大的差距。但世界经济一体化、"地球村"的形成使人的类特性的形成打破了按部就班的方式，表现出主体性发展的"突击式"、"浓缩式"形态。如我国正在以浓缩的方式集中地反映出人类发展状况的三个阶段的演化，它们以相互冲突的方式影响着我国民众的行为。[55]16-17正因为这样，我国当前应当从强调个体主体性向个体主体性与类主体性并重转变。个体主体性表明了个体主体思维与行动的存在以及对类思维的反映与影响，对类主体行动的调控的可能性；类主体性则表明了个体主体的归属性和类主体对个体主体的依赖性以及对个体思维的影响与行动的调控。

"类主体首先是一个个人主体，类主体性是奠基于个人主体性之上的，因此，离开了对个人主体地位及其主体性的肯定，对类主体的地位及类主

体性的肯定就会缺乏根基。"[55]18我们首先要培养学生个体的主体性，以免他们出现海德格尔所说的"无主体性的'常人'的'沉沦'状态"[56]。20世纪西方哲学家认为，个体主体性已不再是有生命力的理论路标。胡塞尔所著的《笛卡尔的反思》和《欧洲科学危机和超验现象学》两书一致企图用"主体间性"改造、发展主体性学说。在他看来，笛卡尔式的"我思"确立了主体性原则，但这种主体是"原子式的"、"单子"、"自我"，始终无法突破"自我"框架而将"此自我"与"彼自我"相贯通，这就是笛卡尔理论的困境。全盘否定人的主体性是错误的。多尔迈在《主体性的黄昏》一书中也反复提醒人们"不应在一种完全相反的意义上来曲解这种削弱了的条件要求"[57]。"依我之见，再也没有什么比全盘否定主体性的设想更为糟糕了"。[57]而胡塞尔试图用"主体间性"克服笛卡尔单主体的困境。主体间性的共同体由自我和通过自我而共同显现出来的他我所构成。"主体间性"所强调的其实就是类主体性。

人的主体性的发挥表现为三种状态：一是落后于社会类主体性；二是等同于社会类主体性；三是超前于社会类主体性。落后于社会类主体性显然不能适应社会生活的要求。等同于社会类主体性，也就是说人的主体性是社会的平均主体性水平，在这种情况下，个体才能同社会文化生活以及工作相协调、相匹配，但可能缺乏创造性，较难作出杰出贡献。超前于社会类主体性，可以保证个体在社会中引领时代潮流，在科技、文化、教育等方面有一定的创造性。

合理的主体性应当是等同于社会类主体性水平的主体性与超前于社会类主体性水平的主体性的结合，落后于社会类主体性水平的主体性不应该包括在合理的主体性范畴之中。一个人的主体性如果落后于社会类主体性的水平，则其智慧的发挥与发展会受到严重的制约，他就会比较保守，可能会始终维护落后的传统观念与行为方式。个人在社会生活中要有所作为，就必须首先适应社会，然后能够开拓创新。而要适应社会，就需要有等同于社会类主体性水平的主体性，这其实就是一种主流的、大众的主体性水平。这种水平的主体性对主流社会文化的认同，能够随着社会的发展进步与时俱进，能够不断调整自己的观念与行为以适应社会发展的要求。个体要在社会生活中引领时代发展要求，成为各行各业的领军人物，取得丰硕的成果，在具备等同于社会平均水平的主体性的同时，还应具备超前于社会类主体性水平的主体性。

我们应该看到，我国是农业大国，现代化建设时间还不长，与发达国家相比，在许多方面还有不小差距。同时，由于我国儒家文化传统与长期的封建思想的影响，我国国民主体性水平比较低。在这种情况下，要继续提高我国社会的类主体性水平，就需要从提高每一个个体的主体性开始，而学校教学责无旁贷地肩负着培养与发展学生主体性的责任。为了提升社会类主体的平均主体性水平，我们应该在"从娃娃抓起"培养人的主体性的同时，重视培养学生较高层次的主体性——超前于社会类主体性水平的主体性。

因此，在我国当前的社会情况下，在合理的主体性结构中，超前于社会类主体性水平的主体性应该大于或等同于社会类主体性水平的主体性。

（二）类主体性可以帮助我们走出发展的困境

当今社会，全球性问题越来越困扰着人们，这都是工业文明的产物。一是人与自然的问题。人对自然资源和环境无节制的开发利用，导致了生态失衡、能源枯竭。二是人与社会的问题。例如，科学技术的利用引起的负面效应，如核威胁、军事竞争等；社会发展不平衡而引起的社会矛盾、社会混乱等。三是人与自身的问题，主要是占有性个体主体性的表现所引起的个人主义、拜金主义等。

类主体是走出工业文明中人的困境的根本出路。马克思所谓的类主体从终极意义上讲，是具有类本质、类意识的个人主体。他不是为了个人，而是为了整个人类的利益；他不是为了对他人、对自己、对自然的"占有"，而是为了理解、共享基础上的"存在"；他不是一个人格分裂的危机体，而是一个具有完整人格的人。这样的类主体，把人类的利益放在第一，追求与生命、与自然的对话，最终塑造的是一种自为、自觉的主体，这就是马克思所言的"自由个性"。

类主体性是对唯我论主体性的一种批判。如果没有类主体性的导向与制约，个体主体性很可能就会变成一种唯我论主体性。唯我论主体性所表现出来的主要问题是过分强调自我，从自我角度出发考虑问题，由此产生了个体的任性傲慢，产生了个体在类主体生活与工作中集体意识的薄弱与合作精神的缺乏，影响了类主体活动的和谐与效率。

类主体性为个体主体性的存在找到了合法性基础。当唯我论主体性以自我为中心把周围的一切都看做是他的绝对客体的时候，他的主体地位也就同时失去了存在的根基。当他把自己作为唯一的主体与其他存在对立起来时，他就必然生活在孤独之中，他的主体性潜力也就会逐渐枯竭。个体在类中生活与工作，个体通过学习类主体社会积累的文化科学知识不断实现自我的超越与发展，个体把自己的聪明才智贡献给类主体，个体在类主体中也获得一种生活与工作的动力。因此，类主体性是个体主体性存在的基础。"有效教学策略之一是：教师要创造良好的课堂气氛，促使学生合作，平衡好学生个体主体和类主体之间的互动。"[58]

在这个重视"和谐"的时代，强调"我们"的类意识，有利于增强社会的凝聚力。受我国传统文化的影响，我国传统教学中学生的主体性和类主体性严重缺乏。近十年来，我国提倡并推行主体教育，重视培养学生的个性与主体性，学生的主体性有所提高。但个体主体性毕竟是主体性的初级阶段，发达国家在20世纪中后期就已提倡，并经历了一个漫长的发展过程。我国改革开放30年，各方面都实现了跨越式发展，经济与文化呈现一体化趋势。在这种情况下，在人的发展与教育方面，也要求我们在培养与发展学生的个体主体性的同时，注重对其交互主体性的培养，不能等到个体都充分发展了主体性以后再去培养与发展他们的交互主体性。我国正在强调的科学发展观，正是体现了以人为本、全面和谐、可持续发展的思想。因此，我们应培养个体的主体性意识与能力，按照这个思路，才能设计出符合时代要求的科学合理的教学目标来。

（三）类主体性也是解决主体教学中存在问题的思想指南

与人类的三种发展形态相适应，教育的理论形态也分为三种：工具性教育、个体主体教育和类主体教育。[55]15 "类主体"是主体教学当前所应思考的一个着眼点，也应是主体教学有效性的哲学指导。

"主体性教育，一方面要培养个人的主体性，另一方面，又要防止个人主体性的过分膨胀。"[55]18当今我国的主体性教育具有双重使命：一是克服传统文化对人的主体性的抑制，培养具有较强的自主性、能动性、创造性的个体，即要培养较强的个体主体性；二是纠正我们在过去主体性教育实践中所出现的种种弊端，纠正片面的个体主体性的做法，培养学生的类主体性。如果我们不重视第二个使命，那么，我们培养的学生就会表现出占有性个体主体性。

类主体的价值就是主流的价值取向，也是文化的核心价值取向。类主体性理论是我们进一步研究主体教学有效性的理论基础。婴儿一出生，母亲就对其进行哺育、教养，也就是说，人一出生就生活在类之中，类性是人的重要属性。在主体教学实验中也发现，学生处在一个类主体当中，主体性就会得到焕发，比其独自生活时表现出更强的主体性。这种以"共存共在"、"互动"为特征的交互主体性就先于个体主体性而存在。

以此为基础，在主体教学中，就应当转变以唯我论为核心的教学目标。或者说，我们的教学目标强调的是以学生的主体性发展为目标的学生的发展。在新一轮课改中也充分体现了这一目标。在这种目标指引下，学生的主体性的确比过去有了一定的发展，但与此同时，也助长了个人主义倾向，导致学生"唯我"的意识增强。他们认为"我"是事物的中心、活动的中心，"我"能根据自己的想法去做一切，去改变想改变的人或事。他们的创造性得到了提升，但他们认识不到创造精神与合作精神的关系，总是认为"我"能创造一切，"我"是创造的唯一主体。这种"唯我"的主体性表现在课堂上就是不可一世、盛气凌人、唯我独尊。这样的学生崇尚自由，但又缺乏对自由的把握。

在主体教学实验与实践中，唯我论主体性也有一定的表现。教师往往不喜欢这种以我为中心的学生，因为如果越来越多的学生自以为是，就会增加教师组织教学的难度。尤其在班级规模太大的情况下，如果每一个学生都在教学中"自以为是"，班级教学秩序就可能处于混乱状态。

类主体性强调的不是"我"，而是"我们"。强调"我"是"我们"中的"我","我们"是"我"存在与发展的基础。"我"在"我们"之中,"我"的活动是"我们"活动中的一部分,"我们"的活动是由许多"我"的活动构成的。在教学中要强调"我们"的概念,要使学生更多地从"我们"的角度出发去考虑问题,去参与活动。这有利于建立一个良好的"学习团体",形成好的班级教学文化。

为了保证主体教学有效性,个体的主体性和复数的主体性两方面都必须具有并处在一个合理的度上。我国传统教学忽视了每个学生个性的发展,压抑了他们每个人的主体性,从而严重影响了教学有效性。因此,在主体教学实践中,我们较多地对主体学生予以关注,并取得了明显成效。但由于在实践中没有处理好个体主体性与复数主体性的关系,没有把个体主体性控制在适度的范围内,出现了个性过于张扬、主体性发挥不当的情况,致使复数主体性较差,影响了教学活动的效果。

要发挥复数主体性,教师与学生就应共同致力于学习团体的建设。马卡连柯也说:"学生伙伴以高度的自觉结成相互依存的关系,为共同目标努力而结成的学习团体;所有的学生都能自觉地把自己纳入将整体生活作为自己义务的学习团体,当它茁壮成长时,团体本身也就拥有了巨大的教育力。也就是说,这种学习团体一旦创造出来,团体本身就有了卓越的、创造性的、成熟的、准确的威力,一切教育工作都会变得容易了。"马卡连柯由此进一步引出结论,即我们与其采用对每一个学生逐个地进行说服的方法,不如创造团体,运用对全体学生施加影响的教育方法。[59]349

要形成一个共同的学习目标,形成参与教学活动的积极性、协作性、责任性,使学生在班级学习中能够互相鼓励、彼此支持、相互纠错,并克服教学中缺乏相互切磋、相互批评、相互提升的问题。

① 共同的学习目标。这是班级环境中的学习区别于学生自学的一个方面。自学者都会有自己的目标,这是由自己制订的。班级学习中的共同学习目标是班级全体成员的目标,是在教师的指导下,学生们共同讨论制订的。在过去的主体教学实践中,我们强调差异教学,在一定程度上对共同目标有所忽视。目标的共同性要求我们注重主体教学中总体目标的相同或

相似,否则班级就会缺乏凝聚力。目标的差异性要求我们充分考虑不同学生的个性差异,在小目标的确定上体现一定的区别。

②参与活动的协作性。这是学习团体的一个特点。班级活动中的个体化行为如果太多,学生学习就必然缺乏应有的动力与热情,但如果没有学生个体化行为,那么学生的理解、思维活动的深度就会受到影响。因此,在主体教学中,应当处理好个体性活动与协作性活动的关系,将它们把握在一定的比例范围之内。学习团体正是在这种协作性活动中逐渐形成的。

③友好的学习氛围。良好的人际关系有利于形成学习团体,也是学习团体的一个重要特点。人际关系差,学习主体就很难进行协作学习,从而影响个体主体性的发挥,并影响复数主体参与共同活动的主动性、积极性。复数主体之间经过一段时间的了解交往,培养起一定的情感,他们就能较为友好地合作。友好的关系有利于发挥学生的主体性;反之,不友好的关系则不利于发挥学生的主体性。友好的关系是友好氛围的前提,在友好的氛围中学生可以学得愉快,学得轻松。教师有责任创造一个有助于学生学习的环境。一位好教师就好比是一位热情的家庭主人,要为学生创造一个安全的、无威胁的物理环境和心理环境。[60]

据此,我们可以提出培养学习团体的措施。

首先,制订学习团体的学习目标。教师必须把主体教学中的全体学生看做是一个学习团体,因为非学习团体在教学中很难发挥全体学生的主体性。教师要与学生一起制订共同的教学—学习目标,这是教与学行为的开始,也是他们主体性发挥的前提。教师应善于使学生理解、接受并吸收自己提出的学习目标,并与学生一起讨论学习团体的学习目标,应把学生的意愿、想法体现在学习目标之中。

其次,创造友好的氛围。教师在新组建的班级中为学生创造一起参与活动、进行交流的机会。这有利于尽快使学生相互认识、相互了解,交流是建立友好关系的基础。在主体教学中,教师还应努力寻找学生的共同兴趣。虽然教学中学生的兴趣差异较大,但肯定也有共同的兴趣,如他们都会对教师幽默的语言感兴趣,会对富有情感的教学内容感兴趣等。

二、从表面的主体性走向根主体性

（一）认识——人的根主体之所在

根主体的概念是揭示主体性的根源。

相对于自然界、人类社会等客体，人是主体，人的身心整个卷入到对客体的认识与改造之中。人是主体，这包括人的躯体与人的认识两部分。相对于人的躯体，人的意识又是人的躯体这一"物质"的主体。我行起于我思，我思控制我行。这说明人的认识是人作为躯体与认识有机合成体的主体的根本，本研究称之为根主体。这与辩证唯物主义所坚持的"物质第一性，意识第二性"没有矛盾，这里说的是根源，而非来源。因此，人的认识是人的主体之根或祖。"根"含有起源之意。动物没有认识，因此不是主体，其行为都是出自本能。所以动物和它生存的环境不是主客体关系。

根主体存在于主体之中，也就是说，只有人的认识与人的躯体的结合才能形成一个主体的人。主体是人，但人不一定是主体。当人不是主体的时候，说明这个人的根主体没有驱使其躯体产生能动性。

（二）根主体对主体教学的意义

我们一直认为自主性是主体性的一个根本属性。但若人缺乏根主体（我思非我思），那么，所谓自主性是谈不上的。我思不是我思所支配，而是他思所支配，那么人就不是自主，而是他主。根主体的揭示是对主体性认识的升华，它有利于克服教学中表面的主体性。

根主体概念对于认识教学动力是一个新的视角。我思是我思，我思能控制我行，那么主体的自动力就有了源头的保证。我们往往从情感调动等方面考虑，但却没有抓住事物的本质。只有"我思是我思"，主体才会有自己的意识，进而才会有更强的动力。

根主体概念便于人们区分本真主体性与非本真主体性。有了自主性，不一定有本真主体性。如果是主体选择了随大流、盲从，虽然他也是自主的，但其主体性缺乏能动性与创造性，那么，其主体性就是非本真主体性，而不是本真主体性。

在教学中,学生思维的积极参与才是实质性参与,是他们主体性的重要表现。或者说,学生思维的主体性是他们本质的主体性。思维的主体性是在"意义—理解—建构"中进行的。在以往的主体教学中,我们可能更多地重视学生外在活动的主体性,而忽视了他们的内在活动,致使教学活动出现了一些误区,导致了表面的或肤浅的主体性,严重影响了主体教学的有效性。

思维、理解启动人的主体性。也就是说,它们是人的主体性的起点。人只有通过自己的思维、理解方能对自己的参与行为作出判断,并最终作出决定。如果教师在教学中不重视学生的思维、理解,则学生主体性的发挥与培养必然会受到一定的影响。因为学生的主体性必须首先通过他们的意识,这是问题的根本。抓住了这一根本,才能解决好主体教学有效性问题。如果总是教师的思维、理解决定学生主体性的开启,那么,学生的主体性必然会受到影响,主体性的质量必然会受到质疑。在主体教学实践中,学生的主体性总是得不到合理的培养与发挥,究其原因,就是因为忽视了开启学生主体性的问题。

(三) 在主体教学中,"意识—思维—理解"是学生的根主体,"意识—思维—理解"控制着人的主体性行为

唯有当学生独立思考、展开活动、积极地钻研教学内容时,真正的学习过程才能形成。[59]236在参与活动的过程中,始终是人的思维、理解控制着人的行为。学生的思维、理解首先决定着他们参与活动的态度。在主体教学实验中,我们发现有些学生在活动中不积极配合教师,参与教学的态度不好。分析原因,要么是他们没有理解教师的教学目的,要么是思维没有与教师同步。过去我们认为这种情况的出现是由于学生没有主体性或缺乏主体性,其实,其主因是学生在教学活动理解上出现了问题。当学生完全理解了教学活动,或按照自己的理解去进行学习活动时,学习态度肯定不会有问题。思维、理解决定着学生参与活动的过程。如何参与活动,把握在一个什么样的度上——何时强化或弱化、何时中止、何时改变、何时纠

正行为等，这些都是由思维、理解所决定的。当然，如果学生的主体性比较强，也会促进他们的思维、理解，但从发生的角度看，是思维、理解决定着他们的主体性行为。教学的思维、理解过程始终是与教学相伴随的过程。不管我们在教学中采取什么形式，开展什么活动，都必须把对学生思维、理解的调动放在主要位置，在主体教学中更是如此。如果没有学生对教学内容、教学方法、教学组织方式等的理解，那么他们的主体性就不可能被调动起来。思维、理解是启动主体性的前提。不管是自主性、能动性，还是创造性，都受思维的调控与支配。

学生的思维、理解对他们的参与行为作出评价。主体教学提倡过程性评价，强调他评与自评的有机结合。学生对自己参与活动行为的评价是他们在教学活动中自我发展的重要环节。当学生能够评价别人、评价自己的学习行为时，说明他们已经形成了一套价值体系，形成了自己的教学意义和价值判断。学生进行评价时，他们的意义价值系统就在发挥作用。这种作用发挥得越多，他们的意义、价值判断系统就会越完善，这是他们学习、生活、工作乃至实现自己人生发展的保障系统。在主体教学中，他们的思维、理解使其对自己的参与行为有一个评价，这是他们重新启动、纠正、完善自己的行为，提升自己行为质量的关键。

（四）思维的参与是最有效的参与

独立思考可以使学生进行深度学习。深度学习的主要标志，就是学生能否深入地进行独立思考。在师生的互动性活动、生生的合作性学习活动中如果学生很难进行时间较长、注意力较为集中的思考，那就谈不上深度学习。

学生的主体性既是他们人生观、世界观的反映，又是他们在具体活动中思维与理解的反映。如果他们的世界观、人生观、价值观偏离了正确的方向，那么他们就可能消极地面对生活中的一切活动，包括教学活动。如果他们认为人生就应该有远大理想，应该不断去追求、奋斗，那么，他们的主体性自然就会增强。在具体的教学活动中，如果学生通过自己的思维认识到活动对自己的发展有意义，认为这种教学内容、教学方法是正确有效的,他们就会表现出较强的学习自觉性。这两种情况其实都与学生的思维、理解紧密相关。也就是说,人的思维、理解一方面决定着人的方向,另一方面决定着人在活动中的状态。

学生思维能力的发展是教学的一项重要任务,正因为如此,就应采取行之有效的措施促使学生思考力的提高。让学生独立思考是培养学生思维品质的重要方法,也是最有效的方法。教学倘若不能引起学生思考,就会成为失败的、无效的教学。在传统教学中,一些教师不善于调动学生思考的兴趣,教学较为浮躁,流于表面。在主体教学中,也有一些教师虽然设计了很多学生参与的活动,却忽视了学生的独立思考。独立思考需要教师在教学中"留白",创造安静的教学氛围。

(五)应努力使主体教学成为一种有意义的言语学习,要创造条件培养与发展学生的根主体

"要想让学生全身心地投入学习活动,那就必须让学生面临对他们个人有意义的问题。"[61]23 在一个富有意义的教学过程中,学生的"意识—思维—理解"会得到加强,也容易找到知识的关联,感受到知识的价值,寻找到知识的生命与生活的内涵。

依据奥苏伯尔的观点,要想提高学习效率,必须使学生的学习成为有意义的言语学习。新知识的学习必须以已有的认知结构为基础。学习新知识的过程是学生积极主动地从自己已有的认知结构中提取与新知识最有联系的旧知识,并使新知识在他们已有认知结构中得到同化或顺应。在具体的教学过程中,教师要想使学生高效率地学习,必须在教学过程中注意运用"先行组织者"教学策略,这样才可提高学生的学习效率。[61]21 学生理解水平的提高,需要有意义的教学作为保障。在主体教学中,教师与学生共同建构意义,这有利于培养学生的主体性人格,也是他们主体性的重要体现。知识对教师有意义,不等于对学生有意义。教师不仅应寻找知识对学生的意义,揭示知识本身的意义、新知识与旧知识的意义关联、知识对学生生活及其发展的意义,还要努力创造知识对学生的意义,要从学生的实际情况出发,而不是从自己的主观愿望出发设计知识。教师认为有趣的知

识，学生不一定感到有趣；教师感到容易的知识，学生不一定感到容易。

有意义的教学必须使学生强化理解，没有理解就没有意义。理解就是要学生通过思维明了知识的内在逻辑体系，知识发生的意义，以及知识对学习者的意义。教学就是要促进理解，有效的教学必须是极大地促进了学生理解的教学。教学的主要任务之一是实现学生理解能力的提高，这是学生发展的重要内容。

任何知识与技能只有被学生理解、掌握、运用后，才会具有一定的意义。因此，在主体教学中，教师应努力使学生实现对知识的理解。这一方面需要教师创造更多的意义，另一方面需要学生克服机械学习，进行意义的积极建构。只有当知识纳入到学生已有的知识体系并进行同化时，知识对他们而言才会是有意义的。

同时，教师与学生应合作进行知识意义的建构。教师应引导学生理解，而不只是记忆；学生应进行理解性学习与记忆。当学生在教学中建构了意义，实现了对知识的理解，他们的思维就会得到发展。只有当学生的思维发挥了积极作用，才可以说学生在教学中是具有主体性的。这是一个基本的判断。

为此，首先，教师在教学中应善于运用"先行组织者"，给教学提供背景性材料。这可以帮助学生理解教学内容，实现意义的建构。教师也可以发动学生搜集"先行组织者"，这既是对学生的重要锻炼，又可以为教学提供更多的信息。

其次，教师与学生共同分享彼此关于知识理解的过程，这也是意义建构的过程。教师可以给学生介绍自己是如何理解知识的，介绍自己在知识理解过程中的困惑、问题。这更能加深学生对知识的理解。学生也可以向教师或其他同学说明自己如何理解知识，有何困惑和问题，从而在教学中出现同频共振。

三、从异化的主体性走向非异化的主体性

（一）异化的主体性的表现

第一，异化的主体性首先是受动的主体性。弗洛姆对能动性进行了一

定的区分，认为能动性可以划分为异化的能动性和非异化的能动性。异化的能动性表现为对某种力量的屈从和盲从。非异化的能动性不是屈从于外在力量的盲目行动，而是植根于一种独立的、基于人自己的生产性观察和思维之中的行为。此种行为在弗洛姆看来是一种理性行为。弗洛姆认为，能动性不能仅仅以表面上行为的积极、主动为标准，非异化的能动性并不一定表现为积极的动态，相反，异化的能动性表面上是一种能动的行为，实质上是盲目意义上的被动性。[62]

第二，异化的主体性排斥非指导的主体性。

第三，异化的主体性是片面的主体性。

异化的主体性在小组合作学习中表现最为明显。在几个学生的共同学习中，一些"小学霸"独占话坛，不给其他学生发言的机会。在全班交流学习结果时，小组代表汇报的大部分是"小学霸"的观点，其他学生处于屈从或盲从状态。他们就表现出一种异化的主体性。一些教师在讲课中缺乏民主精神，经常把自己的观点强加于学生，不让学生发表自己的观点。有些问题的答案可能不止一个，教师把"唯一"的答案给了学生，学生盲从教师。此时他们的能动性也是异化的主体性。

（二）从异化的主体性走向非异化的主体性

1. 从受动的主体性走向主动的主体性

我们经常说，传统教学中学生没有主体性。其实，仔细分析，这种说法不尽科学。如果学生没有主体性，那么，学生根本就不可能进行学习。学生即便是按照教师的意志被动学习，也要经过自己的思考，作出自己的选择，否则，教学就不可能进行，学习就不可能有效。即使在传统的教学中，也没有绝对的受动性。绝对的受动性就等于完全失去了人格尊严。在目前的社会制度下，那种绝对失去人身自由、人格尊严的行为是不多见的。尤其是随着社会民主进程的加快与教育教学改革的推进，我国的传统教学也有了一定的发展，学生的主体精神得到了不同程度的培养。早在20世纪二三十年代，我国就已进行了一些教改试验，吸收、移植、改造国外的教学模式，进行了平民教育、乡村教育实验。这些实验把传统的"教授"改为"教学",从只关注教师的教授到开始注重学生的学习,提出学习是自动的过程,而不是被动的吸收和接受。"儿童的自动,是学习的第一条件"。[63]24据此,本研究认为,在传统教学或部分所谓的主体教学中,学生不是没有或缺乏主体性,而是缺乏主动的主体性。

根据观察与调查,在主体教学中,学生受动的主体性十分普遍,也就是说,在教学中许多"大事"都是教师做主。例如,教学目标由教师制订,许多教师不善于与学生共同制订教学目标,也不善于把自己对教学目标的想法转化成学生对教学目标的认同。教学方法、教学组织模式、教学内容也都是教师根据自己的理解选择或确定的。为了培养学生主动的主体性,教师应引导学生参与制订教学目标,设计或选择教学方法,与学生一起讨论教学内容,研究教学组织模式等。

2. 从非指导的主体性走向非指导的主体性与指导的主体性的结合

在主体教学中,异化的主体性主要表现为:盲目强调学生独立探究,忽视在教师指导下学生的主动接受。

把主体的发现学习与主体性接受学习结合起来。发现学习应成为学生学习的主要方式之一。

布鲁纳所指的发现学习主要是指学生独立地获取知识的方式,即学生通过自己独立阅读书籍和文献资料,独立思考而获得对于学生来说是新知识的过程。在他看来学生掌握各门学科基本知识的最好方法就是发现学习法。他明确指出,"发现"不限于那种寻求人类尚未知晓的事物的行为,也包括用自己的头脑亲自获得知识的一切形式。虽然这比发现人类尚未知晓的事物要容易得多,但是发现学习也需要具备一定的条件。

布鲁纳之所以如此看重发现学习,是因为它有以下四个优点:有利于激发学生的智慧潜能;有利于激发学生的内在动机;有利于学生学会发现的试探方法;有利于学生对所学知识的保持。因此,布鲁纳认为,发现学习应该成为学生学习的一种主要方式。[61]17但在教学中,如果总是用发现学习的方法,也会造成一定的费时低效。如果学生进行的是一种主体性的接受学习,也能够产生良好的主体教学的效果。

"接受学习是指将所学习的内容以确定的方式传授给学生。"[64]在接受学习中，以教师讲授为主，学生主要是听讲，教学内容主要是以确定性知识、技能为主。接受学习是传统教学的主要方式，其优点是能在比较短的时间内传授大量知识信息，其弊端主要是学生在教学中较为被动。

但这里应当区分两种情况：究竟是被动地接受，还是主动地接受。我们把学生主动地接受学习称为主体性接受学习。所谓主体性接受学习，就是学生在接受学习的过程中，积极思考，不断发现问题，与教师进行探讨。教师不是一讲到底，而是给学生理解与思考的空间；教师也不是唱独角戏，而是调动学生主体参与的兴趣与热情。在这一过程中，要善于通过启发学生的思考来实现学生思维的发展，善于通过指导学生动手操作，实现他们实践能力的发展。有些教师因为在教学中完全采取发现学习方法，结果完不成教学进度和教学任务，从而影响了教学效率。

在主体教学中我们提倡主体性接受学习，提倡把发现学习与主体性接受学习结合起来，只有这样才能保证主体教学的有效性。

有人认为主体教学就不应该有接受学习，这其实是个认识的误区。就我国目前的教学而言，完全放弃接受学习，采取发现学习，是不现实的。在主体教学中，更多的不是学生在发现中学习，而是主体性接受学习与一定程度的发现学习的结合，这才是符合我国当前教育实际的做法。

在现代社会，由于信息量剧增，我们要善于培养学生接受知识与信息的能力，又因为社会激烈的竞争性，还应当培养学生"发现—创新"的能力。在教学中，采取这两种方法结合的方式既利于培养学生接受知识与信息的能力，又利于培养他们"发现—创新"的能力。

3. 从片面的主体性走向全面的主体性

首先，要让全体学生发挥与发展他们的主体性。

其次，要注意培养学生全面的主体性，做到自主性、能动性、创造性与社会性的有机结合。在我国传统教学中，学生的主体性的确不强，这是一个较为客观的判断。然而，对此也应具体分析。主体性是一个内涵丰富的概念，从它包含的自主性、能动性以及创造性三个角度分析，是有层次性差异的。总的来说，我国传统教学中，学生的自主性、能动性以及创造性较弱。由于教师设计教学目的、教学方法以及教学内容，学生在这些大的方面往往缺少自主性,但在微观的学习环节中,他们仍具有一定的自主性。对目前的主体教学而言,重要的是应该培养学生全面的主体性,而不只是强调主体性的某一个方面。当然,在主体性的四个方面中,自主性与社会性是较为基本的方面,尤其应予以特别重视。

在主体教学实践中,要注意研究与解决学生主体性发展的异化问题。下面笔者以数学教学为例做一些解释。

教师应当自觉地防范和克服当前课堂教学活动中的低效、异化现象和形形色色的伪主体现象。比如,一些以"数学教学活动化"或"数学活动教学化"为外在形式的课堂教学,本质上是教师进行"数学活动",而学生在被动地接受。在一些演绎式探究中,教师以其长于数学符号、对符号的意义及运算熟练和自动化的优势,将数学问题的条件、结论从实际情境中快速分离出来,然后逐层推理分析,淋漓尽致地演绎着相应的数学命题、语言、方法、思想,并形成简洁优美的数学结论,他们没有充分考虑学生的知识结构、理解能力,忘记了相应数学符号对于学生来说也许是"负担和约束",忘记了"简洁"背后可能的"繁杂","优美"背后可能是理解上的"艰难"。这种探究教学本质上与学生灌输式教学没有区别,学生主体性并没有真正体现。

如何防范和克服数学课堂教学中的低效与异化现象呢?数学课堂教学活动性的理念本身为我们提供了行动指南。在数学课堂教学的设计、实施等各个系统环节中,教师应提醒自己思考:"给什么人教学"、"为什么教学"、"如何教学"、"用什么教学"、"教学效果如何"等基本问题,确保在教学的各个细节处理上做到"想"和"做"的有效互动,通过"边想边做"、"边做边想",反复推敲已有的教学设计、活动方案,认真训练反思性数学课堂教学思维,逐步提高对数学课堂教学本质的辩证认识,正确把握数学课堂教学中的各种关系。把数学课堂教学活动性的理念落实到教学行动中,将有利于我们深入分析数学课堂教学中低效与异化现象产生的原因,对数学课堂教学中的行动、事件有更充分的辨识和更合理的选择,并因此而科学有序地展开数学课堂教学活动。[65]

四、从神秘的主体性走向平常的主体性

(一) 神秘的主体性

日本教育学者佐藤学在他的《静悄悄的革命》一书中对所谓"主体性的神话"进行了批判。所谓"主体性的神话",通俗地讲就是割裂学生与教师、同伴、教材以及学习环境的相互作用和联系,让教育仅仅成为围绕学生内在的兴趣、愿望、需要而进行的神话。比如,将学生的"自主学习"、"自学自习"视作理想的教学形态,即是将学生学习的"主体性"加以神化和绝对化的体现。在佐藤学看来,主体性的神话之所以是错误的,根本原因在于教学的质量是由"学生"、"教师"、"教材"、"学习环境"四个要素之间的相互作用与联系共同决定的,而不是由"学生"这个要素单独决定的。换句话讲,学生学习"主体性"的发挥,取决于学生与教师、同伴、教材和周围环境的互动和联系,因为学生的"主体性"不是在与教师、同伴、教材和学习环境毫无关系的情况下独自起作用的,他们的兴趣、愿望、态度和需要,也不是在这之前就存在的。[66]16-17

神秘的主体性主要表现为以下几点。

一是把主体性看得太高。近年来,我国在素质教育的实施中,在主体教学的实验中,"主体性神话"已成为影响主体教学有效性的一种片面认识与做法。这主要表现为两种情况:一是部分教师有主体教学神秘化的认识倾向。一些教师总认为主体教学太理想化,太玄乎,在现行教育体制中难以实施,一谈主体教学就有一种畏惧情绪。二是部分教师有主体教学地区化的认识倾向。一些教师认为主体教学只有在发达地区才能进行,在农村等落后地区难以推行。这种情况下,教师认为主体教学离自己的课堂教学实际太远,便选择了传统教学的基本做法,因而就不可能使学生在教学中的主体性得到发挥与发展,也就谈不上主体教学的有效性。

二是把主体性看成万能。

三是只把主体教学看成一种教学理论或观念。

那么,如何摆脱和超越课堂中的"主体性神话"呢?佐藤学极力主张

对常规的课堂教学进行改造,这种改造是通过转变学生的学习方式来进行的。

(二) 走向平常的主体

佐藤学提出了以下解决问题的办法:

在传统的课堂中,学生在教室里通常仅仅依靠脑神经细胞的活动来学习,新的学习方式则要求学生通过和教师、同伴、教材和环境的实际接触与对话,通过各种媒体化的活动(如观察、调查、实验、讨论等)来学习。[66]124-125

在传统的课堂中,学生的学习通常是个人化的活动,学生很少通过交往互动进行合作性的学习,人们把不借助别人的帮助独自解决问题的学习称为好的学习。而在新的学习方式中,学生的学习是交互式的、合作性的,人们把"互惠的学习",师生之间、学生之间相互切磋、相互借鉴的学习称为好的学习。

在传统的课堂中,学生的学习主要体现在获得和巩固预定的知识、技巧,新的学习方式则要求学生把各自的学习经验表达出来,在共同分享和交流中,帮助个体反思性地领会所学的知识与技能。[66]124-125

根据我国主体教学的现状,要从神秘的主体性走向平常的主体性,应从三个方面考虑。

1. 正确的认识

对主体性的误解弥漫在教学实践中,对主体性发挥的失当使主体教学失去了它的有效性。因此,正确理解主体性是我们搞好主体教学的重要前提。主体教学是为了发挥与发展学生的主体性,让学生真正成为课堂的主人,实现教学的最优化。任何教师与学生都可以在教学中体现主体教学的精神与要求。

2. 从教学系统的角度把握主体性

教学是一个大的系统,包括许多因素。主体性反映了教学主体的能动状态与精神面貌,虽然它是关键因素,但却并非万能,其作用的发挥还受制于其他因素,只有把它与教学中的其他要素匹配理解与把握,才能充分实现主体教学的有效性。

主体性虽然具有自主性、能动性以及创造性，但在主体性教学中，我们应当把自主性、能动性以及创造性的发挥放在教学系统中，结合影响它的诸多因素进行考虑。否则，所谓的"主体性教学"就不是教学形态，而是学生的一种在自由情境中的自学行为。主体教学必须符合一般教学的形态特征。学生的自主学习必须在教师的指导下进行，教师要对学生给予指导，进行监控，学生在主体教学中的学习是按照设计好的教学内容进行的。当然我们也十分强调教学内容的开放性，强调确定性知识与非确定性知识的结合，但在结构比例中，确定性知识应当是主要内容，非确定性知识是对确定性知识的进一步拓展与补充。教学环境也应当是相对稳定的，而不是时常变动的，否则学生就会难以适应，也会影响教学效果。当然，在这个前提之下，也提倡教学环境的开放性，但在我国目前的教育体制、评价体制背景下，这只能作为相对稳定的教学环境的补充。

3. 从理论与实践两方面对主体教学进行探索

我们研究主体教学有效性就是要破除"主体性神话"，使主体教学真正成为实施素质教育的有效教学形态，而不只是教学改革中空洞的口号。当前应从实践环节积极研究主体教学，反对对主体教学理论与主体教学经验的拿来主义。我们应在主体教学一般理论的指导下，研究主体教学的应用理论；同时，在参考其他教师教学经验的基础上，根据教学中的实际，探索行之有效的主体教学实践模式。

第三节 保证主体教学有效性的价值取向

一、保证主体教学内容有效性的价值取向：科学精神与人文素养的结合

长期以来教育界有两种思潮左右着教学实践，使教学实践出现或重科学教育或重人文教育的两极摇摆状态，影响了人们正确的教学价值取向选择，从而也严重影响了教学有效性。无论是科学主义还是人文主义，它们

各执一端、顾此失彼，都会造成教育教学的偏差。我们赞成科学教育与人文教育相互结合，从而造就学生全面的人格。

(一) 科学精神、人文素养对于人的发展的重要性

人类在认识自然的过程中形成了关于自然的知识，形成了认识与改造世界的价值观念、具体方法，出现了审美的行为与成果。人类同时也逐步对自己有了认识，包括生理、心理、世界观等方面。人们之间的交流丰富了自己的语言表现形式，创造了更多生活的理性与非理性的知识形态表征，同时人类也积累了自己的历史，形成了一种历史观。这就形成了人文知识体系。知识包括科学文化与人文文化两个部分，任何文化体系总是一种"逻辑意义上的整合，蕴含着一套完整的价值系统、生活哲学以及最后实体性质的解释"[67]。人类文化的总体中，蕴含着科学的与人文的、理性的与非理性的知识，它们共同构成了人类历史中文化的总体知识。在知识被个体内化的过程中，这两部分知识对于个体的全面发展是不可缺少的。

人类在长期的生活和生产劳动中，不断探索、征服自然，积累了一定的经验。随着经验的不断丰富，这些经验被上升到理性层面，分门别类。同时人类也开始从不自觉的经验积累逐渐过渡到自觉的认识，经验的积累以及自觉的认识促使了分科知识的产生，逐渐演变成人文、社会以及自然科学学科。

从知识发生的角度就可以看出，对于类主体的人类而言，科学与人文是两套不可或缺的生产、生活知识，离开了任何一个方面，人类都会走向畸形发展。对于个体知识而言，也是这样。

就知识的作用而言，科学知识主要是人们生活生产的工具，人文知识是人们生产生活的导向、动力，为人们的生产生活增加内涵。人文知识涉及道德、情感、审美等不同的领域，是人们理解人生、反思人生的基本知识体系。人文知识是相对于科学知识与社会知识而言的。人文知识是一种反思性知识，具有一定的个体性。科学知识是一种实验性很强的知识，社会知识则是关于一定社会、文化、历史的知识体系，具有一定的时代性、

价值性。人们的生活离不开情感的、审美的、艺术的成分，因此，科学知识与人文知识是一体两面的统一，在人的全面发展中起着各自不可替代的作用。学生必须养成良好的科学精神与人文素养。它们既是学生在教学中的学习内容，又是学生学习的动力支持。我们实施素质教育，倡导发展性教学，就必须坚持科学与人文在教学中的统一。

科学教育，也就是在教学中坚持科学性原则，培养学生的科学精神，提高他们的科学素养。它强调教学认识、教学活动中的理性方面、因果关系以及实量分析；强调基本原理、基本技巧以及问题解决方法、策略的科学性；强调实事求是，按科学规律办事。人文教育，也就是在教学中坚持人文原则，培养学生的人文素养、人文精神，强调情感、艺术、直观、兴趣等非理性方面，重视教学交往、教学活动中内隐的、模糊的、缄默的、有价值取向的因素的影响。可见，科学教育、人文教育都具有一定的合理性，在教学中如果只坚持一个方面，会有失偏颇，影响教学有效性。把它们结合起来，就能使教学理性与非理性相互补充，科学性与艺术性相得益彰，能够调动学生的各个方面，包括智力因素与非智力因素。

案例1-1

一位数学教师在教万以上的大数时，不仅让学生会读、会写几万或几百万甚至更大的数，更注重让学生结合具体背景认识大数的意义。例如，她结合多位数记数教学，介绍国家图书馆占地面积17万平方米，居世界第一；藏书1400万册，居世界第五位。珠穆朗玛峰海拔8844.43米，是世界最高峰。这样的教学不仅使学生学会了数字，还对学生潜移默化地进行了人文教育。

这位老师又从报纸上摘录与大数有关的一段话：某市将原市委书记擅自动用公款修建的1套价值400万元的别墅拍卖。她引导学生：看到这样的大数，同学们会有什么感想？会产生什么样的联想？如何来理解这个信息？同学们不妨做这样分析：如果按人均25平方米，每平方米2000～2400元来考虑，不到20万元能解决一个三口之家的居住问题，那么400万元能解决20多个家庭的住房问题。"1个"与"20个"，多么悬殊的距离，多么令人憎恶的贪官！

由一个大数所引发的思考与联想,可以引起学生情感上的共鸣和心灵的震撼。[68]

(二)人文素养与学生主体性的关系

人文素养与主体性的关系:第一,人文素养是主体性的一种文化价值支持;第二,人文素养是主体性的一种直接动力;第三,人文素养为主体性的发挥提供了具体内容;第四,人文素养为学生主体性的发挥与发展提供了价值指南。

主体性是人的一种能动状态,是人的观念能量、体能、心理能量的释放,这种释放受各种因素的制约。在这三种能量中,体能的释放受观念能量与心理能量的影响与制约。体能释放不释放、如何释放、释放到哪里,都取决于人的观念能量与心理能量。其中观念能量处在更高的层次。人文素养可以给观念能量提供全方位的指导,使人的观念更加符合人类主体的共性特点,符合社会与历史发展的规律与要求,从而使个体更加社会化,使个体行为更具鲜明的文化特质,使其发展更合乎主流社会的要求。在个体教学有效性研究中,我们提倡培养与发展学生合理的主体性。在人文素养的指导下,学生在教学中主体性的发展就会更趋合理。

从中华文化的发展来看,我国古代的哲学家、思想家,如孔子、韩非子、董仲舒等都十分提倡人文精神,强调通过为人、做人,进而为家、为国做贡献,所谓"修身、齐家、治国、平天下"就是这个道理。所以,中国与一些宗教国家不同,它是一个有人文主义传统的国家。在传统文化中,积累了一定的宝贵思想,诠释了物质生活与精神生活、生命价值与人格价值方面的道理,这对纠正当前出现的重视科技、经济、实用,忽视人文、精神、思想、道德的偏差,对于纠正只追求物质生活而忽视精神生活的倾向,具有十分重要的指导与纠偏意义。

从人的素质结构来看,人的素质包括几个方面:一是文化知识素质,二是思想品德素质,三是心理素质,四是身体素质。在这个素质结构中,几乎所有方面都和人文知识有一定的关系。在文化知识中,人文知识是重要的一部分,因为人类知识总体可以分为自然科学知识、社会科学知识以及人文知识。其中人文知识直接对人的发展起作用,决定人在社会生活中的方向以及精神状态。在思想品德素质中,主要是个体对人文思想、人文价值取向的一种内化,毫无疑问,它主要是人文知识。在心理素质中,主要有情感、兴趣、意志等,而他们都与人文知识密切相关。即使是身体素质也与人文知识密切相关,因为如果没有正确的人文价值观,人们可能会在生活、工作以及发展中偏离正确的方向,并由此悲观厌世,从而直接影响身体健康。另外,如果没有人文知识,人们的知识就不全面,能力以及动力会受到严重影响,发展会不顺利。

科学精神、人文素养与主体性之间的关系如图1-1所示。

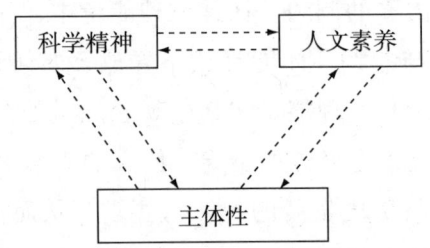

图1-1 科学精神、人文素养与主体性之间的关系

注:虚线的箭头表示这种关系并非是精确对应的函数关系,而是一种非线性但却有关联的关系。

(三)教师应该在教学中充满人文关怀

首先,教师应该具备人文素养。

教学中的唯科学主义是片面的、畸形的。唯科学主义的主旨不是培养全面、和谐发展的人,而是把学生作为一种理性工具。人文精神直接指向的是有个性的人的发展,把人作为一种直接的发展目的。这和主体教学的基本理念是相同的。人是主体,是教学的直接目的。

人文素养是教师人文素质的核心内容,是人性、理性与创造性的统一。人性主要强调人作为人的尊严,理性强调科学态度,创造性体现人的本质特性。教师的人文素质包括教师为了实现教育教学的顺利进行、为了实现学生的最优发展所必须具备的人文知识、人文精神。人文知识是教师人文素质的基础,人文精神是个体所体现出来的一种气质与面貌。教师的人文知识是教学有效性的认识前提；教师的人文精神是教学有效性的一种动力支持。

其次，教师应该关注学生作为人的存在。

动物的存在是机体的活着，是一种缺乏生命意识的存在，而人的存在是在意识指引下的存在。动物的存在是一种感觉性存在，人的存在是一种文化性很强的存在。人的存在应当受到尊重，人有强烈的被尊重的需要，人的存在具有很强的伦理性。人的存在具有很强的需要性，其生存的过程就是不断产生需要、满足需要的过程。人的存在是一种交往性存在，人的存在离不开他人的支持，人就是在互相支持中获得生存的，这种主体间性也是人存在的重要方式。只要有交往就有文化，就受文化观念的制约或支持。人的存在是一种反思性存在，这主要是对自己的活动、自身素质表现的一种反思，反思他们的优点与不足。这种反思对提高人的生存质量至关重要。

主体教学要实现有效性就必须关注学生的生存、生活状态。教师应该做到：

① 关注学生自身感受。学生在教学中的感受如何决定着他们在教学中的有效性。教师应该根据学生的感受不断改善自己的行为。

② 关注学生在教学中的需要。主体教学必须从学生的需要去开展，教师应该满足学生的需要，引导学生的需要向更高层次发展。

③ 关注学生在教学中的文化生态。教学文化的生态状况决定着教学的有效性。所谓教学文化的生态性指教学文化满足学生教学中快乐生活与发展的需要的状况。良好的教学文化生态一定是学生的快乐生活需要与发展需要得到了较好的满足。主体教学有效性的一个基本前提是师生共同创造了良好的教学文化生态环境。

④ 关注学生的主体间性。主体间性是教学中学生生存的一种基本状态。学生在教学中是一种活动状态，是一种复数主体共同参与活动、实现发展的状态。教学随时都发生着学生与教师的互动、交往，发生着学生与学生之间的互动交往，这就构成了一个交往的生动场面，学生正是在这种场面中生存着、发展着。

⑤ 关注学生存在的个体独特性。人的存在是一种独特性的存在，正是

这种独特性存在构成了个性色彩浓厚的生活世界。关注学生存在的独特性即是在教学中保护与发展学生的个性,要因材施教,进行分层教学。

(四) 科学精神与主体性关系

学生养成了求真务实、严谨认真的科学精神,就会在学习中善于探索,肯于钻研。这有利于提升他们的主体性品质,增强主体性动力。科学精神作为一种价值取向,一种良好的工作学习品质,一种严谨的作风,能够为学生主体性的发挥与发展提供动力,同时又为他们提供一种发展的价值取向,那就是严谨求实、实事求是的作风品质。

为什么要培养学生的科学精神?

首先,这是以科学技术大发展为主要特征的社会对学生的必然要求。

我们正处在一个科学技术大发展的时期。人类近五十年科学技术的发展远远超过了过去几千年发展的总和。新能源的发现和创造使人类摆脱了不可再生资源的限制,能源的再利用有了实质性突破。人类对宇宙的探测以及航天技术的发展大大拓宽了人类生存与发展的空间,还带动了相关科学技术的大发展。通信技术、互联网的发展与广泛应用使人类实现了信息拥有的共时性与交流的便利性,缩短或消除了发达国家与发展中国家、发达地区与落后地区在信息方面的差距。现代交通技术使人们犹如共同生活在一个村庄里,克服了人们交往在空间距离方面的障碍。还有多种科学技术广泛运用于生产与生活,提高了生产效率与人们的生活质量。也就是说,我们生活在科学技术无处不在的时代,生活在知识与信息量剧增的时代,生活在一个充满了创新、变革的知识经济时代。世界各国的竞争就是经济实力的竞争,而经济实力的竞争主要依靠科学技术。

近些年,在我国,随着改革开放的不断推进,科学技术实现了跨越式发展,在许多方面都达到了世界先进水平,有些方面甚至达到了世界领先水平。但我们也应看到,我国科学技术在原创性方面与发达国家相比还有不小差距。

以科学技术为鲜明特色的社会一方面要求人们不断掌握现有的科学技术,以便于工作和生活;另一方面,又要求人们不断进行科学技术的创新。

这对教育教学提出的任务就是：学生一要通过教学学习现有的科学技术；二要发展创造能力，培养创新精神。唯有如此，教学所培养的学生才能适应社会的要求。

其次，这是学生适应目前的教学与课程改革，发展自己探索能力的必然要求。

当前我国课改的核心是突出学生的主体地位，发展他们的探究能力，培养他们良好的社会品质，提升他们在未来生活与工作中的适应性、竞争性。因此，在基础教育阶段，新课改十分强调以学生的自主性为核心理念的研究性学习。研究性学习给学生提供了更大的自主学习与发展的空间，但是学生应该怎样去学习与发展，教师怎样指导他们形成科学合理的素质结构，这是值得我们思考的。科学精神可以给学生的自主学习以正确的引领。如果放手让学生去探究，他们如何探究，用什么样的态度、作风进行探究，都是教师应该思考的问题。而科学精神给他们在探究学习中以方法论指导。学生倘若缺乏科学精神，就不能很好地发挥与发展主体性，从而影响主体教学有效性。

最后，这是学生适应未来社会激烈竞争的需要。

在未来社会中，科学技术的竞争越来越激烈，但科学技术的竞争归根结底是人的素质的竞争。人的素质最根本和最重要的不是掌握了多少现有的科学技术，而是具备创新科学技术的能力。因此，培养学生的科学精神对于他们参与未来社会的竞争有着十分重要的意义。

科学精神，还有另外一层含义就是求真务实。人类的智慧在这个时代得到了前所未有的发展，但是由于诸多方面的原因，在我们这个时代，也存在着浮躁、虚假等方面的问题。我们应发扬求真务实的作风，善于探索事物的本来面目，善于抓住事物的本质，能够做实事、说真话。只有这样，我们才能克服现实生活、工作中存在的一些问题。在教学中，也应努力培养学生求真务实的科学精神。

二、保证主体教学正确方向的价值取向：科学发展观

教学中学生科学的发展观应当表述为：以合理的主体性发展为基础的

学生个性的全面发展。这里说以合理的主体性为基础，主要是因为，若没有合理的主体性的发展，学生个性的发展也会受到影响。应当说主体性发展是个性发展的基础。学生个性发展离不开自己的自主努力，也离不开一定的教学活动。他们的自主努力是以他们的主体性为基础和动力的；同时他们的个性是在活动之中发展的，而活动的参与，需要他们的主体性，被动的活动参与不能实现他们个性的发展。

用一句话表述，学生的科学发展就是实现以主体性、社会性为核心的个性的全面发展。

（一）学生必须实现个性发展

个性是一个人的精神面貌的总括，是个体稳定的倾向性和心理特征的体现。人的个性是教育与社会影响以及个体自觉能动性的产物，个体的自觉能动性在这三个因素中居于决定性地位。但是，教育与社会因素又在一定程度上决定着人的自觉能动性的水平，不同的教育模式、社会文化传统可以形成不同的自觉能动性水平。我们的社会文化长期以来重集体轻个体，强调个体对集体的服从，致使传统教育重视对学生的划一培养，教师在教学中处于绝对权威的地位，学生的自觉能动性因此一直处于不能较好地发展与发挥的状态，传统文化与传统教育所影响的个体极易缺乏鲜明的个性。

我们重视个性发展是基于对教学现实问题的深刻认识，这是一个现实的依据。我国传统教学基本上是一种非个性教育，划一的教学模式抹杀了学生的个性。

自觉能动性是主体性的一个重要表现，从这个意义上讲，主体性也是个性形成的重要因素。良好的个性是在人的主体性活动中实现的，因此，主体性也是个性发展的重要因素。主体参与有助于形成合理的个性结构，主体性是人的个性结构中的核心内容。个性结构的要素包括个性倾向性、个性心理特征、心理过程以及自我意识，这四个因素都离不开主体性。倾向性在具体行为上表现为选择与不选择、参与与不参与，这是人的自主性表现。兴趣、需要、动机都要通过人的主体性表现出来，否则，需要就要受到抑制，兴趣就会变得麻木，动机就会减退。应该说，在正常发展过程中，是它们增强了人的主体性，是主体性满足与表现了它们。同样，没有主体性，人的能力的发挥就会失去依托，人的态度与行为方式也就不能表达；没有主体性，人的活动就会失去动力特征；没有主体性，人的性格与气质就难以体现。人的自我意识的强弱也是人的主体性的反映。总之，人的主体性是人的个性结构的精神实质，没有主体性的人，其个性也不可能很强。有人认为主体性会压抑人的个性，一些学者把个性和主体性并列起来，认为它们是人的两方面的特性。在笔者看来，这种结论是由于没有搞清个性与主体性各自的内涵而得出的。本书认为，主体性是个性的核心内容，个性最终必然表现为主体性，没有主体性的人，也不会有鲜明的个性。主体教育理论认为，主体性包含自主性、能动性和创造性，所以，分层理解，发展性教学的主体参与的主体性也表现在这三个维度上。

（二）学生必须实现全面发展

全面性是指学生发展的全面性。全面发展是马克思主义的基本教育观点，也是我国教育方针的主要内容。有效教学关注学生的进步或发展，要求教师树立"对象意识"与"全人概念"，教师必须确立学生的主体地位，树立"一切为了学生的发展"的思想。同时，学生的发展是全人的发展，并不局限于某一方面或某一学科的发展。"主体性教育以育人为本，就是要在人的内心和行为两个方面同时造就一个人，造就一个不同于以前的人，一个独立自主的、有热情、有个性、有尊严、有责任心的人。"[69]全面性是主体教学有效性的重要内涵与指标。这包括教学目标的多元性、教学过程的生态性、科学性、艺术性以及教学评价的全面性、过程性。此次教学改革十分重视教学目标的多元性，重视对学生知识、能力的培养及情意品质的培养（主要包括智力因素与非智力因素的培养）。教学过程的生态性就是从学生的实际需要出发进行教学。科学性与艺术性的结合是教学感性手段与理性手段结合的前提，也是造就全面发展人格的前提。传统教学十分重视概念、判断、原理等理性因素的作用，忽略兴趣、情感、意志、需要、动机等非理性因素的培养。主体教学要坚持理性与非理性因素的统一。

(三)全面发展应以个性发展为前提

个性的发展需要以全面发展为其基本要求。发展学生的个性与学生的全面发展并不矛盾,但在个性发展与全面发展之间,我们尤其强调个性发展,因为过去我们一直强调全面发展,效果却不是很好。几十年的教改经验告诉我们,没有学生的个性发展,就谈不上他们的全面发展。因此,不难理解全面发展是以个性发展为前提的。

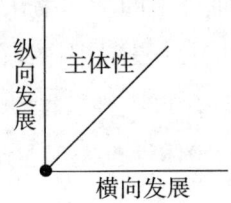

图1-2 人的全面发展坐标

横向发展与纵向发展共同构成了人的全面发展的坐标,而人的主体性就是这个坐标的交点,对整个坐标起着一定的支撑作用。学生的主体性促使他们朝着横向与纵向不断发展,从而形成左右逢源、上下贯通的发展格局。因此,可以得出一个结论,合理的主体性应该是纵横交错的双向性主体性。横向发展代表了学生发展的内容,即应该是一种全面性发展。纵向发展代表了人的发展的水平与层次。人的主体性与横向发展的有机结合,可以使人的发展视野更加全面,也可以形成开放性、无止境的发展。纵向发展与主体性的有机结合可以使人的发展目标与层次越来越高。

在过去的主体教学实践中存在两个方面的问题。第一,在横向发展方面,存在着片面发展的问题,影响了学生的继续发展。如:有些学生从很小就偏科,只喜欢文科或理科,致使他们的发展不全面;有些学生喜欢艺术类课程,但不重视理论知识的学习,也会影响他们艺术方向的高水平发展。第二,在纵向发展方面,存在着不考虑学生实际的发展,有拔高性发展和低层次发展两种情况,这两种发展都脱离了学生的实际,对学生的发展十分不利。

从心理学上讲,学生的个性包括个性特征和个性倾向性;从哲学上讲，个性包括他们自己的世界观、价值观等；从知识结构的角度说，个性包括他们独特的知识结构与经验积累。多元智能理论告诉我们，学生的智能是具有差异性的，这也是他们个性的独特体现。由此可见，他们的个性具有丰富的内涵。我们说个性发展并非单指某一个方面，而是多个方面的共同发展。由此可见，科学的全面发展观是指学生个性的全面发展。

（四）学生必须实现社会化

学生主体性的发展一方面要服务于自己的生活、工作与继续发展，另一方面要服务于社会发展。这两者对于个体而言都十分重要。而个体的生活、工作与发展又不只是个体本身所决定的，它与社会有密切的联系。也就是说，个体的生活、工作与发展必然是社会中的生活、工作与发展。一句话，人具有鲜明的社会性，人的主体性必须具有一定的社会性，人的发展必须实现社会化。

第二章

主体教学有效性的视阈

内容提要

主体教学有效性的视阈可分为社会性视阈、教学艺术视阈和公平视阈。社会性视阈：主体教学具有很强的社会交往性、社会活动性和社会实践性，这不仅体现在教学内容、教学手段、教学目标上，更重要的是体现在对教学情境的生活化创设上。要较好地体现主体教学的社会性，就必须实现教学角色的即时转换，让每个学生在多角色中表现自己、发展自己。教学艺术视阈：教学艺术作为高水平运用教学方法的状态，是教学方法主体化理想的表现形式，是主体教学所需要教师具备的各种素质最凝结、最典型、最完美的体现，能够引起学生智能、情意、审美能力的协同发展，因此是实现主体教学有效性的重要手段。教学艺术在提高教师与学生在教学中的生命、生活质量的同时促进了学生全面和谐的发展。教师应该让学生具有情感、审美、创造等方面的良好体验，培养他们的情意品质与创造能力。公平视阈：主体教学公平是指教学主体在教学态度、教学参与机会、教学资源配置、教学方法选用、教学评价等方面所采取的比较合情合理的行为，它具有协同性、差异性、整体性及共益性。主体教学公平能确保教师责任的履行、教学和谐及教学资源利用的合理性，有利于推进素质教育，有利于实现从精英教育向大众教育的转变及学生的合理发展。

第一节　主体教学有效性的社会性视阈

一、主体教学具有很强的社会性

（一）主体教学具有很强的社会交往性、社会活动性与社会实践性

19世纪末到20世纪中叶，哲学在研究主题上经历了从本体论、认识论向主体论、实践论的转换。在此基础上，社会性当中的交往问题吸引了许多哲学家的关注，如马克思的"交往实践观"、哈贝马斯的"交往行动理论"、胡塞尔提出的"交互主体性"等。随后，这一问题的研究触角伸向了教育教学。教学不仅仅是一个认识活动系统，它还有一定的社会交往结构。[70]20世纪90年代以后，教学交往问题越来越受到人们的重视。在主体教学的理论研究中，人们也十分重视交往问题，把它看做是决定主体教学成败的一个关键因素，在主体教学的实践中，探索出了许多有利于交往的教学模式。

主体教学认为，教学中的活动是学生进行主体参与的基本载体，活动的效果影响着主体教学的有效性。人的活动方式、对活动的态度是影响活动结果的重要变量。主体教学就是通过一系列活动使学生逐步养成理解、同情、宽容、合作、信任、平等、尊重、民主等社会人的品质。主体教学是认知过程、体验过程和实践过程三个层面的统一，它们互相渗透、互相补充。这三个层面，哪一个都离不开学生的主体参与，没有学生对教学的亲自参与，就不可能有他们的认知活动、体验活动。

除了教学的认识与交往活动，主体教学也十分重视实践活动。有效学习应该是学习者积极参与到反映真实实践的社会环境中，借助文化工具和资源，在同伴和教师的帮助下建构意义并形成自我的过程。[63]124主体教学中的实践活动拉近了教学与社会的距离，使学生融入社会生活中。学生在教学中所学的东西和发展成果可以随时随地运用到社会生活中并对社会生活产生促进作用，教学效果自然就会得到保证。

（二）主体教学的社会性更重要的是体现在对教学情境的生活化创设上

主体教学的社会性不仅要体现在教学内容、教学手段、教学目标上，更重要的是体现在对教学情境的生活化创设上。师生关系的多元化、教学活动的多维化都是教学融合生活的互动体现。师生关系的多元化指教师与学生既有正式的工作关系互动，又有非正式的人际关系互动。教学活动多维化指教学活动有多方面、多层次的互动体现。一种互动式参与模式所营造的师生、生生对话交往应该是理想的教学模式。英国 ORACLE 中学的一项研究发现，全班互动教学的时间和学生的学习时间成正相关，在互动教学中，教师给予学生的时间越多，学生对学习任务的参与也越多。适应了全班互动教学模式的学生，他们在独自学习时也能够为该学科投入更多的学习时间。[71]2

案例2-1

梁海燕老师在讲解"生态系统"一节中，讲到生态平衡时设计活动"一个也不能少"：请10名学生出来分别代表生态系统中的各种成分，其中一个代表人类。让人坐在中间，其他学生将他抬起来，代表生态系统中其他成员在支撑着人。当人类破坏某一环境因素时，代表相应成分的学生就离开，学生一个一个离开，坐在中间的人受到的威胁越来越大，也越来越紧张，越来越害怕自己掉下来。

通过学生的这种合作互动，他们真正感受到生态系统中的各种成分是相互依存、相互影响的；人类如果不遵照客观规律，不按规律办事，破坏环境，最终会遭到环境的报复，进而影响人类自身的生存；生态系统中的成分一个也不能少，保护环境人人有责。[72]

二、主体教学的社会价值

（一）主体教学有利于形成学生的责任感

进步主义教育非常重视培养完整的人，杜威认为有责任感是完整的人的重要品质。"为参与社会生活作准备的唯一途径就是直接参与社会生活。"[73]人们要树立责任感,就必须承担某种社会角色,要有担当事务的体验。一个总是游离于活动之外的人,是不可能形成责任感的。在传统教学中,教师担负起了教学的一切责任,不向学生放权,学生只是教学的客体,他们在一定程度上成了教学的"局外人"。这种教学模式所培养的学生对教学没有责任感。作为社会的人,他们对他人、对家人、对社会也缺乏责任感。主体参与使学生在教学中自始至终充当着主人的角色,他们把教学看做是"自己"的责任,而不光是教师的事情。参与教学使每一个学生把自己与教师、同学融为一体,认识到自己不仅要对学负责,而且要对教负责,不仅要对自己负责,而且要对他人负责。在分工、协作学习中,学生能够确立起敢于负责的意识和精神。

以如何完成一篇课文的背诵任务为例。无论是传统的教学方法,还是自主学习,都很难把这一任务一一落实到每一个学生身上。而采用互动学习则功效显著。教师对要背诵的篇目作必要的方法指导,然后明确目标达成时间,到规定时间来检查落实的情况。在学习小组内,你背我听,我背你听,你给我校字,我帮你正音。为了尽快达成目标,你说你的看法,我提我的意见,从而少走弯路,提高效率。学生之间既有分工,又有合作,彼此信任,互相帮助,在互动中促进了交流,在合作中掌握了知识。在这个过程中,人人参与,生生互动。[74]

(二) 主体教学有利于形成学生的合群性

马克思认为,人的本质在其现实性上是一切社会关系的总和。他还指出,只有在集体中个人才能得到良好的发展。杜威认为,人应当不断地突破个体性的局限,逐渐与人的社会本性相符合。这说明人具有鲜明的属群性,人的生存和发展不能没有群体。合群性是社会性的重要体现,也是个体社会化程度高低的重要标志。主体参与可以使学生在与教师、同学频繁的交往中学会与人相处的艺术,他们会在语言、行为等方面加强修养,使自己具有一定的亲他性。在主体参与的过程中,"人的各种本性、需要、智慧和主体能力将愈来愈全面、丰富,不断获得新的本性、新的需要和新的力量，从而不断地塑造出新的自我"[75]。合群性以利他性为前提，自私自利的结果只能是众叛亲离。学生在主体参与教学中要做到既能恰当地表现自己，又要使别人有表现的机会。为此，学生在小组讨论中应学会倾听、理解、分享，在动手操作中要善于分工、协作、互助，自己有问题时要主动向别人请教。主体参与是多个主体对共同活动的投入，不管是竞争性活动还是合作性活动，都必须遵守一定的规则，否则自己过度参与就会使他人失去参与的机会。

（三）主体教学有利于形成学生的社交技能

不管是马克思主义哲学，还是西方哲学，都非常重视主体间性（交往）。社会交往能力是一个人成熟的重要标志。在现代社会，社交技能尤为重要。美国的一项调查表明，个人获得成功的 75% 的因素是人际交往能力强，我国社会学家的研究也有类似的结果。法国社会学家涂尔干认为，学校教育是为了实现人的社会化。[76]因此，教学的任务之一应当是培养学生的社交技能，促进学生早日实现社会化。主体参与是建立在人与人交往的基础上的，社交技能就是在人与人交往的过程中形成的。共同的活动是人们交往的前提，学生在他们的共同活动中学会如何与人相处、与人合作。在主体教学的频繁互动中，学生的交往技能会得到一定的提高。著名美国儿童心理学家让·皮亚杰把儿童的谈话分为社交性和自我中心性两种。一个儿童在谈话时，如果以社交目的为主，其讲话时就有特定的对象，注意表达自己的观点，并企图影响对方，或者是想和对方交换意见，这种谈话属于社交性的；另一种谈话似乎没有明确的目的，不知道对方是谁，也不顾是否有人在听，像是自言自语，又像是在那里同刚好能发生联系的人谈话。[77]主体教学有利于使学生的谈话从"自我中心性"向"社交性"转变。

三、主体教学社会性的主要内容

Borich 认为有三种课堂类型：合作型、竞争型和个体型。[71]111 本研究主要从交往、合作与竞争三个方面把握主体教学社会性的主要内容。

（一）交往是主体教学社会性的本质内容

"交往"概念在教学中的引入，使教学的社会性特点凸显出来。"主体性的确立、弘扬和凸显，离开了交往就难以成为可能。"[78]"只有超越主体—客体关系，在主体—主体关系之中，双方才有相遇、交流、对话的可能。"[63]94人际关系是社会的本质，交往是建立人际关系的基本途径。教学交往应当说是一种特殊的社会交往形式，教学中的人际关系也是一种较为特殊的社会人际关系。

从教育起源角度看，教学是从社会生产劳动中分离出来的。随着历史的发展，教学越来越专门化、专业化，也越来越脱离社会生活，并因此而使之成为我国传统教学的一大弊端。近些年，人们逐渐重视生活化教学，教学开始回归生活，教学的生活化特点日趋明显。教学的发展经历了"源于生活→专业化→脱离生活→回归生活"这样一条轨迹。这种回归是倒退还是进步，要从教学目的的角度来衡量。学校的教学目的是培养服务于社会的人，教学生活化使教学融入社会，也更适应社会需要。除育人这一功能外，教学本身也是一种生活形态。学生注定要在学校教学中度过其生命的一段历程，这种生命历程与生活无法截然分开，如果硬性分开，必然导致学生对教学的反感，主体教学的有效性也必然会受到影响。

教学交往为学生主体参与教学提供了契机，为主体教学提供了一种机制性力量。同时，教学交往所引起的教学的社会性促进了学生相应社会性品质的发展，这都是教学效果的有效保证。

（二）合作是主体教学社会性的基本内容

合作与竞争是人际关系的两大表现形式，它们的正确使用有利于人的主体性的发挥与发展。主体之间如果缺乏合作，人的主体性就会互相消解，这不利于人的主体性的正常发挥与发展。尤其在现代社会，人们更需要在相互合作中发挥各自的主体性。而非合作性主体性的极端就是冲突与战争。

我们所处的时代是一个需要合作的时代，通过教学培养具有合作精神、合作能力的学生，是现代教学的一项重要任务。

在主体教学实践中，我们感到，个体主体性发展到了一定程度，就必须强调类主体性，否则会使人的主体性变异为个人主义，使学生个性的发展出现偏差。为了确保主体教学的有效性，我们应当着重培养学生的合作精神与合作能力。教学中的合作可以产生强有力的动力，保证教学的顺利进行，也保证主体教学的有效性。在主体教学中，教师应适当运用小组合作学习的教学组织形式。John Cowan 等在印度 IIT（The Indian Institute of Technology）的行动研究中发现，绝大多数学生认为小组合作学习（CGL）模式很好，因为他们认为小组讨论可以增强学习者的自信心，提高学习者的自学能力。[79]

（三）竞争也是主体教学不可缺少的内容

竞争是教学中十分重要的社会性动力，按行为主体和方式可分为教的竞争与学的竞争两种。教的竞争对于教师提高教学水平、追求教学艺术具有十分重要的意义，也有利于在学校中营造良好的校风。如有的学校开展全校范围或教学组内的教学竞赛活动，对提高教师的教学水平起到了重要的促进作用。我们在主体教学实验中还注意到，凡是提倡教改、鼓励教师创新的学校都十分重视竞争机制的运用。有的学校定期举行教学论坛，教师纷纷在论坛上发表自己的教学观点、教学体会和经验，这可以对老师形成一种压力和促进力。我们这个时代既需要合作又存在竞争，竞争能力的培养对于学生适应社会生活也具有积极意义。因此在培养学生合作精神的同时，竞争能力的培养也必不可少。

案例2-2

讲《祝福》一课时，某教师问学生们："为什么作者会说'鲁镇的年底毕竟最像年底'？难道其他地方的年底不像年底吗？而且他还在'年底'与'像年底'之间加上了'毕竟'、'最'两个词来形容，这是为什么？"学生们听完老师的问题，思考了半天，结果却不得要领。看着大家努力思考却不得其果的痛苦样子，该教师说："好了！我先放过大家。开始上课，等我讲完了全课，再让同学来抢答这个问题。"就这样，该教师给学生们树起了"靶子"，让他们有目标地听课，同时也激发其动脑的兴趣与学习的积极性。[80]

竞争从性质上可分为良性竞争和恶性竞争。任何竞争中都可能有这两种竞争存在。良性竞争是合理、有序的竞争，它采取正当的手段，产生良好的结果，是一种合作性竞争，也就是说竞争中有合作、合作中有竞争。恶性竞争的竞争手段不一定正当，结果也较为恶劣。

在主体教学中我们注意到了这两种竞争。个别主体教学由于没有区分竞争性质、控制竞争范围，出现了恶性竞争，影响了教学有效性。在某所小学的两个实验班，学生的主体性都很强。在一次篮球比赛中，两个班的运动员谁也不服输，最后为了一个球竟打了起来，把一个学生打成了重伤，在学校产生了极为恶劣的影响。有人因此而开始怀疑主体性教学实验，认为学生主体性的发展使学生的个性太强。我们不提倡恶性竞争，主张主体教学中要克服这种竞争，引导学生开展合理的良性竞争。如果我们将主体教学中的竞争规则改成大家都能进步才为胜利，那么主体教学就由强调个人竞争转向了强调团体合作。例如，把一个班的男生与女生分成两支比赛队伍，每队队员每回答对一个问题本队便得到一分。每节课这个班的参与率都是百分之百。这种竞赛贯穿于整个课堂的每个环节，直到一节课结束，比赛才结束。这种贯穿始终的竞争打破了传统的只在一个环节竞赛的弊端，使整个课堂从始至终处于高潮。

四、学生在主体教学中的社会角色

多角色的扮演有助于学生的社会化与全面发展。事实上，社会人是一种"多角色人"，每个个体在社会中的角色是很多的。要较好地体现教学的社会性，就必须实现教学角色的即时转换，让每个学生在多角色中表现自己、发展自己。角色的转换也是满足教学需要的重要策略。传统教学中，教师是言者的角色，学生是听者的角色，他们的角色很少发生转换，致使教学具有一定的逆差性。在顺差性的教学中，角色要不断地发生转换。教学中的角色从主体参与与否的角度可以分为主体参与者、非主体参与者；从发挥作用大小的角度可以分为主角、配角；从具体行为的角度可以大体分为言者、听者、操作者、思者、组织者、设计者等。[①] 废除教师"一言

---

① 这些具体角色在内涵上可能有交叉，我们只是强调它们的一个侧面。

堂"意味着学生在教学中由单一的"受众"角色向多角色转变。教学中的多角色必然要求教学主体的角色具有一定的互变性。活动的相互交换"创造和发展着作为共同体成员的个人本身"[81]99，它是培养学生良好社会品质的重要措施。

第二节　主体教学有效性的教学艺术视阈

教学艺术是实现主体教学有效性的重要手段，教学艺术特有的功能决定了它是影响主体教学有效性的重要因素，因此教学艺术是评判主体教学的重要视阈。

一、教学艺术是实现主体教学有效性的重要手段

（一）教学艺术是教师对多种教学方法的主体活化与创新性使用

教学艺术指教师清晰、正确的口语表达能力，即兴发挥能力，随时调整教学方法的能力；教学具有预见性和长期性，教师要能够在传授知识的同时培养学生的学习能力；教学要紧紧围绕教学要求；教学具有交际性，由于教师所面对的是彼此都非常熟悉的一个班集体，教师和学生之间、学生和学生之间应该建立良好的人际关系；教师要寓德育于教学之中。[82]159-161教学艺术是教学方法合情境、合目的的灵活把握与运用。抽象的教学方法只有在实现了主体化、对象化、具体化以后才具有教学实践意义。教师对多种教学方法的主体活化使用与教学方法的创新能够保证主体教学的顺利进行。教师的教学艺术水平就在于他们是否能够根据教学的各种实际状况，灵活地把握与运用教学方法。几种教学方法的交替与组合使用在主体教学中是常见的，这主要是为了给学生创造更多的主体参与教学的机会。几种教学方法的创造性运用既可以活跃教学气氛，激发学生的主体性表现欲望，又可以提高主体教学的有效性。

（二）教学艺术是教师素质最概括的体现，是主体教学有效性的保证

教师的素质包括教师的职业抱负、职业道德与教学能力。教师的职业抱负决定他们的职业动力大小与职业能力强弱。但凡成功的教师都会有远大的职业抱负。教学艺术的形成是一个艰难的过程，掌握与运用教学艺术的教师必然具有自己的职业抱负，否则，他们就不会掌握教学艺术，也就谈不上运用教学艺术。

职业道德是教师素质的核心内容，它包括教师对学生的情感、对教育事业的情感以及对同事的情感。这种强烈的情感主要体现在对教育事业、对学生、对同事的热爱上。职业道德是教师在教学工作中取得优异成绩的基本保证，主体教学作为现代教学的一种流派，它的设计与运行都需要以教师的职业道德为前提。教学艺术的一个鲜明特点就是情感性。只有教师对教育事业、对学生以及对同事表现出热爱时，他们才能孜孜以求，不断创新，不断追求教学艺术。缺乏职业道德的人，很难履行他们作为教师的社会责任，因为他们可能更多地是在"应付"一种工作，而非"尽心"钻研与创新。因此，把教学作为一种应付性工作还是作为一种发展性工作，教师的行为特征是完全不同的，在教学中产生的效果也是有差别的，他们所形成的教学业务水平提高程度也是有所区分的。若要形成一种发展性态势，就要求教师有很高的职业道德水平。

教师的教学能力是教师素质的重要内容。教师的教学能力有高有低，教学艺术是教师高的教学能力的综合体现。努力提高自己教学能力的教师，其教学艺术也会得到不断的提高，同时，自觉地追求教学艺术的教师，其教学水平也会随之提高。对于教师而言，教学艺术的掌握与运用是其教学能力的综合体现。

二、教学艺术特有的功能决定了它是影响主体教学有效性的重要因素

（一）教学艺术的生命调动功能

人的生命是人的一种活性状态，是人存在的基本形态，也是人发展自

己的载体。人的幸福感就是人的一种生命体验。人类社会的一切成果、一切奇迹都是以人的生命为前提而创造的结果。在以人为本的社会里，人的生命超乎一切。关注生命、珍爱生命已经成了我们这个时代的主题。

生命性是教育的一个重要属性。教育是通过人的生命而展开的一项活动，没有人的生命就不可能有教育教学。因此可以说，生命是教育的基石。教育关注人的生命，就是关注人的生存与发展。教育的生命性内涵：一是教育基于人的生命；二是教育直面人的生命；三是教育提升人的生命力。所谓教育直面人的生命就是教育必须关注学生的生存、生活发展现状，以强大的去功利的魄力让学生在教育教学中快乐地度过一段生命历程，让他们用年轻的生命在课堂焕发出的体验去提升他们生命的质量。"当前的中国教育，生命之所以成为流行时尚的概念，首先是来自于这样一个基本事实：长期以来，教育者（也包括庞大的教育研究者）普遍缺乏生命感，在以人的教育为基本信念的教育领域里，生命却缺席了。"[83]

教师与学生一起高兴，一起忧伤，一起进行教学设计，一起对教学产生兴趣，一起体验成功的乐趣与失败的痛苦，教师的生命与学生的生命融合在一起，生命与生命产生了共鸣，产生了撞击，学生从中体验到了生命的意义。只有教师与学生一起感受生命，一起去创造生命的意义，课堂中才会处处洋溢着生命的激情。

对于教育研究者来说，其生命的体验与创造就在于教育实践。只有在教育教学实践中，研究者才能体会到一种生命的力量。对于一般教师而言，只有钻研业务，沉浸于课堂去观察、去感受，他们才能体会到生命的涌动；对于学生而言，只有主体参与到教学中去，调动自己各方面的兴趣，才能体会到教学的生命气息。主体教学的生命力就在于使学生与教师都发挥自己合理的主体性，使之成为富有有效性的教学活动。

（二）教学艺术的过程体验功能

体验是体验主体对体验客体的一种认知与情感的感受。体验客体对于体验主体而言是否具有良好的体验价值与效果，一方面取决于体验客体本身是否符合或满足主体的需要；另一方面取决于体验主体的参与态度和参与水平。在教学中，体验主体主要是学生，体验客体主要是教学活动。为了让学生在教学中具有良好的体验，首先应当让学生发挥自己的主体性，积极参与教学。其次，教学必须是艺术化的教学，否则，学生就很难具有良好的体验。教学艺术与发展性教学的结合就是为了给学生一个良好的体验，因为发展性教学艺术既可以让学生发挥自己的主体性，又给他们创造了艺术化的教学活动场。

教学艺术注重学生的情感体验。中国传统道德情感是以"仁爱"为核心的。孔子认为"仁者，人也"，"仁"就是爱人，这种建立在仁爱基础上的道德情感，表现为每个人都不应该忽视他人的存在，要把他人看做和自己同样重要，要像对待自己一样去同情他人、爱护他人。[84]但凡教学艺术大师都能在教学中反复调动学生的情感因素，使之在教学中发挥助长学生学习兴趣、增强他们学习动力的促进与保障作用。但凡优秀的学生也都能在教学中具有良好的情感表现与情感体验。教学经验与教学科学研究都证明了情感在教学中的动力保障作用。为了确保主体教学的有效性，教师应努力做到用自己积极的、充分的情感培养、调动、增强学生在教学中的情感，让他们在教学中既能体验到认识的乐趣、问题解决的乐趣，也能体验到情感体验的乐趣。

教学艺术注重学生的审美体验。能体现人的本质力量的活动或地方就会同时也让人体验到美，同样也只有当人体验到美时，人的本质力量就会得到更好的发挥。"教学是一种艺术"与"教学是一种美"已经是教学论界公认的命题。教学是一种美，离不开教学主体对美的创造，而美的创造总是与美的体验紧密相关的。教学中，学生对美的体验，一取决于和谐的人际关系；二取决于学生对美的创造；三取决于学生的自主活动。在良好的主体教学中，这三个条件是可以同时具备的，如果教师在主体教学中重视营造美的氛围，创造条件让学生去体验美，则教学有效性就会得到保障。

教学艺术注重学生的创造体验。要培养创造性的人格，教师的教学行为就必须具有一定的创造性。教师的教学方法陈陈相因、一成不变，学生的行为就会呆板、木讷，缺乏求异的意识与创新的能力。教学艺术也具有在创造行为、创造氛围的体验中培养学生的创造精神的功能。

（三）教学艺术的发展功能

现在，人们已经越来越清醒地认识到，人才的成长既受制于智力因素，也受制于非智力因素，甚至非智力因素的影响更大。理想人才的培养既要靠教学科学，又必须求助于教学艺术。只有建立在教学科学基础上的教学艺术才能担负起培养理想人才的重任，这是由教学艺术的本质、特点决定的。

1. 教学艺术可以培养学生的积极情感

主体教学艺术使生生间的交往更加频繁，为他们的合作学习提供了机会，这是培养与形成人际情感的有效机制。情感形成于人的认识、交往与合作。认识是情感培养的最基本的前提。只有主体与主体之间形成一种相互认识，才能够逐渐形成一种情感。而形成相互认识的一个基本前提是交往，在交往之中产生合作或竞争，从而逐步形成互信、好感、彼此依托的情感，人与人之间的情感就这样逐渐培养起来了。在主体教学中，教师给学生创造了许多相互交往的机会。例如，他们在小组合作学习中共同讨论一个问题，在这种教学组织形式中，学生与学生之间交往的机会比在传统教学中的交往机会多。具有教学艺术的教师在主体教学中会鼓励学生彼此进行交往，因为他们知道学生之间的这种交往会形成一种巨大的学习动力，推动每一个学生在班集体之中努力学习。

注重教学艺术的教师往往能够较好地在教学中运用情感因素，他们对学生的情感培养较为明确，具有一定的针对性。根据我们在教学实验中的观察，有些教师在主体教学中注重发挥情感的促动功能，而相当多的教师则不利用或不善于利用情感的作用。有的教师情商比较高，在教学中语言有趣、表情丰富，对学生态度友好，他们的教学会因此赢得学生广泛的认可与支持。有些教师情感虽然比较淡漠，但他们能够意识到教学情感对教学的正向促进作用，能够极力调动自己的情感进行教学。最让人担心的是这些教师——他们情商不高，又缺乏自觉运用情感的意识，其教学的有效性必然会受到影响。

艺术化教学的氛围特点之一是和谐。教师会表现出民主、平等的思想，经常运用鼓励性语言与学生进行交流，教学中会表现出多元交往的局面，学生的情绪会处于较佳的状态。他们愿意配合教师，愿意在教学中表达自己的见解。教师能够与学生共同制订教学目标，创造教学过程，完成教学任务。学生容易理解教师的教学意图，教师也积极研究学生，了解他们的个性特点与教学中的需要，师生之间能够达到一种彼此理解的程度，能够快乐相处、积极配合、悦纳彼此，此乃教学氛围友好的前提。

2. 教学艺术可以培养学生的审美素养

美的因素的调动是教学艺术的一项重要内容。没有教学中的美，就没有教学艺术。正是有美的因素的存在，教学才成为一种艺术行为。教学目的所代表的是人的预先性、计划性、控制性预设，是人的智慧的一种反映，其设计之美、预测之美是不言而喻的。教学内容是人类文明成果之结晶，是社会科学之美、自然科学之美、人文科学之美的集中概括。教学环境也是社会环境之美的集中体现。教学方法是人类教育科学、心理科学发展的结果，是人们教学经验的总结，是人类产生的各种方法之美的一种典型。正是因为有这些美的因素的存在，以及教师与学生对它们的灵活把握与运用，教学才成为一种浑身上下都洋溢着美的一种行为。艺术化的教学会让这些美的因素不断放大与活化。

有了美的因素还不够，因为美的因素不等于美的氛围。动态化的美的因素可以形成美的氛围。也就是说，在教学中经过教师与学生的转化作用，就会形成一种对学生而言的美的氛围。每一种美的因素的相互作用会形成具有综合性的美的氛围。友好、和谐、热情、投入等都是美的氛围。师生关系民主平等，则他们在交往中就会表现出友好。和谐主要指各种美的因素相互匹配得完美，主要包括师生、生生关系和谐，教学主体与教学内容的协同，教学主体与教学环境的协调，教学目的与教学主体的和谐等。热情是师生在教学中的一种情绪表现，是教学氛围好的一个主要特征，也是好的教学氛围形成的主要因素。投入是师生在课堂中的一种倾向程度，一种参与指数。有时候，虽然课堂上鸦雀无声，师生们静思默想，但那也是他们的投入所形成的一种美的教学氛围。

审美性是教学艺术的一个重要特点，因此具有教学艺术的教师，必然具有在教学中立美以及审美的自觉意识。教师是无意识地创造教学美还是在教学中自觉地创造美，是两种完全不同的情况。如果是一种无意识的状态，那么，他们就可能体现不出教学美，即使有时候出现教学美，那也是十分偶然的事情。只有自觉地体现教学美、创造教学美的教师，才会一直把美的因素作为促动教学的主要因素，并努力发挥美的因素的作用。在这种情况下，教学美才会成为教学中的一段旋律，同时，教师也会自觉地去培养学生审美与立美的能力与品质。

3. 教学艺术可以培养学生的创造性品质

具有教学艺术的教师充满了创造力，这有助于培养学生的创造性品质。求异创新方成教学艺术。只有那些不断追求创新的教师才能体验教学艺术的正果。优秀的教师从不满足于现成的教学方法与手段，现成的教学目标及程序，他们总会尝试新的方法与技术，设计新的目标与程序，因此，他们的教学常常能给学生新奇的体验。学生会逐渐认识到只有创新的才是富有生命力的，也才是令人有美的体验的。这种认识是他们的创造性品质形成的前提。在我国传统教学中，因为教师本身就缺乏创造性，传授与掌握成了主要的方法，使学生的想象力与创造力的发展受到一定限制。

现代教学的核心目标就是培养学生的创造性，越来越多的教师已经有了这样一种自觉。具有教学艺术的高素质教师更是把培养学生创造性品质作为重要的任务。他们会在教学中围绕这样一个核心目标去设计具有自主性、活动性与求异性的教学活动。教师努力把培养学生的创造性思维、创造性精神作为自己的教学追求。他们在教学目标、教学内容、教学方法、教学组织方面都会尽可能体现创造性要求，这就使师生的创造性意识与行为成为一种自觉。

在主体教学中，主体参与成为一种主要的教学策略，教师十分重视学生在教学中的自主创造与实践操作，学生们不只是学习理论知识，更重要的是他们有机会去进行实践活动。不管是主体教学还是教学艺术都把创造性作为其一个重要目标与教学特点。在较为成熟的主体教学中，学生通过参与实践发挥他们的创造性，这就使创造性不只停留在理论状态、表面状态，而是贯穿于整个教学过程中，体现在教学实践中，这种创造性实践是培养学生创造性品质的最好途径与策略。

教学艺术既可以培养学生的智力因素,也可以培养他们的非智力因素,使他们的审美性、情感性、创造性得到充分的发展。因此,它是培养理想人才的最佳选择。

综上所述,本研究认为教学艺术应当是主体教学有效性的一个重要视阈。

第三节 主体教学有效性的公平视阈

一、主体教学公平的内涵与属性

(一)主体教学公平是培养学生合理的主体性的必然要求

公平问题弥久而常新,不同社会、不同时代人们的公平观是不尽相同的。本书认为,公平就是人们能按照公认的符合自然与社会运行的法则与标准,坚持正义和平等原则对待与处理事物的一种观念与方式。

主体教学公平就是在教学过程中,师生根据现代社会的客观要求与学生身心发展的规律,和谐共创,合理挖掘与利用教学资源,民主平等地推进教学,实现一切学生全面发展的一种理想的教学状态。其内涵与准则如下:第一,教学主体包括师生两个方面,忽视教师与学生任何一方就是不公平的,此乃教学公平的双边性;第二,教师必须把握现代社会的特点,并在教学中予以充分体现,否则对学生是不公平的,此乃教学公平的时代性;第三,教学必须符合学生的身心特点,违背学生身心健康的教学对他们也是不公平的,此乃主体教学公平的生态性;第四,主体教学中对教学资源的挖掘与利用应当是合理的,此乃主体教学内容的合理性;第五,主体教学是民主平等的教学,专制的、不平等的教学对学生也是不公平的,此乃主体教学的民主性;第六,主体教学旨在促使全体学生的发展,而不仅仅是为了少数学生的发展,只实现一部分学生的发展,对其他学生而言是不公平的,此乃主体教学的全体性;第七,学生全面发展是主体教学的内在要求,片面地发展对学生来说亦有失公平,此乃主体教学的全面性。

主体教学在我国的发展大致经历了三个阶段。第一阶段为理论探索、实验阶段,这一阶段主要使人们认清了主体教学的基本理论问题,主要解决我国传统教学中主体性观念缺失的问题。第二阶段的主要任务是进行理论完善和推广。在这一阶段,理论上的偏激得到了部分的纠正,主体教学在更大的范围内得到了推广。我国第八次基础教育课程改革吸收了主体教学的许多实验研究成果,其核心精神与主体教学的理念基本相同。

主体教学现在进入了第三阶段,这一阶段应着力提高主体教学的有效性。针对主体教学在课堂运行中存在的问题,如公平问题,从理论与实践两个方面研究,使理论更加成熟,使主体教学实践更加符合合理的主体性的精神内涵,从而能够培养学生公平的意识与精神。因此,解决公平问题是主体教学发展的必然要求。

主体教学以发展学生的主体性为主旨,抓住了现代教学的关键,引领了我国教学从传统向现代的转型。主体教学一开始就明确把实现学生自主性、能动性以及创造性的发展作为自己的目标。随着实验的推进,主体教学根据教学中存在的学生之间缺乏合作、缺乏沟通与交流的弊端,及时提出了学生社会性品质发展的目标要求,较为及时地匡正了主体教育教学中存在的问题。然而在主体教学理论中,虽然也提出"全体学生全面的发展",体现了一定的公平精神,但却没有"公平"方面的明确要求。

在我国主体教学实践中,有走向极端的倾向,学生主体性的发挥与发展出现了个人主义问题,主体间性较为缺乏。教师在教学中的行为也走向了两个极端:一个极端是放任自流,认为学生发挥主体性就行了,教师不应过分地指导;另一个极端是教师主体性的"高度"发挥,致使学生失去了发挥主体性的机会。上述情况要求我们在主体教学理论上及时提出具有针对性的解决方案。因此,我们提出"合理主体性"的概念,并把它作为主体教学的最高目标。其中,公平是合理主体性的一个视阈。教师与学生在主体教学中的主体性表现应该是公平的主体性。如果没有公平,那么教师的主体性可能会是偏颇的。大部分教师喜欢那些与自己交流多的学生、学习好的学生、尊敬老师的学生。教师也是生活在社会中的平凡人,他们可能会受不良风气的影响,更多地关心那些与他们关系比较近的家长的孩子。此外，教师是在传统文化影响下成长起来的，他们可能会喜欢比较听话的学生，师生交往可能会向这些学生倾斜，如此等等。这些偏颇的主体性必然是不公平的主体性，其存在于我们的课堂之中，并严重影响着教学有效性。另外，如果没有教学公平，学生的主体性就必然会受到影响。教师偏颇的主体性会导致一系列教学问题，进而影响学生合理的主体性的发挥。第一，由于教师的不公平交往和对待，师生关系可能会变得不融洽。与此相关联的问题还有：教学氛围较为沉闷，师生互动大大减少，学生主体参与教学的热情降低等。第二，教学资源的不合理利用使一些学生减少或失去了本该属于自己的资源，进而影响了全体学生主体性的充分发挥。

在第三阶段的研究中，我们应该给教学公平以足够的重视，这也是主体教学理论走向成熟的必不可少的内容。所涉及的具体问题有：教师主体性的公平问题；学生主体性的公平问题；主体教学中教学资源分配的公平问题；主体教学活动中，学生参与的公平问题；主体教学评价的公平问题等。这些问题的研究会指导教师在主体教学中践行教学公平。教学公平作为教育过程中的公平问题变得越来越重要。教学公平是教育公平的要求与体现。主体教学公平是主体教学发展的必然要求，是培养学生合理的主体性的必然要求，是教学有效性的客观要求。主体教学公平研究是主体教学理论研究不可缺少的内容。

（二）主体教学公平的属性表现在以下几个方面

1. 协同性

这是营造主体教学公平氛围的前提，也是主体教学公平的一个重要特征。要使学生发挥主体性，实现个性的发展，在教学中，最基本的就是给学生提供自主活动的空间。有一个较为典型的例子，某位教师安排全班学生进行研究性学习，但为了惩罚一位同学，让这位学生在自己的监视下做作业。那么这位学生和其他学生相比，他失去了行动的自由，对他来说就是一种自主参与的不公平。

在教学主体性发挥的过程中，应当处理好以下几个关系，这些关系直接影响主体教学的公平性。

一是教师主体性与学生主体性的关系。若教师主体性太弱，在教学中缺乏热情、缺乏创造，会大大影响教学有效性，对学生而言有失公平。若教师主体性太强，就可能在教学中大包大揽，知识讲授太多，从因到果交代得一清二楚，学生就失去思考和自主探索的时间，这对学生而言也有失公平。

同理，如果学生的主体性发挥过当，就有可能出现过分自由，影响教师的指导性、教育性，影响教学效果。这对全体学生而言同样不公平。因此，主体教学的公平应该表现在师生主体性的协同发挥上。

二是生生主体性发挥的协同问题。课堂是一个有机的整体，而不是单主体的"独角戏"，每一个学生的情绪、行为都会影响其他同学，学生之间在主体性发挥方面相互影响也很大，任何学生失当的主体性都会影响其他学生，进而影响到主体教学的有效性。因此，学生主体性的发挥既需要共振，也需要倚让。

三是师生主体性的发挥与教学其他因素的协同关系。影响主体教学有效性的因素很多，这里只从教学环境、教学方法、教学手段的角度进行分析。师生主体性的发挥要与教学环境协同。一方面，师生要充分考虑教学环境的特点进行教学。这里的环境包括教学的大环境，如农村或城市，也包括课堂教学环境。另一方面，师生还要不断创造教学环境以便于师生发挥与发展他们的主体性。

只要在主体教学中坚持教学的双边协同原则、全体发展原则以及整体把握原则，以上这几个关系就会处理得当，从而保证主体教学的公平公正。

教学方法是最影响主体教学效果的因素。如果教师总采用讲授法，学生的主体参与就会受到严重影响。衡量主体教学方法有效性的一个标准就是看它是否有利于教师对学生的导学，是否有利于发挥与发展学生的主体性。教学中，有些教师自称开展的是主体教学，但采用的大多是传统教学方法，这也会极大地影响学生主体性的发挥与发展，也就谈不上主体教学的有效性。

因此，在主体教学中必须采取与学生主体性相匹配的教学方法。为了发挥师生的主体性，教学手段也应该与师生的主体性相匹配。首先，应根据现有的教学手段开展教学活动。不考虑教学手段的实际，就会影响主体性发挥的效果。例如，在农村学校，在网络手段没有广泛运用的情况下，依靠搜集信息进行研究性学习就不是十分便利。其次，教师与学生要进行教学手段的创新以适应更高层次上主体性的发挥与发展。有的学校在教具不足影响教学的情况下，发动师生自制教具，创造了教学手段，较好地适应了学生主体性活动的要求。

教学环境、教学方法及教学手段等方面存在的问题，都会影响主体教学的公平。换言之，主体教学实现了教学公平，就会呈现出师生间的协同性、生生间主体性发挥的协同性以及师生主体性的发挥与教学其他因素的协同。因此，主体教学公平具有协同性。

2. 差异性

差异发展从20世纪90年代以来备受关注，主体教学也把差异发展作为一个重要的教学策略。随着教学改革的不断深入，"差异发展"越来越受到广大教育理论工作者与教师的重视。在主体教学有效性研究日益深入的今天，差异发展更值提倡。

在传统教学中，那些在思维方式、学习风格、优势潜能等个性特点方面适应外在标准和要求的学生一般能得到较好的发展，往往被选为优秀学生，被认定为"成功者"，而自身的个性特点与这些外在标准和要求不太适应的学生，则往往被认定为"失败者"而被淘汰，不能得到较多的发展机会。[85]28-31在这种情况下，差异教学很难实施，学生的个性发展受到极大影响，也就谈不上真正的教学公平。教师的偏见是造成教学不公平的根源之一，以下两个学生的话就说明了这一点。

某初一男生：我们一个教外语的女老师，不论学生学习成绩怎样，只要你安安静静、老老实实地学习，她都喜欢。但是，那些性格活泼外向的学生，即使学习比较好，言谈中她也会流露出不满和讨厌。后来大家了解到，她本人性格比较内向，喜欢安静。

某小学六年级女生：我学习很好，尤其是语文，所以我是语文课代表。语文老师（也是班主任）很喜欢我，经常表扬我。有一次，班里大扫除，我当时有点急事就没有参加，也没来得及向老师请假。结束之后上课了，我也赶到了教室。很快，班主任开始表扬我，说我很勤劳，扫地很认真很干净。当时，我觉得很羞愧，但没有勇气否认老师的说法。不知道的同学，对表扬我已经习以为常，没什么反应，而了解情况的同学，自然愤愤不平。我觉得，这很不公平，在某种程度上，也导致了我和同学关系的紧张。

以上两个学生的话表明，教师对学生的区别对待会产生教育的不公平。[86]

"一个公正的社会应当是，相同条件的人相同对待，不同条件的人不同对待，条件不同的人受到相同对待，这也是不公正。"[87]个体所受教育还应与其自身拥有的素质条件相称。在受教育过程中，个体已有的发展水平、发展的潜能、发展的优势领域、追求的发展方向等都存在不同程度的差异。面对这些差异，除了保证他们受教育的权利和机会均等以外，更重要的还在于正视并尊重这些差异，有针对性地采取不同的教育措施，以促进他们在原有水平上获得尽可能充分的发展。只有这样，才能实现真正意义上的受教育公平。[85]28-31

差异发展就是个性发展。教学中的公平就是有差异，无差异的教学表面上是公正的，其实却是不公平的。在主体教学中应该实行差异教学。

首先，我们所处的世界、我们的生活需要差异。差异构成丰富多彩、五彩缤纷的世界；差异形成矛盾冲突，这正是事物发展的推动力；差异形成结构变化与系统张力；差异促使人与人之间互相学习、取长补短。总之，世界之美、生活之美都离不开差异。

其次，学生的心理特点是有差异的。他们的气质、性格、兴趣、能力都是不同的，其世界观、人生观、理想、志趣也有一定的差别。世界上找不到完全相同的两个人。正是人的差异才构成了人与人之间的合作与竞争，也推动了社会的发展，带来了美丽的生活。

再次，教师的教也是有差异的。在教学能力、教学方法等方面没有完全相同的两个教师，这就形成了一种差异教学。

主体教学强调发挥每个学生的主体性。人的主体性的发展是人个性发展的前提，人一旦失去了主体性，就谈不上个性的发展。同时，学生个性的发展也会增强他们的主体性。但人的主体性与人的个性是有差异的。"差异"并非"差距"，而是一种区分，是必要的不同。教师在教学中应承认并正视这种不同，而不是把学生补齐、拉平，把他们都培养成标准件。教师不仅要承认差异，而且要注意有意识地培养差异。教师如果不考虑差异，对学生采用相同的、划一的教学方法，这对学生而言是不公平的，也会严重影响教学有效性。

差异会形成教学的动力，形成较为活跃的教学。不同的参与风格会形成生动活泼的参与场面，这样教学气氛才会热烈，教学对所有学生而言才会有效。真正的主体教学公平必须是基于差异发展的公平。我们在主体教学实践中十分强调参与的公平，这其实是一种个性化的公平。过分地强调每一个学生参与时间、机会的均等，是对公平片面的理解。

为了在教学中体现差异性，正确的做法是区别性参与、需要性参与，即根据学生的实际特点采取不同的参与方式。如在英语教学中，有的学生口语很好，那么可以把操练口语的参与机会让给那些口语较差的学生，他们则可以在其他方面，如语言理解方面多进行参与。需要性参与，主要指根据学生在教学中的需要，让学生采取不同的参与方式，给学生提供不同的参与机会。如在语文教学中，有的学生喜欢作文、爱好文学创作，教师就应该给他们多提供这方面的参与机会，为其提供更多的构思、写作的空间。

案例2-3

某教师的班上有一男一女两位历史成绩较好的同学。女同学在城市长大，漂亮、活泼开朗、知识面广、思维敏捷，回答课堂提问时能不断赢来喝彩；男同学出身农村，憨厚朴实、学习认真，但回答问题时显得有点木讷，有时会招来其他学生的窃窃私语。一开始，老师对两人的评价遵循了实事求是的原则：对女同学的精彩回答报以赞许，对男同学的发言则遗憾地摇头。一个偶然的机会，老师看到男同学的周记，上面赫然写着："别人都说我俩是历史课上的丑小鸭与白天鹅，难道我永远都只能做丑小鸭吗？我这个丑小鸭已经尽了自己最大的努力了呀！我多么希望老师也能像童话里的神仙一样,突然把我变成一只美丽的白天鹅……"

简单地一视同仁,让资质不同、起点不同的学生在一个更适合优秀学生展现和发展自己的环境中去接受同样的体验和评价,并不是真正的公平。区别对待不同的学生是实现公平的一个策略。[88]

3. 整体性

它是指历时性过程的连续状态与共时性参与主体发展的全面状态。当然这是从一个教学片段的角度而言的,不一定指某一节课。

也只有历时性过程的连续状态才能保证共时性参与主体发展的全面状态,也才能保证主体教学的公平。历时性过程的任何一个环节的不公平都会影响主体教学整体的有效性。目前在教学起点、教学过程与教学结果三个方面都存在一定的不公平性。起点不公平,即把分数作为分班的依据,这是十分不科学的。因为分数只是学生对知识记忆的一种量化判断,分数高的被认为是优秀生,分数低的被认为是差生,这是不科学的做法,因而是不公平的。过程不公平,即分在重点班的学生与分在普通班的学生享受的教育资源是完全不同的。许多学校把最优秀的教师配到重点班,这些班里的硬件通常也是最好的,教师在这些班里采用的教学方法也有别于普通班。教学过程不公平会导致"好生越来越好,差生越来越差"等教学结果的不公平。为了实现整体优化,教学中应保证各个阶段、各个环节的公平性。

教师在全面发展思想的指导下,采取了目的不同的教学活动,如果这些活动是连续的,则有利于实现学生最终的全面发展;如果随意放弃一些活动,则对学生是不公平的,也不能使他们最终实现全面发展。

4. 共益性

这既是达到主体教学公平的一个努力标准,也是主体教学达到公平状态的一个重要属性。它是指主体教学必须面向全体学生,使之共同受益,而不只是使一部分学生受益。它强调全体学生参与,全体学生受益,既突出了全体性,又突出了共时性,还突出了效益性。主体教学中教师关注的是全体学生,围绕全体学生展开教学活动。可能在一个班级中会开展不同的小组活动,活动的内容也可能会有所区别,但所有学生都同时发挥他们各自的主体性，只有这样才能保证主体教学的高效性。历时性活动可能会造成一些学生的非参与性观望状态，也会导致主体教学的非公平性、非全体性。在研究性学习中，教师有选择地让部分学生进行研究性学习，让其他学生按照传统的方法进行学习，这亦是自主度的不公平。教学的公平不是限定学生，而是帮助他们选择，也就是说帮助他们学会自主。有些学生自主能力较弱，越是这样，教师就越应该让他们自主参与活动。那种随意剥夺学生自主学习权利的做法是极其不公平的。

教师在教学中，要相信每个学生都有发展潜力；赋予每个学生发展的权利；关注每个学生，给予每个学生发展的机会；使学生在教学中实现差异发展。[89]教师应该从效率、效果、效益三个维度考虑主体教学的有效性，如果只是考虑某一个方面，例如只考虑效果而不考虑效率、效益，这对学生而言也是不公平的，可能会导致学生的片面发展。

二、主体教学公平的有效性意义

（一）主体教学公平确保教师责任的履行，这是保证主体教学主导性、有效性的因素

当代教师至少面临三项主要责任：一是岗位责任，即爱岗敬业、教书育人、为人师表，这是教师职业的本质特征；二是社会责任，人民群众把子女送到学校，把家庭美好的希望寄托给了学校，教师有责任把学生教育好、保护好、培养好，有责任让家长放心、满意，有责任促进教育公开，促进和谐社会的构建；[90]三是国家责任，我国是个人口大国，现代化建设的宏伟目标要求将沉重的人口负担转化为巨大的人力资源，这个转化工作主要依靠教育来承担，这是广大教师和教育工作者对民族、对未来所肩负的重要责任。[91]维护和促进社会公平正义是教师义不容辞的国家责任、社会责任与岗位责任。这种责任不明确，教师就无法明确自己肩负的历史任务，也就做不好教育教学工作。我国社会正在逐步实现现代化，作为社会现代化重要体现的社会公平也在不断完善之中。教师作为"铁肩担道义"的社会角色，作为国家与社会的代言人，有责任培养学生的公平意识及人格修养，

这对社会的发展有十分重要的意义。

在我国，教师的国家责任与社会责任是一体的。目前，我国政府正在科学发展观的指导下，着力构建以人为本的和谐社会，积极推进改革开放。科学发展必然是可持续发展，是人与社会的共同发展，也是全体公民的公平发展。毋庸置疑，和谐社会是公平的社会。和谐社会作为我国政府的一个奋斗目标，有着丰富的内涵。改革开放缩小了我国社会与西方社会的差距，人们的科学意识、民主意识、公平意识不断增强。在我国社会发展的主旋律中，公平始终是我们追求的目标，也是完成社会各项使命的重要举措。作为国家与社会的代言人，教师有责任把推进改革开放、构建和谐社会、落实科学发展观体现在课堂教学中。

教师是学生的"重要他人"，其行为会对学生产生一定的影响。首先，教师是优秀知识分子的代表，他们的许多方面对学生而言具有可模仿性。其次，学生是未成年人，他们许多方面都还不成熟，需要不断发展，在发展的过程中需要向成人学习。教师作为社会和政府安排的对学生进行教育的专业人员，自然就成了学生效仿的榜样。另外，家长把孩子送到学校就是希望他们向教师学习。家长对教师寄予了很高的期望，希望他们把自己的孩子培养成才。

社会、政府、家长、学校以及学生对教师都充满了期待，教师常常被视为一种形象典范。在这种情况下，教师只要走进学校、走进课堂，就肩负了重要的社会责任。这一职业性质促使他们不断加强自身修养，成为道德楷模；不断努力发展自我，成为学习的榜样。

教师的志向直接影响甚至决定着学生的志向。教师坚持公平的信念，在教学中体现公平的原则，学生也就能逐渐掌握公平的要义。这恰是教学教育性的重要体现，也是教学效益的体现。学校是社会的一部分，课堂教学现在越来越多地受到外界因素的干扰，一些不良的社会风气影响了教师教学，如家长为了让孩子的座位靠前而请客送礼，商人为了向学生推销商品而贿赂教师。教师作为课堂利益、课堂资源的分配者，受到一些外界力量的夹击是难免的，也可能因而成为教学过程中某些不公平现象的引发者。"教师在自己所控制的教育资源分配上的偏颇，使教师自身成了教育不公平的引发者。对于中小学生而言，对一些教师人为造成的教育不公平现象都有着切身的体会。"[92]这就要求教师具有独立自由的人格品质，不畏强权，不为诱惑折腰，用自己的实际行动捍卫公平。

教师在教学中应该有追求公平的志向。"人们在谈论课堂教学公平这一问题时往往是从教师的角度出发的，认为课堂教学公平是指教师在课堂教学中能否给家庭背景、智力水平、教养程度不同的学生以平等对待。在课堂空间、教学时间、教学内容等外在条件无法改变的情况下，维护课堂教学公平主要是教师的责任。"[93]因此，教师必须树立维护主体教学公平的观念，并自觉在主体教学中不断践行公平信念。如果教师无法承担教学公平的重担，则主体教学公平就永远不可能变成现实。

（二）主体教学公平有利于推进素质教育，这是主体教学取得良好效益的有力保证

教学是实施、推进素质教育的重要途径。教学中的主体性、公平性是保证素质教育的关键。主体性保证学生在教学中的活力，保证了他们主观能动性的发挥，这是实施素质教育重要的内因条件。如何焕发学生的生命活力，形成推进素质教育的有效机制，这对于有效推进素质教育至关重要。有效的素质教育的机制应该是"教师引导—学生主体参与"。传统的"教师讲—学生听"的教学模式是很难实施素质教育的。主体教学公平保证教学的持续有效。主体性保证教学活力，但如果教学中缺乏公平，那么这种活力就不能持续有效，素质教育就会受到严重影响。

主体教学公平保证了素质教育的实施与推进，素质教育反过来又保证了主体教学的效益。一个毋庸置疑的事实就是，从我国提倡和推广素质教育以来，教学改革实验比以往任何时候都更受广大教师的欢迎，人们也热衷于从理论和实践层面探索素质教育与主体教学的关系。笔者认为，素质教育是新时期我国整体性、政府性的教育观念与行为。素质教育可以为主体教学的持续开展提供十分有利的背景性支持，可以为任何一种教学流派提供合理的支持。任何一种符合时代精神的教学流派、课程流派都可以作为素质教育的一种具体理念与方法，主体教学亦然。

（三）主体教学公平有利于实现从精英教育向大众教育的转变，从而保证主体教学对全体学生的有效性

精英教育必然是非公平教育。首先，在精英教育中，教师较多关注的是优秀学生，这对大部分学生而言是不公平的；其次，教师把许多课堂参与的机会都给了少数学生，相当一部分学生处于游离状态；最后，只有少数优秀学生在这种教育中有成功的体验，相当一部分学生更多体验到的可能是失败和挫折。这种教育产生了一种结果：少数优秀学生能经常受到表扬、得到好成绩，最后考入重点学校、重点班级；而众多学生处在教育的边缘，因而是一种非公平教育。

主体教学公平有利于从精英教育向大众教育的转变，原因如下。

第一，发挥学生的主体性可以使每个学生的个性得到充分发展，这是大众教育的根本标志。

学生的主体性得到发挥以后，他们就会感到教学是自主的而非被动的、是轻松的而非压抑的、是钻研探索而非一般接受。在这种情况下，学生的个性都能够得到发展。传统的应试教育把应试作为对每个学生的要求，这必然导致部分学生对学习反感、消极应对和难以适应，从而处于教学的边缘状态，教育的"大众性"也就无从谈起。

吉林省第二实验学校并没有将成绩好的学生单独成立个"快班"，而是将那些学习上有困难的学生找出来单独组班，并且为这个"潜能生"班配备了全校最好的老师，同时，学校的优惠政策已经写进了学校与家长签订的协议当中，真正做到了因材施教。

案例2-4

《中国青年报》跟踪报道了"潜能生"班的教学效果：

"在父亲眼里，一个月间，儿子大龙（化名）仿佛长大了。'过去天天晚上玩，现在天天晚上学。'在上'潜能生'班以前，大龙因为听不懂老师讲的内容，觉得学习实在没有意思，整天用电脑游戏打发时间，父亲对他无可奈何。大龙被分入'潜能生'班时，父母毫不犹豫地同意了，他们的想法很简单：'死马当活马医'。可是一个月以后，大龙的成绩整整高出期

中考试 300 分，从来考试不及格的物理、化学、历史、政治四科全都及格了，其中历史高达 96 分。这个成绩让所有认识大龙的人都感到惊讶，也包括他的班主任魏国珍老师。

这次期末考试是长春市统一考试，8 科共 840 分。以擅长带'后进班'著称的魏老师也没想到，自己带的'潜能生'班里的 20 个学生中有一半人的成绩会超过 500 分。要知道，期中考试时，他们中的大多数成绩是二三百分，最好的成绩是 406.5 分，最差的只有 157 分。魏老师手里掌握的一份不向学生公开的名次表显示，每个学生在年级中的名次都有所提高。魏国珍老师高兴地说：'每个孩子都在进步，而且进步的速度超过了其他班那些相同水平的同学。'[94]

第二，主体教学公平使教师更加重视培养全体学生的主体性，这是大众教育的基本要求。

在主体教学中，让大部分还是小部分学生发挥与发展主体性，是教师开展主体教学时应思考并明确的一个问题，也是合理的主体性的界限问题。在过去的主体教学实践中，存在少数学生主体参与、多数学生的主体性发挥与发展受到影响的现象。我们就是针对主体教学中的这类情况提出了主体教学公平问题。

公平意味着公正与合理。没有教学公平就没有教学有效性，教学公平是教学有效性的必然要求。教学公平要求教学关注每一个学生的个性发展。主体教学的有效性是针对每一个学生的有效性。因少数学生主体性的发挥而影响了其他学生主体性发挥的教学，是没有教学有效性可言的。

教学公平保证了教学对全体学生的有效性。教学公平要求教师对学生一视同仁。教师的教育力量是指向全体学生的，全体学生的发展是主体教学所秉持的基本立场。教师对少数学生的偏爱、关注等是教学中的不公平行为，大多数学生会对此反感，并因此对教学持不配合态度。在这种情况下，教学有效性会受到严重影响。

（四）主体教学公平保证教学和谐，这是主体教学有效性的环境性保障

教学和谐是社会和谐的重要组成部分。社会和谐是当今社会和时代努力的根本目标,包括人们的生活和谐、工作和谐、社会交往和谐等。教学和谐属于工作和谐,而且是其十分重要的组成部分。教学和谐有利于培养学生健全的人格、和谐的意识与精神、对幸福的感受与认知,有利于社会的稳定、和谐。

1. **主体教学公平有利于建立良好的人际关系**

良好的人际关系是教学和谐的重要前提。其特点是人际关系的非冲突、友好交往和活动中的合作、互补。人际关系的非冲突性是最低要求。在教学中,如果师生、生生处于冲突状态,就谈不上教学和谐。教师民主、平等地对待学生,学生之间友好相处,就不会产生影响人际关系的教学冲突。教学活动中,活动主体既要能发挥自己的个性特长,又要能够互相倚让、互相补充。

2. **主体教学公平有利于活跃教学氛围,也有利于教学和谐**

课堂气氛活跃与否主要取决于个人的状态、主体间性状态以及一些激发性因素。个人的状态取决于个人的自由感觉和个人对活动的参与兴趣。在主体教学中,学生具有一定的自主权,感受到前所未有的自由。教师会用热情激发、调动学生的主体性,使学生在教学活动中有较强的学习动力。同时,主体教学活动的形式与内容都丰富多彩,这会增加学生学习的兴趣。在这种教学中,教师与学生的状态都比传统的授受教学好,他们具有较强的自主性、能动性与创造性,学生能根据自己的爱好进行一定程度的自由学习。

主体间性状态首先取决于他们有无共同的目标,其次取决于个人利益与公共利益的关系,这就有一个利益分配的问题。利益分配直接影响人际关系,对人对事的不同态度也会影响人际关系。由此我们可以看出,公平主要指利益分配的公平与态度的公平。利益分配的公平是最实质的公平,是指在分配共同利益时必须按照能力、资源等要素进行合理分配。分配不合理,就会影响一个集体中人们之间的关系。态度的公平指面对不同的人或事秉持相同的态度原则。例如,当某人决定必须严肃严格地对待人或事时,那么严肃严格就成了一条原则,对所有的人和事都应一视同仁。如果对有些人严,对有些人不严,则会失去公平性。

主体间性的正向状态主要有交流适度、理解与宽容、相互支持等。在主体教学中，主体间的交流会保持在适度的范围内。公平可以调整主体在交流时的参与频率和参与度。主体教学公平有利于教学主体间的互相理解和谅解，提高彼此的包容度，这也是他们互相支持的前提。

在主体教学中，教师对学生态度的公平以及教学资源方面的公平都会影响教学氛围。有些教师虽然意识到发挥学生主体性的重要性，但在教学态度、教学资源的分配等方面不公正、不合理，从而严重影响了学生主体性的发挥与发展，影响了教学的有效性。

(五) 主体教学公平保证了教学资源利用的合理性，这是主体教学有效性的资源性保障

1. 教学资源公平利用有利于调动学生的积极性

学生在教学中是否具有积极性，取决于教师对学生的态度、课堂氛围、教学方法和手段的先进性、教学内容的新颖性和趣味性以及教学资源利用的公平性。教学资源是教学中的硬件因素，教学资源的公平利用是教学公平的重要内容，对调动、维持学生的积极性起正向作用。它的不公平利用会使学生产生严重的不满，甚至形成学生与教师的对立冲突，以致影响教学的有效性。

2. 教学资源公平利用有利于教学资源利用的广泛性与充分性

教学资源是少数学生使用，还是全体学生公平使用，这是主体教学有效性研究必须考虑的问题。这里的广泛性主要是教学资源利用的共时性特点，它是对全体学生利用教学资源的状态描述。充分性是教学资源利用的历时性特点，是每个学生利用教学资源的度。这两个方面都决定着教学资源利用的有效性程度。如果说教学中的主体性决定了教学资源使用的充分性，那么，公平则解决教学资源使用的广泛性。只有教学资源使用的充分性与广泛性有机结合，才能真正确保教学资源使用的有效性。

案例2-5

苏科版初中数学教材七年级约有 103 个生活情境，其中有"高速公路服务区"、"条形码" 2 个生活情境是学生生疏的；八年级约有 87 个生活情

境，其中至少有"话费收取"、"马尔克广场之谜"等 12 个生活情境是学生生疏的；九年级约有 57 个生活情境，其中至少有"意大利的比萨斜塔"、"美国圣路易斯市有一座巨大的拱门"等 11 个生活情境是学生生疏的。

曹家祝老师在教学前都要一一排查，列出表来，并在开学初进行问卷调查，课前再与不同地区、不同家庭背景的学生交流，做到心中有数，以便备课时为学生精心创设公平的学习素材。经调查了解，曹老师发现极少学生上过高速公路，几乎没有学生知道服务区。课本要表达的不就是图形及图形中的位置关系吗？这在农村随处可见，又何必用高速公路服务区呢？所以在教学过程中，曹老师把学生陌生的情境换成了学生熟悉的生活情境。[95]

（六）主体教学公平有利于实现学生合理的发展

教学公平关注学生合理的发展。公平是一种合理，是一种合实际。根据学生的实际因材施教，是一种实质性的公平。教师应根据多元智能理论，发挥与发展每一个学生的个性特点，满足不同学生不同的学习需求，从而实现学生的差异发展。例如，对于自主学习能力较弱的学生，教师可以给他们较多的指导；对于自主学习能力较强的学生，教师则可以投入较少的时间。表面上看，这是教师时间分配的不对等，其实却是合理的，也是公平的。

教学公平是个比较性概念，可以是班级内同学之间的比较，也可以是学校或其他地区间的比较。班级内教学不公平指学生之间参与机会的不平等或资源利用的不公平。班级之间的教学不公平指班级之间的比较差距，如学校给有些班级配备优秀教师，而给另一些班级配备较差的教师。地区间的教学不公平是指地区间教学存在较大差距，如有的学校开展了主体教学，而有的学校还是传统教学，这对仍在接受传统教学的学生而言就是一种不公平，不利于他们接受现代教学理念与教学方法。

1. 合理的发展是关注学生需要的发展，主体教学公平能够满足学生不同的需要

目前，我国在教学方面存在一些问题。第一，教学不从学生的需要出

发。无视学生的需要，就等于无视学生的人格尊严，无视学生自己的价值选择。第二，误把成人的需要当做学生的需要。成人有让学生认识与发展的需要，但成人的意志与需要要内化成学生自己的需要还要经过一个艰难的过程。由此可见，在教学中学生其实未必有明确的认识与发展的需要。第三，误把外在的需要当做学生内在的需要。我国主流教学具有很强的功利性，即教学的根本目的是为了学生未来的需要或是为了社会发展的需要，甚至是为了满足教师的某些需要，而唯独不关心学生现在的需要。第四，教学中存在着对学生需要的简单化理解。教学需要是一个复杂的问题，对这个问题的简单化理解会导致教学行为的不切实际。教学中学生的需要具有一定的层次性，不同学生的教学需要是有差异的。但长期以来，我们只重视学生认知的需要，致使我们所认识的教学需要既单一又抽象。把教学需要划分成不同的层次，有利于使教学需要具有鲜明的个性化特点，也有利于教学需要的层次性满足。

  中西方学者对需要类型的划分是我们研究学生在教学中的需要的理论依据。马斯洛的需要层次论对后人研究这个问题产生了较大影响。他把人的需要划分为生理需要、安全需要、归属和爱的需要、尊重需要和自我实现需要，后来又在尊重需要和自我实现需要之间加上了认知的需要和审美的需要。阿尔得夫在大量调查的基础上得出了三种层次性需要：生存需要、关系需要和成长需要。[96]我国学者杨丽珠等人对中小学生的需要也进行了研究。他们认为，中小学生的需要主要有安全需要、交往与友谊需要、尊重与自尊需要、成长需要等。[97]根据中外学者的研究，我们可以从安全需要、被认可的需要和发展需要三个层次分析学生在教学中的需要。

  根据安全需要、被认可的需要和发展需要这三个维度，可以将学生在教学中的需要大体划分为由低到高的六个层次：不被成人批评的需要，获得物质性奖励的需要，获得精神性奖励的需要，自我表现的需要，认知的需要和自我发展的需要。这种类型的划分不是绝对的。

  在主体教学中，教师会营造民主的教学氛围，他们对学生以鼓励为主，学生在这种教学中不会经常受到批评。为了提高教学效率，教师也常采取物质奖励与精神奖励的教学激励策略。主体教学公平要求每个学生在教学中主体参与，他们每个人都有充分表现的机会。主体教学的根本宗旨就是实现学生的发展，教师通过主体性活动的设计保证学生发展的有效性。因此，主体教学公平能够满足学生在教学中的不同需要。

2. 合理的发展是一种个性发展，主体教学公平能够确保学生的个性发展

教育的最高境界就是保证每个学生的个性得到保持与发展。每个学生的个性化发展也是教学公平的基本要求。我们坚持实行差异教学，就是为了体现教学公平，保护与发展每个学生的个性。但长期以来，教学中的许多错误做法抑制了学生个性的发展。例如，我们采用的教学方法只适合一部分学生，那么这种教学对其他学生来说就是不公平的。主体教学中，为使学生具有参加活动的热情与活力，就必须重视保护并发展他们的个性，这就要求教师重视每一个学生的个性，做到因材施教。

为什么说合理的发展是一种个性的发展呢？第一，学生个性的发展是其人生发展的一个根本目标。按照马克思关于人的全面发展学说，人的全面发展应当是人的发展的最高目标。然而，没有人的个性发展，就谈不上人的全面发展。因此，学生的个性发展与他们的全面发展是紧密联系在一起的。学生的个性发展是其全面发展的前提与保证。那种企图压抑学生个性而实现其全面发展的做法是错误的。从这个意义上说，学生个性的发展是他们人生发展的根本目标。第二，学生个性的发展是其主体性发展的关键。在主体教学中，有些教师的认识存在着一个误区，那就是他们十分重视学生主体性的发展，但却较为忽视保护与发展学生的个性，他们培养的是全班学生划一的主体性。其结果是，学生主体性的发展仅仅停留在表面状态。可见，要发展学生的主体性，就必须重视他们个性的发展。学生个性的发展会给其主体性的发展提供强有力的来自他们本体的动力；同时，个性的发展又给学生主体性的发展确立了一个目标，即学生主体性的发展就是为了让他们的个性得到良好的发展。第三，学生个性的发展是他们幸福人生的重要保证。幸福的人生必然是自主的人生、快乐的人生以及富有贡献的人生。如果学生是自己学习的主人，他们就会体会到自由的欢欣。在个性化的主体教学中，学生自主性的发挥与发展会得到一定体现，他们对自由的体验也是较为充分的。没有对人的个性的尊重，就不会有快乐感

受。主体教学中所营造的个性发展氛围给学生带来的欢乐是持续的。学生的正向发展必然使他们成为社会需要的人才，他们将来对社会的贡献也是不言而喻的。

3. 合理的发展必然是学生愉快的发展，主体教学公平能够使学生在教学中愉快发展

愉快教育、快乐学习一直是人们追求的目标。在我国，部分学者对愉快教育教学进行了研究，也有些学校进行了相关的教育教学实践，并取得了明显成效。然而只从愉快、快乐本身探讨问题显然具有局限性。我们应从根本上去思索、探究使教学愉快、学习快乐的因素。这个问题搞清楚了，才可以真正使主体教学愉快而有效。

影响愉快教学的因素主要有两个。第一，教师的教学方法和教学手段是否具有开放性、创新性、灵活性。教师给学生放权，让学生在教学中具有一定的自由选择空间，这一点十分重要，专制教师的课堂是无所谓愉快的。教学方法应不断变化，不断创新，这样学生会感到新鲜有趣。教学方法的灵活多样对愉快教学也十分有益。第二，教学主体是否平等，教学过程是否公平。只有教学主体平等，每一个教学的参与者才会感到自我的存在，从而产生参与教学的兴趣。教师高高在上、学生居于客体地位的教学必然让人感觉压抑，从而影响学生参与的兴趣或情绪。教学过程公平与否也直接影响或决定了学生的学习情绪，不公平的教学会使他们为之愤慨，而公平的教学会使他们感到正义友善、自尊与幸福。

主体教学公平所体现出来的教学的主体性可以使教师不断放权，给学生足够的自由选择的权利与机会。教师主体性的重要表现就在于在教学上不断探索提高，不断推陈出新。这样的教师也能够做到教学方法的灵活性。主体教学公平所体现出来的教学公平性可以使师生、生生平等相待，可以确保教学资源利用等方面的公平合理。因此，它能够使主体教学愉快地进行。

4. 合理的发展必然是以学生自主学习为主的发展，教学公平能够使学生自主发展

自主性是主体性的基本内容，也是最主要的内容。自主学习是学生主

体性人格的重要表现。"学的活动是教育活动中的主动活动。教育活动的目的，即促进受教育者的发展，最终是在学的活动中完成的，是由学的活动主体（受教育者）自己去认识世界、去发展自己来完成的，而不是由教的活动主体（教育者）去完成的。"[98]自主相对于他主，是学生在教师的引导下，独立设计学习目标、学习内容、学习方法，独立进行评价的一种方法。

人的一生有许多选择，都需要自己做主。因此，在学校教育阶段对学生自主意识与自主能力的培养十分重要。教师在教学中如果剥夺了学生自主选择的权利，做了本应该由学生自己做的事情，那么学生就会是被动的、从属的、茫然的，长此以往，他们只会从属于他人。从国家竞争力的角度而言，如果我们培养的学生缺乏自主性，就会影响未来国民的自主能力、自主精神，我国的自主研发能力、民族品牌都会受到严重影响，从而影响中国在全球的竞争力。

合理的发展也必然是学生的一种自主发展。只有自主的才能是个性的。许多教师现在十分重视对学生进行个性培养，但在教学中却不给学生自主学习的机会，那么他们个性的发展就只能是句空话。只有让学生根据自己的所思所想、兴趣、能力自主选择自己在教学中的行为，他们的学习才是个性化学习，发展也才会是自主的个性化发展。只有自主的才是自由的。倘若一个人没有自由，就会感到苦闷压抑，就会消极沉沦，从而逃避生活与工作。在教学活动中，给学生一定的自由是保证教学有效性的前提。自由的本质在于自主，只有学生自主学习，才能保证他们在教学活动中的自由。自主学习是持续发展的重要途径。学生的可持续发展有赖于他们的可持续性学习，如果学习是他主的、非自觉的，就很难做到长久、持续。自主学习的意识与习惯一旦养成，对于他们日后走出校门，通过进一步学习来实现持续发展是大有助益的。

第三章

保证主体教学有效性的动力

内容提要

保证主体教学有效性的动力系统分为社会动力、心理动力及主体教学自身的矛盾三个方面。社会动力包括教学交往动力、教学合作动力和教学竞争动力。教学交往可给主体教学提供观念之力、机制之力和互动之力。教学合作可产生认识、情感、行为方面的倾向力及主体性、思维、方法方面的冲击力。教学竞争能产生压力和表现力。心理动力包括情感动力、兴趣动力、审美动力及意志动力。主体教学自身的矛盾是主体教学运行的根本动力。教师的主导性与学生主体性之间的矛盾以及教学主体与教学目标之间的矛盾为主体教学的深层矛盾。教学主体与教学方法之间的矛盾、教学主体与教学内容之间的矛盾为主体教学的中层矛盾。教学主体与教学手段的矛盾、学生主体性的发挥与班级规模过大的矛盾是主体教学的表层矛盾。

第一节　主体教学有效性的社会动力

　　主体教学中的主体性结构决定着它的动力状态。保证主体教学有效性的关键是增强学生的主体性，而提高主体性的关键是改善主体性的结构。这就首先需要明确什么是主体性结构，构成主体性结构的要素是什么，它们是如何进行组织并发挥作用的。构成主体性的要素主要有三个：方向性因素、动力性因素和能力性因素。

　　方向性因素主要有世界观、人生观、价值观以及学生的主体观、学习观等，这是一个价值观念系统。动力性因素有理想、兴趣、情感、意志等，决定着主体性动力的大小。能力性因素有学生参与教学活动的能力，如教学中的合作能力、交往能力、理解能力、思维能力、动手操作能力等。

　　教学不仅是一个认识结构，而且是一个活动结构、交往结构。这些结构构成了现代意义上丰富多彩的教学结构系统，这些教学的内部结构都不是独立的，而是相互交叉的，主体教学有效性能够在这种既相对独立又相互作用的结构系统中得到有效保证。我们在长期的教学认识与实践中可能把教学结构只看成了一种单一的结构，如认识结构，这种片面的认识或做法导致了教学效果的偏差。也就是说，在主体教学中，结构之中有结构，但核心只有一个，那就是学生合理的主体性的发挥。倘若失去了这一点，这个结构系统就不复存在，教学有效性也就难以得到有效保证。

　　除了这些动态的结构之外，教学中还有一些静态的结构，包括知识结构、素材结构、硬件环境结构、手段结构等。但静态结构最终还得动态化后才能在教学中发挥有效作用。

　　正是在这种动静结合的结构系统中，主体教学的动力才能得到较好的发挥。

一、教学交往动力

　　"教学是一个交往过程，教师与学生以及学生与学生在交往的世界中进行知识的生成、思想的碰撞、精神的交往、情感的升华以及生命的体验。"[99]教学交往为什么可以给主体教学提供动力？这一问题可以从四个角度去理解。第一，教学交往增强了教学的社会性，这是教学富有动力的根源。第二，教学交往为教学创造了文化氛围，这是教学动力产生的基础。第三，教学交往以主体活动为基本机制，为主体性的发展与发挥提供了基本的教学范型。第四，教学交往这种观念突破了教学认识论的传统思维，是学生作为主体的认识基础。教学中学生主体地位的确立是主体教学的基本动力保障。教师必须尊重学生个体，理解每天学校里发生的各种复杂的交往。教师不仅要和每一位学生建立密切的关系，还要深刻理解他所处环境的政治背景。教学发生在一个真实的集体环境中，而不是发生在静态的、抽象的模式里。[82]165教学交往至少可以使主体教学产生观念之力、机制之力、互动之力三种基本动力。

（一）观念之力：教学交往这种本源性认识会产生推动人们改变教学观念的强大动力

教学交往观点是一切现代教学观念的基础。这并非说教学交往观念是产生现代教学观念的基础，而是说现代教学的许多观念都与交往有密切关系，或者说都可以用"交往"这个概念进行概括。

交往是现代教学的一个基石，教学交往的理论是现代教学论的基本理论。这一特点首先体现在现代教学核心观念"学生是教学中的主体"上。交往的前提是学生是主体，其概念就已蕴含着"学生是教学中的主体"的观念。现代教学强调的是双向多元交往，这有别于传统教学中普遍存在的单向交往。这种双向多元的交往必然要求学生是教学中的主体。其次，现代意义上的交往要求交往主体之间是民主、平等的关系，否则交往就可能中断。现代社会的开放性给交往提供了更多选择的机会，人们会抵制甚至放弃有失民主和平等的交往，寻求更加符合自己意愿的交往。现代教学的重要特点就是民主性、平等性，专制的教师会受到学生的抵制，会影响学生的积极配合与参与。这说明，"交往"这个概念反映了现代教学主体之间民主、平等的特点。最后，"交往"这一概念反映了现代教学活动的意义。

现代教学十分重视教学活动，活动性是其重要特点。在活动中，主体之间需要沟通交流，需要相互配合，这都是交往。现代教学中的活动由多元主体共同面对并参与，只有复数主体共同参与的活动才是教学中的共益性活动，现代教学中的活动是共益性活动。

教学交往观念的确立，有助于教师树立现代教学观念。教师的教学从传统教学模式转变为现代教学模式，不仅仅是方法的改变，更重要的是教师观念的转变。[100]有教师告诉笔者："学校十分重视教学观念转变的培训，请了许多专家。有的专家认为应确立教学民主观念，有的专家认为应树立学生主体参与的思想，有的又认为应形成活动教学的观念，教师们听后感到混乱、糊涂、理不清头绪。"在教育教学中，教师经常面对转变和更新观念的要求，但什么样的转变才是最彻底、最深入的？才能适应现代教学的要求？最本质的观念又是什么？这些问题时时困扰着教师。其实，专家们的上述说法都是对的，只是没有帮助教师抓住源头性的东西，或者说没有帮助教师抓住更上位、更深刻的思想。教师只要了解了交往理论，树立了"交往"的教学思想，他们的思路就会渐渐打开，从而突破传统教学认识论的框架，确立"主体—交往—主体—参与—活动"这样一种现代教学观念。几乎所有的观念，诸如上面专家报告所提到的民主观念、参与观念、活动观念等都与交往密切相关。

要使观念产生拉动之力，观念必须是深刻的、本源性的。因为理论的核心概念往往是一种思想上的逻辑起点或支撑点，它可以起到由点到面的辐射、带动、先导作用。只有上位的、源头性观念才能起到辐射作用，因为它的包容性强；只有这种观念才能起到带动作用，因为它的统摄性广；也只有这种理论才能起到先导作用，因为它的引发性强。

可以说我们现在进行的教学与课程改革首先是观念先导的结果，是教学与课程理论研究的结果。观念若要发挥其功效，首先要转变部分人的观念，这是一般的规律。在任何一个社会，总是一小部分人的观念先发生变化，他们研究的理论或别人的理论对他们产生了影响。少数人观念的转变就有可能会影响到政策的变化。近几年我国教学政策的变化就是及时吸收理论研究成果的结果。同时这种观念也可以直接影响从事教学实践的人们，教学交往的理念动力近几年表现得就很强。这一观念冲破了固有的教学认识论框架，把人们引向了另外一个更加广阔、更加开放的境地，产生了很强的观念冲击力，使人们从社会学的角度和社会的视野看待教学，开展教学，从而真正把我国教学引向了现代教学的轨道。我国许多教师已经接受了教学的交往本质，在课堂模式上进行了大力改造：开放的课堂、多元的主体、民主的课堂氛围、教学互动、教学活动等都是教学交往这一理论在无形中发挥作用而产生的现实结果。

在此之前，人们普遍认为教学只是一种认识活动，不过是一种较为特殊的认识活动。马克思主义认识论是传统教学的基本理论基础。教学过程的特殊认识说不能全面揭示教学的丰富内涵。如果教学只是一种认识活动，那么马克思主义的认识论就可以代替教学论，人们就不需要研究教学了。

这里，试比较一般认识活动与教学活动的异同。首先，从目的角度看，人们的一般认识活动是为了达到了解、掌握事物特点、规律的目的。教学认识是为实现学生的发展，认识成了学生发展的手段而非目的。其次，从过程来看，一般认识活动是主体的一种探究活动，是主体直接面对认识客体。教学中，学生的认识是"主体—主体—客体"，教学认识活动首先是人与人的交往活动。显然教学认识论在课堂实践中形成了师生之间的主客体关系，造成了以"认识—知识—智力发展"为单一目的的教学局面，影响了学生个性的正常发展。

教学交往观念与教学交往论相互补充成为我们全面认识教学的形而上的基础。教学交往观念具有划时代的意义，它的提出成为我们诠释现代教学的基本逻辑依据，是以主体教学为核心的现代教学的基本理论依据，是我国教学社会性、交往性不断增强的一种说明，也是我们构筑以学生为本的、民主的、生态的、和谐的教学基本理论的支点。

（二）机制之力：教学交往会形成动力源泉丰富、动力持久的有效教学机制

因为教学交往观念而形成的机制为：交往→主体沟通、交流、互动→参与活动→达到多元教学目标。这种机制之力具有如下特点：力的来源具有多维性；力的过程具有循环性；力的强度具有坚韧性。

因为教学交往观念而形成的机制如图3-1所示：

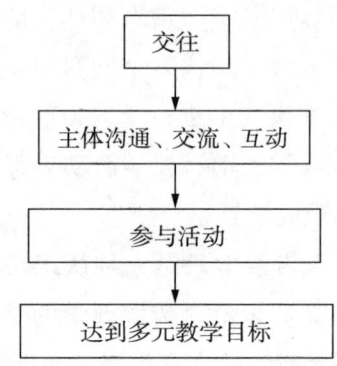

图3-1 教学交往形成的教学机制

第一，力的来源具有多维性。教学中的交往，包括师生、生生等教学主体之间的沟通、交流、合作，产生了来自不同人的影响力。教师只是对学生产生影响的重要力量之一，学生之间的交往也使彼此成为重要的影响因素。笔者在澳大利亚考察课堂教学时注意到，在他们的教学中，生生之间的交往十分频繁，甚至超过了师生之间的交往频度，而且学生与学生之间的交往范围也明显扩大。因为澳大利亚的学校班级人数少，上课时学生可以自由组合，随意走动，他们的交往远不像我国大多数课堂上的同桌交往那样受局限。

课堂以外的其他主体对学生而言也是一种影响源。在教学交往理论的影响下，教学具有明显的开放性特点，教师和学生同课堂以外的人的交往会增多。例如，在研究性学习中，学生可以请教其他教师甚至可以请教专家学者，他们同班级以外的其他学生也会有一定的合作。课内外的教学活动也是推动学生学习进步的一种力。各种手段，例如网络、电视的广泛利用也会对交往型教学产生影响。

第二，力的过程具有循环性。其公式可表述为"主体交往—主体参与活动。"也就是说，首先是教学主体之间相互影响。教师在教学交往中影响学生，学生在活动中实现发展；学生反过来也作用于教师，教师根据这种影响改进、提高自己教的行为。主体参与活动，就是说每一个主体对活动都有一定的影响,同时活动又会对每一个参与者产生一定的影响力。主体之间在活动中交往,在交往中活动。交往影响活动,活动影响交往,活动是交往性活动,交往是活动性交往。通过活动与交往,教学主体发挥了自己的作用,也实现了教学的有效性。

教学工作中适当的压力往往也成为教师发展的动力,如促使教师提高工作效率、提高工作满意度等。行为学认为,压力与工作绩效之间从某种意义上讲存在正相关关系。也就是说,随着压力的增加,工作绩效会逐步增加,但增加到一定程度就会出现一个拐点,这时候工作绩效最高,如果再对个体施加压力,就会导致工作绩效的迅速降低,导致消极的因素产生。减轻压力的一个重要策略就是培养兴趣,使教师快乐地工作。[101]杜威在其名著《民主主义与教育》中指出:要有坚持的行动,兴趣必不可少。做雇主的人不会聘用对工作不感兴趣的工人。如果被聘请者仅仅出于责任感做这项工作,那么就别指望所聘请的人能认真地坚持他的工作。[102]

第三,力的强度具有坚韧性。教学活力一旦勃发,教学效度必将是最高的。在传统教学中,教师讲得津津有味,学生却听得昏昏欲睡,这说明教学的活力不够,尤其是学生学的活力不够,或者说教学活力的持续性较差。但在主体教学中,活动蕴含的巨大动力通过师生的目的性交往得到了充分的挖掘。教学交往把学生放在了主体的位置,学生在活动中都是主体参与者而非旁观者,因此紧张而又愉快地做着自己的那部分"工作",他们的热情和兴趣得到了较为充分的调动。他们的力量来自于自主,来自于被尊重、被认可,来自于他们的智慧的发挥、情感的调动。如果主体地位不动摇,他们的兴趣、热情一般不会降低。只要活动继续,他们的动力就会延续。

在交往活动中,学生的认知—智慧系统参与了教学问题的解决,情感—意志系统介于其中,价值—判断系统也不断发挥作用,因而体现了一种多维目标预设—达成的特点。这种教学中,因为动力源泉是丰富的,所以学生的动力是持久的。

(三) 互动之力:教学交往会形成多种带动性

这也是交往前提下教学动力的一种表现。我国传统教学的秧田式教室布局影响了师生间、生生间的多元交往。教师在讲台上，面向由全体学生构成的一个整体并与之互动，这种互动是十分有限的。因为这种教学中，主体只有两个，一是教师，另一个是学生整体，这是传统教学氛围沉闷的一个原因。在主体教学中，教师与每一个学生产生交往，学生之间也进行着广泛的交往，这就使互动具有多元性、复杂性。如果说传统教学所产生的互动之力是两种力，那么，主体—交往型教学中的互动必然是多种力。多种力产生的合力是两种力的合力所无法比拟的，其有效性也是传统教学不可比的。

互动产生多力。管理学中的团体动力学说，揭示的就是互动所产生的带动之力。在互动中，力的来源是交替的，即一个主体对其他主体产生了促动作用，另外的主体又对这一主体产生促动作用。在多元主体参与的活动中，这种促动之力是多向的。在氛围较为良好的活动中，多元主体互动所产生的力还会加速或增大。反之，在两个以上主体的活动中，如果推动活动的动力仅仅来自于一个主体，其他主体处于观望状态，则这种力就会逐步减弱甚至消失。例如，在教师讲—学生听的教学中，如果教师卖力地讲解，学生却懈怠地听讲，这种情况就会影响教师讲的积极性，因为这种教学处于一种非互动的单向活动状态。"对碰"游戏告诉我们，两个球互相碰撞，就会处于长时运动状态。在主体—交往型教学活动中，教学动力的来源就是教学活动中的每一个主体。

力的态势的加倍性。在互动性活动中，在互动所产生的氛围的感染与带动下，每一个主体产生的力会因为互动而呈现出越来越强的特点。个体主体的力变强并且方向一致，团体主体的力自然会增大，那么活动就会是高效的。

力与有效性的关系。力的方向和强度决定了力的有效性。在方向正确的前提下，力越大，在一定范围内，活动就会越有效。

二、教学合作的动力

在合作学习中，学生的学习不再是孤立的，不再只是自己的事，每个学生的学习状态和学习效果都会影响小组的成绩，都会影响到小组其他同学的学习成就感。学生在课堂上不再只有独立思考、学习知识的个人任务，还有帮助同学思考、参与小组讨论、与小组同学共同完成课堂任务或课后作业、对同学的学习效果进行评价等小组任务。学生的课堂学习不仅有学术性的认知目标，还有情感性和能力训练性的合作效能目标，他们在课堂上不再是学习机器，而是一个完整的人，一个具有情感和价值观的学习者。[103]

（一）合作产生倾向力

从心理学角度来分析，合作能够产生以下几种倾向力。

首先，合作产生认识倾向。合作的前提是合作主体对所要参与活动的共同认识倾向，即认识到合作参与活动的意义，从而产生一种意识状态里的合作对策。在我们进行的合作学习调查中，有些小组合作学习有效性较差，原因之一就是参与者对合作缺乏较好的认识，从而影响了他们参与的自觉性、积极性。通过合作学习，学生的合作意识、合作情感和能力都会得到改善。学生在小组合作情境中得到的"实惠"会逐渐增多，合作习惯逐步养成，学生合作意识会不断增强，他们越来越相信合作的优势，越来越理解合作行为的重要意义。[103]37-39

其次，合作产生情感倾向。如果教师或学生从情感上对合作教学、合作学习持抵触态度，同样会影响他们对合作行为的选择或合作的效度。如在一所中学里开展合作备课，有的教研组效果较好，有的效果较差，原因是效果较差的教研组人际关系较紧张，使合作备课难以进行。在学生小组合作学习中，由于人际问题产生合作学习效果差的现象也较为普遍。这就要求教师在分组时考虑到这一因素，否则会影响学习的有效性。

第三，合作产生行为倾向。认识倾向与情感倾向是行为倾向的前提。行为倾向是对某一种活动的参与倾向。这种行为倾向是主体对行为的一种选择，反映了主体的一种价值取向。在课堂教学中，学生独自的学习行为和他们在学习情境中的行为是不同的。例如，师生之间的合作使学生产生乐于参与教学活动的行为倾向；小组合作学习使学生产生共同承担学习任务的行为倾向；在几个学生合作进行的研究性学习中，学生会产生分担学习任务的行为倾向。这种行为取向可能在非合作情境中难以产生，这是由团体动力所决定的。

（二）合作产生冲击力，有利于学生反思与完善自己

在合作状态中，主体之间共同承担所要完成的任务，他们或讨论交流或分工协作。每个成员的学习热情、学习态度、思维方式、语言表达特点等都对其他人产生一种影响，甚至是一种冲击，使个体的情绪、态度、行为方式发生改变。这种冲击力越大，产生的教育影响力就越大。在小组合作学习中，坚持"组间同质，组内异质"的分组原则，就是因为组内素质不同的学生会产生较强的冲击力。现在常常在社会各个领域提倡的"头脑风暴"，目的就是形成一种思维冲击力，以帮助人们产生创新思维。

合作产生的冲击力可分为主体性冲击、思维冲击、方法冲击。

主体性冲击是一种正向之力。一般而言，主体性越强，产生的冲击力就越大。在主体教学中，我们发现不同的学生主体性表现状态不同，有的强，有的弱，有的是自觉的主体性，有的则是被动的主体性。类主体性本身就是一种氛围，类主体的主体性表现对置身其中的个体产生冲击带动作用。"在这个动力整体中，任何成员状态的变化都会引起其他成员状态的变化，成员之间紧张的内在状态能激励群体达成共同的预期目的。"[104] 当看到其他同学积极参与时，有的学生就很有可能被感染，从而表现出较强的参与行为倾向。在课堂教学中经常会有这种情况，有的学生刚开始对学习活动消极应付或处于旁观状态，但在某个时间点或时间段发生了变化，突然或逐渐融入到共同活动中。这就是其他学生的主体性对他的主体性形成冲击而产生的变化。

思维冲击。思维的冲击是一种思维对另一种思维产生启发与激荡，其源于思维角度方向的不同和水平层次的差异。一方面，具有不同智慧水平、知识结构、思维方式、认知风格的成员可以互补；另一方面，合作性的交往团体可以相互启发、相互补充、相互实现思维及智慧上的碰撞，从而产

生新的思想。[70]209-210思维冲击通过两种途径产生作用。一种是启发。启发即一种思维对另一种思维点燃、启动、唤醒。在合作中，人们需要进行的讨论、沟通、交流，都以思维交换为前提。不同思维的交换形成一种冲击，促使人们认真思考，不断产生新的观念和想法。教师在合作教学中的思维可以互相启发，对于提高教学水平有重要意义。学生在小组合作学习中，思维的互相启发作用也较为明显。另一种是迫使。这是强势思维对弱势思维的较大冲击，它所产生的影响比较大，对于学生思维的发展同样很重要。例如，在合作学习中，优秀学生对一般学生思维的影响就是这样。

案例3-1

一则中国的课堂教学案例

教师（打开自然教室前面的水龙头，用玻璃杯接了一杯水）：同学们，玻璃杯中装的是什么？

学生：水。

教师：很好。今天我们这节课要研究的问题就是水在加热过程中温度变化的规律。（教师板书：水在加热过程中温度变化规律的探究）

教师：接下来，就请同学们来研究一下，水在加热过程中温度的变化有什么规律。首先，我要问问大家，用什么测量水的温度呀？

学生：温度计。

教师：对，用温度计。现在，我们就用温度计测一测一杯水在加热过程中水的温度是怎样变化的。温度计的使用有几条注意事项？请同学们回忆一下。（略）

教师：接下来老师要请每个小组都来探究。酒精灯的使用规范我们也已经学过，同学们也要注意。（略）

教师：我先讲一下实验操作的过程、方法及注意事项。第一，测量时每隔5分钟记录一次。第二，测量的数据填在空白表格内（教师展示了一下）。第三，根据表格中的数据，在二维表格（教师展示）中标出相应的点。

好，现在各小组清点实验器材，开始准备实验。注意，请严格按照老师规定的步骤和要求来开展探究活动！（学生开始按照教师的要求操作实验。教师巡视，发现与刚才要求不一致、不规范的地方就指出，要求学生改正。学生经过实验和数据分析，得出结论。)[105]

从上述案例来看，在整个教学过程中，教师是课堂提问的主体，而且教师的提问都是面向所有同学的，是从"教"出发的，没有学生提问。就提问类型而言，教师提出的问题以封闭型问题为主，学生的思维得不到启迪。

思维发展是学生发展的核心内容，很多国家都很重视对学生思维能力的培养。通过思维的冲击对实现思维发展有重要的意义。在主体参与的研究中，我们认为思维参与是本质，思维能力的培养是主体参与所要达到的主要结果。在主体教学实践中，存在着合作学习时少数学生发言、更多的学生缺少或放弃发言机会的问题，这产生不了思维冲击。思维冲击建立在参与者都具有主体性这一前提下，只有思维的碰撞才能产生思维的火花。如果有的主体是被动听讲，则只能是一种思维灌输，谈不上是思维冲击。

案例3-2

一则美国的课堂教学案例

教师：关于振动。我们现在知道些什么？

(学生A举手)

学生A：如果要制造出声音，某个东西就必须振动。

教师：你认为"振动"是什么意思？

学生A：是移动。

教师：是什么样的移动？

学生A：制造声音的东西移动。

教师：好的。"振动"意味着"移动"。

(学生B举手)

学生B：A说，如果要制造出声音，某个东西就必须振动。不是所有的东西都必须振动才会制造出声音。

教师：不是所有的东西都必须振动才会制造出声音吗？

学生B：是的。

教师：能举例说明制造出声音的东西不振动吗？

（学生C举手）

学生C：当你踏脚的时候，你的脚就会产生振动。

教师：你之所以不同意B的观点，因为你认为振动是可以感觉到的。

学生C：振动是能感觉到的东西。但你就是说不出哪里振动。

教师：关于振动你们想要知道些什么？

学生S1：是什么产生了声音？

学生S2：是什么使东西振动？

学生S3：为什么一些摩擦物会发出"吱吱"声？

学生S4：回声定位的距离是多远？

学生S5：声音是怎样传播的？

学生S6：是不是还有人类未发现的声音？

学生S7：第一个发现声音的人是谁？

这是一段美国科学课的教学片段。在这节科学课上，教师和学生是课堂提问的双主体。教师的提问主要从学生的"学"出发。从提问类型而言，教师提出的是开放型问题，这样的合作能够启迪学生的思维。[105]

方法的冲击。方法、策略是解决问题的重要知识。掌握科学合理有效的方法是教师有效教学、学生有效学习的重要前提，也是教育教学中教师对学生进行培养的重要内容。在主体教学中，我们深切感到，有些教师和学生由于缺乏主体参与的正确方法而缺乏主体性，从而严重影响了主体教学的有效性。

方法是在过程中逐步掌握与提高的。我国教学界流行的教学观摩课会在教师间产生一定的影响，有心的教师能从中学到许多有用的方法，这就是一种方法的冲击。澳大利亚中小学学生在实验中，都是自己设计实验的程序与方法，这对他们在方法的选择和运用上是很好的培养。笔者曾对澳大利亚高中的一堂物理课进行观察，发现同时做一项实验，有些学生进展很快，有些学生进展很慢。当进展慢的学生意识到自己的方法有问题时，便观察其他同学的操作方法，在掌握了正确的方法后，重新进行操作，很快就完成了实验。法国高中生物课教材的实验课题后面，方法与程序说明部分都是空白的。教师不告诉学生方法是什么，学生要在实验过程中逐步探索实验并总结验证正确的方法和程序。我国的实验课上，教师会一遍又一遍地给学生讲实验方法，学生在被动接受教师传授的现成方法后进行实验，实验能力较弱，学习效果较差。产生这种问题的根源，一是以知识为本位，在教师的观念中，教学目标就是让学生掌握知识；二是传统的知识观，教师不认为方法是一种知识。目前我国仍有一些中小学教师不重视对学生进行方法的培养，不把方法的掌握看成重要的教学目标。

方法的冲击应当以方法的探索为前提。无论是科学实验，还是日常的管理工作，都存在方法的创新问题，方法的不断探索和创新会带动成果的创新。在教学设计中，教师应当重视方法的设计。在教学目标中，应当把方法的培养作为重要的教学内容。在教学过程中，教师应当不断反思与提高教学方法，学生也应当探索与掌握好的学习方法。这种探索与提高是长期的，贯穿于教师的职业终身，贯穿于学生学习的全过程。在研究性学习、合作学习中，应当把方法的探讨和借鉴作为学习的前提。当我们在主体教学中把方法放在第一位时，主体教学的有效性就会得到切实的保障。

三、教学竞争动力

（一）竞争产生压力：适度的压力是学生发展自己主体性的有利条件

人是有惰性的，没有压力，往往就会放弃努力，放弃发展。竞争产生压力，压力又能转化为上进的动力。这种压力是一种外在的力量，是主体在主体性表现的比较中形成的，也是主体心理对这种比较的认知与感受的结果。当主体对客观环境进行比较判断后认识到自己的劣势时，会产生危机感和紧迫感，这就是压力。在学校外在压力不足、教师之间又缺乏竞争的情况下，优秀教师总能自我加压，自己提出努力的目标和方向，然后据此进行努力。许多特级教师就是采用自我加压的方法，促使自己不断上进从而作出了成绩。当然，压力必须适度，只有适度的压力才有利于学生主体性的发挥。

（二）竞争产生表现力：表现力是个体主体在复数主体活动中展现自我的动力，是教学活动顺利进行的保证

这是由人的争强好胜心理引起的。在小组合作学习中，当教师要求组间展开比赛时，学生顿时会紧张、兴奋起来，学习热情会瞬间提高。笔者采访了一些学生，大部分学生认为在组间竞赛中，一定要争取好成绩，这关系到每个人的面子和荣誉。笔者指导实验教师设计了两类教学活动，一类是竞赛性活动，另一类是非竞赛性活动。连续的实验表明，在非竞赛性活动中，学生的表现力比较弱。在200多名学生的调查问卷中，89%的学生认为"在有竞争的活动中，表现得好"，也有一小部分学生喜欢非竞争性的教学活动，理由是感觉轻松，有安全感。

表现力是个体主体在复数主体活动中展现自我的动力，是主体性的一种反映。演员的表现需要舞台，也需要观众，这两个要素缺一不可。面对观众表演时，演员的表现力就会大大增强。正是人们的这种表现力促使他们创造社会财富，推动社会进步。学生的表现力决定着他们在教学中的参与度，也影响着教学的有效性。学生的表现力强，教学的有效性就会高。

表现力需要环境激发。如何激发、提高学生的表现力是教师在教学中应当认真考虑的问题。第一，教师应该保护学生的表现力。在教学中，有些教师会在有意无意中打击学生的表现，例如一些教师作出"这个学生好表现"一类的评论，这类消极的评价会严重挫伤学生的积极性，压制学生的表现力。第二，教师要鼓励、激发学生的表现力。教师要多设计组织一些竞争性活动，鼓励学生积极表现，积极采纳学生建议。第三，教师应多指导学生的表现方法。学生的表现方法影响他们的表现力。表现方法科学合理，表现力就会比较强。有的学生十分乐意表现，但其表现往往受到同学的嘲讽，这会影响其以后表现，教师应及时对其进行指导。

（三）在教学中形成以"目标激励—任务分解"为主要特点的竞争机制

竞争机制的模式为：目标激励—任务分解。在目标激励方面，教学中应确定具体的目标，目标制订应具有一定的挑战性。在任务分解方面，应根据教学目标，把任务分配给不同的小组或学生个体。这有两种情况：同一任务、不同学习者的竞争，一般是比完成的速度；不同任务、不同学习者的竞争，一般是比任务完成的质量。近些年任务型教学在英语教学中较为流行，其教学效果得到了人们的认可。

第二节　主体教学有效性的心理动力

学生的兴趣、情感、意志、价值观、人生信念为他们参与教学活动提供了必要的心理基础与基本的前提条件。有效的教学，一是必须充分地利用学生的这些非智力因素，确保学生的心理、精神因素为他们提供强有力的保障；二是必须正向不断提升、强化这些心理、精神因素的作用。师生、生生的社会性交往是对其进行提升和强化的社会环境与有效机制。同时，来自教师方面的教育、指导也是保证教学有效性的重要因素。

一、情感动力

在苏联教育家苏霍姆林斯基看来，只有依靠学生内在的"情感动力"，才能推动知识的掌握和智力的发展。[106]一个成熟的教师会注意从情感入手去开展教学工作。忽视了情感的教学就像汽车发动机没有机油会对行驶产生危害一样，是不会产生良好效果的。然而，在实际的主体教学中，许多教师并不十分重视发挥情感的作用。有学者就"中学教师在教学中运用情感因素的情况"进行了全国范围的调查，当问及"你是否在自己的教学中考虑到利用情感因素来提高教学效果"时，选择"清醒意识"的教师不足1/3；当问及"你认为当前教学中，自己对情感因素的运用情况怎样"时，选择"总是运用"的教师只占总数的5.5%；当问及"与认知因素相比，当前中学教学中重视情感因素的情况怎样"时，选择"很重视"和"重视"的教师只占38.8%。[107]教学过程要求有效信息和情感的交流，教学过程也包括分享学习热情。在营造学习环境和传授知识方面，教师应该是积极的。

在教学中，教师对学生的感情与高涨的热情可以为学生树立良好的榜样，也是对学生发出的邀请。从某种程度说，教师的热情来自于教师自己对知识的渴望和对学习的热情。教师在教学中遇到的在交流方面的挑战是要有效地通过不同的交流途径和每一位同学进行交流。[60]187 Isaacson，McKeachie 和 Miholland 的研究表明，教师性格特征和学生对教师的评价之间没有直接的关系，但是他们的研究发现，对学生有情感、有热情的教师会得到学生更高的评价。[108]

在教学中，教师与学生必须抛开唯理性主义的主客体对立的认识方法，以一种理性与感性相结合、主体与客体相融合的方式去参与教学的系列活动。感性生命的饱满充实是社会进步的根本动力。虽然人类文化的创造必须以理性法则的完善为条件，但只有当在这种法则下产生出来的创造成果真正回归到人的感性体验中去的时候，人类的进步与解放才可能真正得以实现。[109]206 当教学主体的情感需要在趋向于一个目标的过程中受到阻碍时，其理性活动的动力就会大大降低，教学有效性就会受到严重影响。我国传统教学的偏差就在于忽视人的感性，在强调认识法则的过程中淡忘了人是理性与感性并存的存在物，忽视了学生在教学中的情感需求。我们近些年倡导的主体教学也不重视师生在教学中的感情诉求，一味强调自主性、能动性与创造性，结果成了不见情感的主体性，主体性的效度受到了严重的影响。心理的感情机制具有一系列的功能：反映现实世界，同时从生物和社会历史关系的角度评价现实世界；重新调整人的机体和心理，以促进和加速在该种条件下必要行动纲领的制订和实现；迫使开始这些行动，成功就"奖赏"，鼓励在今后相似条件下采取类似的行动。[109]183

研究表明，个人对不愉快的经验有排除于记忆之外的趋势。换言之，愉快的经验不容易遗忘。这种不愉快的经验容易被遗忘的现象，被称为动机性遗忘。李山川等人通过实验研究探讨了小学儿童在不同情绪状态下，记忆不同类型情绪词的特点。结果表明：第一，儿童在愉快的情绪状态下，容易记住令人愉快的情绪词；在不愉快的情绪状态下，容易记住使人悲伤的情绪词；第二，情绪状态和情绪词对记忆过程都会产生不同作用，但其作用大小则随着情绪状态的强弱、情绪词所含情绪色彩的丰富程度,以及二者的相对强度而转移。[110]教学中的良好情绪状态会使作为情绪重要内容的情感更加持续发展。

传统教学论认为,教学活动的基本矛盾是"教"与"学"的矛盾,集中表现为教学要求与学生原有水平之间的差距,且这种差距又主要归于认知范畴。然而,情感教学心理学认为,既然在教学中不仅有认知因素,还有大量的情感因素,那么对教学活动基本矛盾的分析也应同时考虑到情知两个方面。从认知方面看,教学活动中的基本矛盾主要表现在教学要求与学生已有的认知发展水平之间的差距上;从情感方面看,它主要表现在教学要求与学生当时的具体需要之间的差距上。前者涉及的是学生能不能学、会不会学的问题,即可接受性问题,属认知范畴;后者涉及的是学生要不要学、愿不愿学的问题,即乐接受性问题,属情感范畴。传统教学致力于解决第一方面的问题而忽视第二方面的问题,这是导致教学活动重知轻情的根本原因。因此,应通过有组织的教学手段来重视被忽略了的基本矛盾的另一方面,使情知两方面的因素在"教"与"学"的总体矛盾框架中和谐统一。[111]在主体教学实践中,我们应十分重视情感的作用,充分肯定情感在教学中的价值,重视教学主体间的情感交流,重视师生对教学的情感培养。我们应当从哲学的高度确认:在人性的结构中,感性与理性是一体两面的存在,它们相互作用构成人的真实面貌。情感是感性的重要内容,决定着人们的精神状态,给人们的生活提供重要的动力支持。虽然在理性主义看来,理性是人的本性,人在理性的指引下认识世界、改造世界,在教学实践中与这种观点相似的做法也屡见不鲜,但这种观点是片面的。

(一)情感改善师生关系,这是确保师生协同力的前提,也是教学有效性的重要保证

只从认识论的角度看待教学是十分片面的,因为教学发生在主体之间,而主体具有很强的情感性。

我们常常认为师生关系是一种工作关系、认识关系,而恰恰忽略了它也是情感关系,正是这种情谊使师生关系成为世间最真诚、最难忘的关系。

师生的情感并非一开始就有，它需要在共同的教学活动中培养，教师在这个过程中起主导作用。这种情感开始可能是单向的，也就是说教师由于职业道德和职业要求，对学生表现出了一种爱，但学生的情感不一定立即启动。在这种情况下，教学不会是最协同的，其有效性也会受到影响。这时的师生关系不是最好状态。"学生在教学中的情感发展，与认识发展不同，有一个较长的隐形演进过程。在这一过程中，情绪体验的积累是十分重要的心理机制。"[112]美国心理学家 Carl Rogers 提出，教师的三种核心特质可以促进有效教学环境的形成，它们分别是尊重别人（respect）、换位思考（empathy）、坦诚待人（authenticity）。当教师做到这三点时，课堂里师生关系和谐，师生、生生之间的交流也会增多，会更为坦诚，学生的自信心会增强。[113]8 当教师的情感表达持续到一定程度，学生就会产生对教师的爱戴，双向的情感交流于是便产生了。这种情感的双向性会使师生关系处于一种最佳状态，保证了主体教学的有效性。

（二）情感促进了师生关系，也就等于形成了良好的教学氛围

教学氛围是我们常常关注的问题，是影响教学有效性的重要因素。教学氛围有冷氛围与热氛围两种情况，两种氛围都与情感有紧密关系。教学充满情感，教学中就会是热氛围，反之，则是冷氛围。两种氛围所导致的教学效果是完全不同的。在热氛围中，师生关系和谐，在教学活动中密切配合，教学效果较好。在冷氛围中，师生关系不融洽，他们在教学中缺乏友好配合，学生的感觉不甚良好，教学效果一般。有人曾对一个班的语文课堂教学进行调查，最后发现，同一个班级，在不同的课堂气氛下，教学效果差别甚大。在良好的教学气氛下，课堂提问 15 次，其中 8 次质量较高；发言 24 次，7 人次有创见。而在不佳的教学气氛中，提问仅 4 次，发言 10 人次，质量差且无创见。两周后检测又表明，前者巩固率达 90%，后者仅为 72%。[114]显然，在热氛围中，教学有效性会得到较好的保证，因此我们应重视教学中的情感交流，使教学笼罩在热氛围当中。

（三）情感激发主体参与的热情，提高主体参与的有效性

情感可以分为积极情感和消极情感。这里探讨的主要指积极情感。

积极情感主要有感染与激发两种功能。一是感染功能。这种感染具有自感染与他感染两个特点。情感是个体内心的一种情绪状态，一种内心的倾向决定着个体的态度、兴趣。这种倾向性的内心特征影响主体的认识与行为。同时这种内心倾向通过外在的态度和行为表达出来以后，也会影响其他相关主体。二是激发功能。情感虽然不启动行为，但却可以强化或弱化行为，可以延续或停止行为。

情感产生亲近，产生跟随，产生配合，产生自觉，产生创新，这恰恰是主体实施教学参与所必需的。教师凭借对学生和教育事业的爱，积极参与教学活动，主导教学活动，主要表现在几个方面：积极进行研究，积极进行教学设计，积极推进教学活动，积极进行教学总结等。如果教师缺乏积极的情感，则这些参与的内容就会减少，程度就会降低，教学有效性就会受到严重影响。学生对教师爱戴的情感也会促使学生积极参与教学，具体表现在：积极与教师一道准备教学，积极完成教学过程中的各种任务，能在课外进行自主学习等。

有人用"教学主体—参与—活动"这个公式来描述教学，把活动看成了相对于主体的客体，这就忽视了教学氛围。其实，教学首先是主体间的交往性活动。这说明主体间情感十分重要。同时教学氛围也决定着教学的参与程度、效度。因此，情感是主体参与教学的润滑剂，若无情感参与，其效果是可想而知的。

有这样一个故事：

决心献身科学的法拉第来到戴维的实验室，与科学家戴维有过这样一段对话：

戴维："科学是个严厉的主人，它要求人们付出艰巨的劳动，却给予极少的报酬。"

法拉第："从事科学能使人称心如意，难道这不是一种报酬吗？"

戴维指了指自己被化学实验炸伤的脸说："这些伤痕本身就清楚地表明，科学会对人要求什么样的代价……正如你实验时仪器也许会炸开来，把你打昏，使你流血……"

法拉第："可是实验的内容却使我大吃一惊！"

戴维:"如果你的工作是在实验室里擦地板,你是否也愿意呢?"

法拉第肯定地点了点头。

对科学的强烈的情感是法拉第献身科学的动力,这使他取得了令人瞩目的成就。

(四) 情感促进了教学中的合作,这是教学有效性的一个重要指标

合作是主体间的配合,是对同一活动的共同参与。师生和生生间合作均需要情感。情感是合作重要的心理保障,是促进合作的重要途径,也是主体间合作的一个重要前提。在对小组合作的观察中我们发现,一些小组成员间配合协作得不好,合作学习效果差,究其原因是他们之间在情感上相互排斥,影响了合作学习的有效性。

二、兴趣动力

(一) 主体性是兴趣产生的根源或持续的保证,兴趣对主体的具体活动也具有一定的提升作用

有教师认为,发展了学生的主体性,自然就发展了学生的兴趣。另有教师认为,只要学生有兴趣,自然就会努力学习,发挥学习的主体性。这均是认识上的误区。我们在主体教学实验中发现,尽管教师十分提倡学生的主体性,但学生的主体性表现却总难维持在最佳状态。一些学生与我们交谈时告诉我们,自己对教学活动的参与缺乏浓厚兴趣。在传统教学中,学生对教学的持续兴趣难以培养,主要是因为没有抓住培养学生兴趣的根本。

苏联心理学家西·索洛维契克曾做过一个实验,证明了学习的积极态度能促使学生在学习中积极思维,并从中培养起学习兴趣。实验中,同学们根据自己的学习情况选择一门不太感兴趣的课程。在每天开始上这门课或学习这门课的内容之前,完成以下几种活动:第一,面带微笑,搓着双手,还可哼唱自己喜欢的歌曲,总之是做出摩拳擦掌、跃跃欲试的样子,而且让自己充分感觉到这一点;第二,脑子里不断地想下面的学习内容将是我能够理解的,我将高兴地学习;第三,提醒自己,一定要努力地去学习,要花更多的时间,要比平时更细心一些。因为细心就是热爱学习的主要源泉。结果,这个小小的实验极有效地改变了学生以前的消极学习态度,解除了原来的苦恼,并从探索知识的过程中体验到了乐趣。参加这个实验的 3000 多名小学生中,绝大多数学生获得成功,他们开始对原来最头痛的课程产生了兴趣,而报告失败的信件只有 12 封。[115]1999~2000 年,Michalis Koutsoulis 对塞浦路斯 5 所高中 25 个班级 608 名同学进行了匿名问卷调查,对有效教师的特征从三个方面进行了调查。在教师的教学特征方面,71% 的学生认为教师的教学应该是有趣的,并且能够激发他们的学习动机。[116]

主体性有利于从根本上培养与提高学生的学习兴趣。首先,自主性有利于使教师与学生产生一般兴趣。在活动中,人如果是受动的而非自主的,那么,人的兴趣就会受到严重影响。其次,创造性有利于使教师与学生产生浓厚兴趣。提高创造性是人的本质力量,人在富有创造性的活动中,会沉浸其中,充满了浓厚的兴趣。一些教师对教学工作缺乏兴趣,主要是因为他们在教学中缺乏创造。而有些学生对研究性学习兴趣十分浓厚,主要是因为这种学习过程具有一定的创造性。

兴趣对主体性具有促进作用。如果说主体性是兴趣产生的根源或持续的保证,那么,兴趣对主体的具体活动也具有一定的提升作用。

(二) 兴趣对主体性具有启动、维持与强化功能

1. 兴趣的启动功能

在具体活动中,教学主体对活动的兴趣会调动师生的主体性。如果教师对教学艺术十分感兴趣,就会追求与运用教学艺术,学生对某个问题感兴趣,他们就会发挥自己的主体性去思考探究。

2. 兴趣的维持功能

在具体活动中,持续的兴趣有助于主体性的持续,兴趣的中断可能会使人中断主体性。因为教师与学生的主体性在教学中具有一定的选择性,兴趣可能是他们进行选择的一个基本依据。

3. 兴趣的强化功能

浓厚的兴趣会强化教师与学生的主体性。一位教师曾告诉我，他对主体教学很感兴趣，这种浓厚的兴趣不断强化他的主体性，因此他加强了这方面的理论研究与实践探索，取得了较为突出的成果。一位初二的学生，因为对数学中的一道难题感兴趣，连续几天沉迷其中、忘我钻研。班主任老师介绍说："这名学生就是对数学感兴趣，这使他乐此不疲地探索数学问题。可是对英语没兴趣，经常不上课，英语老师已经多次反映这一问题。"正是这位学生对数学的兴趣强化了他对数学问题自主探索的主体性。也正是由于兴趣的缺乏，弱化了其对英语学习的主体性，影响了英语学习的有效性。

三、审美动力

美是人作为人的一种本质特性，教学审美体现了这种特性。美就是人本质力量的对象化。人有追求美、创造美的需要。人的美是在活动中体现出来的。而教学活动要成为吸引教师与学生的活动，也必须具有美的成分。

（一）审美具有四个功能，使主体教学更具有效性

1. 审美的陶冶功能

美的东西、美的氛围总能给欣赏者、感受者以潜移默化的影响，这是教学审美的一个重要功能。教学美包括教学内容美、环境美、行为美、语言美等多个方面。教师与学生作为审美主体，往往被教学美所陶冶，感受到教学中的科学求真之美、情感向善之美、行为创造之美。这种启智冶情之美在教学中汇集，使沉浸其中的学生无不得到感染，他们凝思沉想，合作交流，体会到"春风化雨"般的意境。

2. 审美的助乐功能

持久快乐的教学必须是美的教学。以前，一些学者和教师推行快乐教学，但学生反映感受到的快乐是短暂的、浅层次的。究其原因，就是没有从美的角度思考问题、解决问题。

3. 审美的减负功能

现在提倡的减负往往以压缩课时、减少作业量为主，但据我们调查，教师和学生感觉还是很有负担。在访谈中，有的学生说："因为没有意思，所以感觉到有负担。"有的学生说："有的教师教学很幽默，作业虽然多，但感觉不到累；有的教师的教学很枯燥，虽然作业不多，但却觉得很累。"由此看来，这种负担是一种心理感受。在主体教学实验中，教师的教学水平越高，学生感觉学习越轻松。

4. 审美的助趣功能

在教学中，我们不仅要强调审美，更应重视立美。教学立美，即教学中对美的创造。教师与学生不仅是审美的主体，更是立美的主体。传统的教学模式主要是教师讲、学生听，这就导致了学生常常坐在"观众"席上，欣赏教师的"表演"。学生在教学中没有或缺乏立美的机会或条件，他们更多被要求和培养的是审美能力。立美是学生主体性的表现。在主体教学中，为了实现教学有效性，我们不仅要强调审美，更应该强调立美。

在主体教学中，立美与审美有本质的区别。教师的立美更多体现在对学生的积极引导、对教学活动的创造与使学生主体参与等方面。学生的立美主要表现在自主的发现性学习、研究性学习、合作学习、交流等方面。审美主要表现在倾听、阅读、观察等方面。

（二）教师与学生的审美能力可以从四个方面着手培养

第一，培养师生的审美感知能力。从培养教师与学生社会感知能力开始培养他们的教学感知能力，通过培养师生的教学观察能力提高他们的教学审美感知能力。第二，培养师生的审美想象能力。首先要使师生认识到教学审美想象的重要性，认识到教学审美想象是教学创造的前提，然后在教学实践中培养师生的审美想象力。例如在课后，师生可以进行教学反思，发挥自己的教学审美想象力，对教学从审美的角度进行自我评价，哪些地方成功了，可以作为经验，进一步提炼，哪些地方失败了，可以作为教训，提出修改的方案。这是提高自身教学水平的重要环节。第三，培养师生的审美领悟能力。首先，要使师生认识到审美领悟可以帮助教师深刻领会教学内容所代表的科学与人生价值，所蕴涵的时代与社会意义，这可以使他们共同体验科学之美、人生之美、社会之美，使教师不为传授知识而传授知识，学生不为考试而掌握知识。其次，师生要学习一些美学知识，包括什么是美、美的本质、美的分类、美的功能、美的特点、审美与立美的过程、美的创造原则等。第四，培养教师诗人的气质。著名作家梁晓声曾经撰文称，教育是诗性的事业。[117]教育是诗性的事业，那么教师就应该是诗人，至少应该具有诗人的气质，对教学美具有敏锐独到的感知、想象、领悟和表达能力。

四、意志动力

（一）意志是人的意识能动性和主体性最集中的体现

意志是自觉地确定目的，并根据目的启动、支配、调整行动，通过克服困难解决问题、实现目的的心理过程，是人的意识能动性和主体性最集中的体现。首先，意志是人的自觉状态，而人的主体性也是人的一种自觉能动状态。其次，意志是人的目的性的一种反映，人的意志首先通过人的目的得到反映，目的可以说是人的意志的起点，也是它的终点。人的主体性发挥与发展的开始状态就是人有了活动的目的。最后，意志总是与解决问题、克服困难紧密相连的，而人的主体性也是与人活动过程中的主动态势相连的。活动过程必然面临问题与困难，人的主体性就必然是人解决问题与克服困难的意志的一种反映。一个缺乏主体性的人，必定也缺乏良好的意志品质。

陶行知先生曾经明确提出，学生的学习光靠智力不行，有了学习的热情也不够，还得有坚持到底的意志，才能克服大的困难，使学习取得成功。有实验证实，在需要努力克服一定困难的情况下，作业效率反而有所提高。实验的方法是先测定被试持举重量的最大限度，然后让他们学习一些无意义音节。学习时，一边持举重量，一边看一系列无意义音节，然后测定他们所能记住的音节数目。所持举的重量以原来测定的最大限度重量为基准，分为1/4、1/2和3/4三种。还有一种情况是不持举重量，轻松地坐在那里学习。结果发现，当持举重量为最大限度重量的1/4时，记住的音节数比不持举重量时多;当持举重量为最大限度重量的 1/2 时,记住的音节数又有所增加;只有当持举重量达到最大限度重量的 3/4 时,记住的音节数才比持较轻重量时有所减少,但仍比不持举重量时记住得多。[61]281-282

(二) 意志对主体性具有自觉、自制、坚持等功能,对主体教学有效性具有举足轻重的意义

1. 意志的自觉功能

意志可以使人在行动过程中具有明确的目的,自觉认识到行动的意义,并进行有意识的调节。自觉性也可以决定学生在教学活动中的自主性、能动性与创造性,因为自觉性是它们的前提。具有自觉性的人,能够坚持自己正确的观点和态度,不因其他因素的影响而轻易放弃自己的决定。这种品质恰恰也是主体教学所需要的。因为有人的自觉意识的支配,主体性更富有方向性。

2. 意志的自制功能

意志可以帮助教师与学生在发挥和发展其主体性过程中控制自己的情绪,约束自己的言行。这种自制力对于教师与学生而言十分重要,它有助于确保主体教学按照既定的思路与正确的方向进行,是保证主体教学有效性的重要心理机制。在主体教学实践中,我们感到这种自制力异常重要。例如,有些教师在课堂上随意批评学生,对学生的失当评价影响了学生参与活动的主体性,从而影响了主体教学的有效性。又如,有的学生在参与活动的过程中,只管自己尽情表现,不考虑其他同学的参与,致使相当多的同学失去了主体参与的机会,也同样会影响主体教学的有效性。在这种情况下,就需要自制力发挥作用,把主体性控制在适当的尺度内。

3. 意志的坚持功能

在主体教学中,问题与困难的存在使意志更具重要价值。这主要是因为它可以确保主体性行为的持续发生,防止其中止。例如,在研究性学习中,有些学生一开始对某一项课题很感兴趣,但在进行探究的过程中,一些困难就会使其停止这种自主探究的行为。这种情况下,就需要意志来维持和保持主体性行为。

在主体教学实验中我们发现了这样一些情况：有些教师半途而废；有些教师虽然进行了很好的设计，但在实际操作中却走向了放任，影响了主体教学的有效性；有些学生在自主学习过程中因为挫折与困难而放弃继续努力；有些学生因为缺乏与人合作的精神而变得霸气十足，主体性偏离了正确的方向。这些都是在主体教学中缺乏意志的表现。主体教学在我国正在逐步兴起、推广，有许多理论与实践上的问题，有许多阻力与困难。在这种情况下，只有教师与学生具有坚强的意志，才能够克服教学过程中的实际困难，提高教学的有效性。

第三节 主体教学自身的矛盾

在教学过程中，有许多矛盾，但我们需要搞清楚教学过程中的基本矛盾是什么。有的学者认为，教学过程包含着三对矛盾：①学生与知识、能力之间的矛盾；②教师与学生之间的矛盾；③教师与教材之间的矛盾。学生知识学习与发展能力之间的矛盾是基本矛盾。这一矛盾就是主要矛盾。[118]有的学者认为教与学的矛盾是贯穿教学过程始终的主要矛盾，是推动教学过程变化发展的根本动力。[119]

主体教学的主要矛盾有：教师的主导性与学生主体性之间的矛盾，教学主体与教学目标之间的矛盾，教学主体与教学方法之间的矛盾，教学主体与教学内容之间的矛盾，教学主体与教学手段之间的矛盾，学生主体性的发挥与班级规模过大之间的矛盾等。"正是诸如此类的极其多样的矛盾构成了动态的教学过程，并在某种程度上、某个环节上各自成为或综合成为教学过程的动力。"[120]

矛盾是有层次的。普遍联系和普遍差异的统一，构成了事物的表层矛盾；多样性的联系和多样性的差异的统一，构成了事物的中层矛盾；本质联系和本质差异的统一，即同一和对立的统一，构成了事物的深层矛盾。矛盾是指客观事物自身所包含的联系系列与差异系列之间的对应的辩证的关系。[121]据此，本研究也把主体教学矛盾划分为深层矛盾、中层矛盾与表层矛盾。

一、主体教学的深层矛盾

（一）教师的主导性与学生主体性之间的矛盾

"教师与学生的矛盾才是教学过程的主要矛盾。"[122]这一矛盾在主体教学中表现为教师的主导性与学生主体性之间的矛盾，因此，本研究认为，教师的主导性与学生主体性之间的矛盾是主体教学的主要矛盾。

在课改实验区，我们注意到两种较为极端的情况。一是一些教师尽管认识到培养与发展学生主体性的重要性，但在实际课堂上，他们的主体性发挥到了"极致"，而学生仍然缺乏主体参与的机会。这部分教师仍然是传统教学的"卫道者"。二是有些教师给了学生自主学习的机会，自己却茫然不知如何扮演引导者的角色。这就在主体教学中出现了一对矛盾：即教师的主导性与学生主体性之间的矛盾。教师要引导学生，他们需要发挥各自的主体性；主体教学的主要任务就是培养与发展学生的主体性。教师与学生的主体性都要在课堂上进行发挥，矛盾由此便产生。这一矛盾是主体教学中最主要的矛盾。它所引发的动力是主体教学最主要的动力。他们究竟如何相互"避让"，才能使各自的主体性都得到很好的发挥或发展？这应当引起我们的思考。

案例3-3

A教师执教《圆锥的体积》一课。"把圆锥装满沙子往圆柱里装，直到装满为止，你们发现了什么？"先由教师演示等底等高情况下圆锥体的体积是圆柱体积的三分之一。"是不是所有这样的圆柱和圆锥都有这样的关系？"再让学生操作验证，引导学生总结出圆锥体的体积公式，然后通过练习加深对这一结论的认识。教学进行得非常顺利，练习反馈的效果也很好。课堂教学临近结束时，一个课上表现相当踊跃的学生举手说："老师，你说'圆锥体的体积是圆柱体积的三分之一'时，为什么总是强调'等底等高'？"其他学生的表情说明他们也似有同感。教师感到奇怪，整堂课上的操作活动不都是围绕"等底等高的圆柱体和圆锥体"展开的吗？学生该做的都做了，怎么学生当中还会存有这样的疑惑呢？[123]

这位教师的主体性看似发挥得很好，其实出现了方向性问题，即教师的主体性方向问题。教师的主体性具有引导性，其目的就是为了使学生的主体性得到良好的发挥与发展。教师不能再像传统教学那样包办学生的任务，所谓的"讲透"会使学生失去思维积极参与的机会。因为讲得太清楚明白，学生就不会深入思考，这恰恰是易化了教学内容，易化了教学过程，使学生失去了发展自己主体性的机会。教师在主体教学中主体性的发挥是有别于传统教学的。在传统教学中，他们一讲到底，他们在教学中主要是传授知识；而在主体教学中，他们的主体性主要在于激发、调动学生的积极性，在于组织学生通过评价及时纠正他们在教学中的偏差。"学生作为学习的主体，是教学课题的最后完成力。"[124]学生在主体教学中，应当积极参与，自主探究。

为此，可以得出这样的结论：

① 教师的主体性的发挥是为了使学生很好地发挥与发展他们的主体性；

② 学生主体性的发挥与发展都是教师指导下的，放任的主体性被主体教学实验证明是低效的。

这其实是教师与学生各自的主体性怎么发挥的问题。教师必须体现其主导作用，这是课堂教学的特点决定的，否则学生的学习就不是教学情景中的学习。在主体教学中，我们着实感到这是一对矛盾，度不好把握。如果给学生太多的主体性，由于他们的年龄特点就有可能放任自流，从而影响了主体教学的有效性；如果教师发挥了太多的主体作用，讲授、指导太多，学生就会缺乏自主性、能动性，缺乏学习的兴趣，同样也会影响主体教学的有效性。在主体教学实践中，这两种情况都有。即使利用网络进行教学，或在研究性学习中，教师的主导作用也并非一定要弱化，而只是可能在形式上有所变化而已。为了克服目前主体教学中存在的问题，我们仍然强调，学生的主体性是教师指导下的主体性；同时，教师的主体性也应该是适度的主体性。

案例3-4

B教师执教《圆锥的体积》一课。教师先提出要求:"下面分组做实验,在空圆锥里装满沙子,然后倒入空圆柱中,看看几次正好装满。"学生分组动手操作。教师问:"从倒的次数看,两者体积之间有怎样的关系?"

生1:我们将空圆锥里装满沙子,然后倒入空圆柱中,三次正好装满。说明圆锥的体积是圆柱的三分之一。

生2(迟疑地):我们将空圆锥里装满沙子,然后倒入空圆柱中,四次正好装满。说明圆锥的体积是圆柱的四分之一。

生3:我们在空圆锥里装满沙子,然后倒入空圆柱中,不到三次就将圆柱装满了。

师:并不都是三分之一呀。怎么会是这样!我来做。(教师从教具箱中随手取出一个空圆锥一个空圆柱)你们看,将空圆锥里装满沙子,倒入空圆柱里。一次,再来一次。两次正好装满。圆锥的体积是圆柱的二分之一。

(学生议论纷纷)

师:什么情况下,圆锥的体积是圆柱的三分之一?

生:等底等高。

在看似混乱无序的实践中,增加了学生对实验条件的辨别及信息的批判,学生的学习经历了一番观察、发现、合作、创新的过程。[123]

(二) 教学主体与教学目标之间的矛盾

这包括教学目标设计与教学目标实现之间的矛盾,客观性教学目标与主观性教学目标之间的矛盾,教师理解的教学目标与学生理解的教学目标之间的矛盾等。

1. 教学目标设计与教学目标实现之间的矛盾

教师在设计教学目标时,可能会考虑许多因素,考虑国家与学校制订的课程方案,以及当前课程改革与教学改革的实际情况,从而考虑学生发展多维目标的要求。但在课程的实际运行中,由于受学生实际情况、教学时空、教学内容、教学方法与手段的限制，可能存在教学目标不能得到很好实现的问题。这是一种情况。

另一种情况是教师的教学目标设计较为简单，但在实际运行的过程中，出现了意想不到的情况。如教学中学生积极讨论，使他们的能力得到了很好的锻炼。但因为学生的表现出乎教师的意料，教师可能会控制他们的行为，以致压抑了学生的主体性，影响了主体教学的有效性。这两种情况都是不协调的表现，都需要在教学中予以克服。

2. 教师理解的教学目标与学生理解的教学目标之间的矛盾

这一矛盾推动师生对教学目标的重新理解，这是教学有效性的一个前提。

教师在主体性教学中是教学设计的发起者，他们代表社会与学校对学生通过教学进行教育，他们对教学目标的理解肯定比学生对教学目标的理解要深刻、全面。教学要启动，首先要求教学主体在教学目标方面进行交流，但是学生对教学目标的理解可能会与教师对教学目标的理解存在一定的差距，甚至对立。由此会使教师想办法使学生对教学目标的理解达到自己的要求，这可能贯穿于教学的整个过程之中。一方面教师可能会努力使学生提高认识，这种促使学生提升的过程也是一种教育力；另一方面教师也需要不断适应学生，使教学目标根据学生的现状进行调整。师生就是在这种理解的对立、调整中逐步实现契合，从而产生主体教学的有效性。

3. 客观性教学目标与主观性教学目标之间的矛盾

客观性教学目标就是社会发展要求学生必须达到的目标在教学中的具体反映。客观性教学目标是被党和政府要求，被教师广泛认可的一种目标。如我们现在提倡素质教育，那么学生素质的发展就成为教学中的客观性目标。主观性目标是教师按照自己对客观性目标的理解，根据学生的实际情况，围绕客观目标所制订的具体目标，具有较强的主观色彩，不同教师因为理解的不同，所制订的主观性目标不尽相同。

客观目标的统一要求与教师个体对目标的主观理解与把握往往存在着矛盾。这种矛盾具体而言就是客观性与主观性的对立，统一要求与灵活把握的对立。客观的教学目标要求为教师研究、把握教学目标提供了一个标准。他们如何结合自身的实际、学生的实际以及课堂的实际灵活把握,也需要他们认真研究,这就为教学的改革、发展提供了动力。

二、主体教学的中层矛盾

(一)教学主体与教学方法之间的矛盾

这包括几个方面的内涵:一是教的方法与学的方法的矛盾;二是教师与学生对方法的愿望与实践中教学方法运用之间的矛盾;三是主体教学中教学主体与教学方法之间的矛盾。

1. 教的方法与学的方法之间的矛盾

一是教师的教法超前于学生的学法;二是教师的教法落后于学生的学法。

当教师通过学习掌握了一种新的教学方法并在课堂上使用时,如果学生从未感觉、接触过这种方法,那么学生与教师就会出现不协调与不适应的情况,长此以往,就会影响教学的有效性。如教师在教学中推行研究性学习的方法,但学生对这种教学方法缺乏了解,他们就不能很好地配合教师的教学,甚至会产生抵制的行为。这就要求教师"教会学生学习",先对学生进行研究性学习方法的培养。这时"教会学生学习"就真正成为教师的一项重要任务。

当教师的教学方法落后于学生的学习方法时,教师会努力提高教学水平。笔者在参与主体教学实验中,遇到过这样一种情况。在教学实验进行到第三年时,实验班的语文教师调离了。新来的教师在给学生上课时,明显感觉到学生对其教学严重不适应,甚至不满。因为这个班的学生已经进行了三年的主体教育实验,他们的观念超前,在学习中主体性很强。新来的教师感觉自己的教学观念与方法较为落后,满足不了学生学习的要求,想辞去这个班的教学工作。校长对他进行了劝说,他便钻研主体教学理论,在教学中积极探索,经常与学生沟通,甚至向学生请教。这是教师的教法落后于学生的学习方法的一种典型情况。

前者是教师促进学生提高学习水平,后者是学生促进教师提高教学水平。它们都产生了一定的动力,保证了教学的有效性。

2. 教师和学生对教学方法的愿望与在教学实践中教学方法运用水平之间的矛盾

教师与学生对教学方法可能会有很高的期望,他们希望自己了解、掌握先进的教学方法。由于教学方法总在不断发展,教师与学生的愿望便是能够不断了解、掌握并运用这些不断发展变化的方法。但在教学实际中,教师与学生面对不断变化的教学方法,可能会感到难以适应。主体教学提倡学生研究性学习、自主学习,但有些学生也会感到自己的学习方法跟不上教师的要求,与其他同学相比有一种紧迫感。

这种对教学方法的愿望与教学方法运用实际之间的矛盾也是教学中的动力,促使师生不断提高、改进教的方法与学的方法。"教然后知困",这里的"困"包括知识的困与方法的困,这种困是一种积极的推动力。

在教学方法保持不变的情况下,师生掌握教学方法的愿望越强,这种愿望与现实之间的矛盾便越尖锐,教学在这方面的动力就会越强。倘若师生在这方面缺乏较高的期望,他们就感觉不到自己在教学方法上的差距,其掌握新的教学方法的主体性就不强。

3. 主体教学中教学主体与教学方法之间的矛盾

当主体确立了活动的目标后,要使活动顺利进行就必须有正确的方法。科学、合理的教学方法是保证教学有效性的前提。从新的知识观来看,知识包括陈述性知识、程序性知识和策略性知识,而后两种知识其实都是方法性知识。尤其是现代社会,方法对想成功的人们而言极为重要。

我们提倡主体性,但主体性本身并非一种具体的方法,它更多的是一种主体的精神状态与动力特征及宏观的方法指导。在实际的主体教学中,就是因为缺乏一种方法,一些学生主体性发挥与发展的方向和程度受到了影响。当然,学生在掌握学习方法时,也应该发挥他们的主体性,不断探索适合于自己特点的学习方法,但同时也离不开教师的指导。

在主体教学中，学生首先要学会参与教学的方法，学会学习的真正内涵就是"学会学习的方法"。学生主体性表现的一个重要内容就是对学习方法、参与教学方法的主动探索与掌握。主体性水平越高的学生，其学习方法便掌握得越好。学习方法掌握得不好的学生，在教学中易盲目被动，主体教学的有效性会因此而受到影响。

我们可以得出这样的结论：学习方法会影响学生主体性的发挥与发展；同时主体性程度较高的学生，会主动探索学习方法，他们的学习成绩会得到不断提高。重视学习方法体系的建构是主体性教学的具体内容。笔者在澳大利亚考察时，与一些教师进行了这方面的交谈，他们十分重视教法的研究，对所教学科通用的、流行的教法都如数家珍。他们在教学中主要不是对教学内容的讲授，而是对程序与方法的把握。

教师要加强对学生的学习方法方面的指导，否则他们的学习有效性会受到影响。主体教学顺利开展的一个重要前提就是"教会学生学习"。学法指导是教师的重要任务。优秀学生与一般学生的最大区别之一就是学习方法的区别。如果学生面对学习是盲目的、困惑的，他们就不可能很好地发挥主体性。要使主体教学实现有效性，教师的一项长期任务就是指导学生学会学习。要给学生讲清科学合理的学习方法对于他们学习与发展的重要性，要把探索省时高效的学习方法作为师生在教学中的共同任务。

（二）教学主体与教学内容之间的矛盾

这包括教学主体对知识、技能掌握的开放性要求与教学内容的封闭性的矛盾以及教学主体掌握更多知识的愿望与课堂教学内容有限性的矛盾两方面。

我国的课程内容主要是教材预设好的内容，具有陈旧性、封闭性的特点：一是时空的封闭性，二是教学内容的封闭性。但是教师与学生都是在开放的社会系统中生活的人，都受到复杂的社会影响。他们希望打破这种知识、技能掌握的界限。这种开放性的愿望要求与课堂实践的封闭性的矛盾促使教师、学生在掌握确定性知识的同时，努力掌握非确定性的知识与能力。

这其实是一个问题的两个方面。教师希望学生学得多，学生希望自己学得好，但由于多方面因素的制约，教师在课堂上教的知识是有限的，学生学的知识也是有限的。这种矛盾也产生了较为强大的推动力，推动教学不断改革与发展。

主体教学努力克服这种矛盾，解决在传统教学中学生想多学但却学不多的矛盾问题。学生的主体性得到充分发挥后，他们的学习积极性就会大大提高，学习的内容就会大大拓宽，学习的时空就会超越课堂。以教材为基础，但实际上却超越教材，以课堂为平台，但却突破了课堂。

三、主体教学的表层矛盾

（一）教学主体与教学手段之间的矛盾

一是教学主体对教学手段掌握与运用的矛盾，二是教学主体需要与教学手段保障之间的矛盾。

1. 教学主体对教学手段掌握与运用之间的矛盾

这包括教师使用教学手段与外在要求之间的矛盾和教师的要求与学生实际使用水平之间的矛盾。

第一个矛盾是教师使用教学手段与外在要求之间的矛盾。现代教学技术手段发展迅速，这对教师提出了很高的要求，他们应当及时了解、掌握这些技术手段，但其实际水平与这种要求存在着一定的距离。尽管教育行政部门经常进行这方面的培训，但存在的矛盾却是十分突出的。

有些教师对掌握与运用现代教育技术缺乏正确的认识，认为多媒体技术等现代教学技术手段都是一些"花架子"，认为利用它们上课，会使学生学不到真东西，练不出真功夫，因此相当多的教师拒绝学习与运用一些现代教学手段。这种认识影响了现代教学手段的广泛使用，在客观上影响了教学的有效性。

第二个矛盾是教师的要求与学生实际使用水平之间的矛盾。教师对学生利用现代教育技术手段也有一个要求，但学生的实际水平却常常与这种要求有一定的差距，尤其在边远农村地区的学校更是如此。

一些教学管理人员，甚至教师本人有认识上的误区，以为使用了现代教学手段的教学就是现代教学。其实，现代教学的本质不是手段的现代与否，而是学生是否是教学的主体。如果教师处于中心地位，即使使用现代教学手段，学生也是被教师与机器左右着。教学手段帮助教师对学生进行"灌输"，学生面对教师、机器只做一些简单的应答。在这种情况下，学生的主体参与受到抑制。这种教学尽管使用了现代教学手段，但还是传统教学。这里强调的是，衡量是现代教学还是传统教学的一个重要指标是看现代教学手段是谁使用，这包括"只有教师使用"、"以教师使用为主，学生使用为辅"、"以学生使用为主或教师与学生共同使用"几种情况。

教师与学生对教学手段的掌握与运用也是影响教学有效性的重要因素。在主体教学中，不仅需要教师掌握与运用教学手段，尤其是现代教学手段，同时也要求学生掌握与运用教学手段。

2. 教学主体需要与教学手段保障之间的矛盾

笔者在澳大利亚考察学校教育时看到，澳大利亚中小学学校大多都配有能上网的计算机以及教学中需要的各种用具，如秒表、钳子等，学生使用起来十分方便。我国大多数学校的教室设备十分简陋，除了电子阅览室等场所有计算机之外，网络基本上还没有走进我国的教室。在信息化社会对师生在这方面提出较高要求的时候，教学手段保障却存在着较大的差距。笔者在西部一些农村中学注意到，在有近2000名学生的一所学校里，只有一个微机室，里面的机器都是旧的，上网更谈不上。在这种情况下，学生的计算机知识、网络知识可想而知，他们对信息的了解受到严重影响。在一些偏远的山区学校，甚至连电视都没有配备。这种需求与供应保障之间的矛盾目前还是较为严重的。

在配置方面，一些学校先配有硬件，软件的配置往往跟不上要求，计算机行业的迅速发展使配置软件成了这些学校的大"包袱"。手段配置跟不上要求，给学生自主学习、研究性学习造成了许多困难。这就对因地制宜地进行课程资源开发提出了新要求。

3. 解决这一矛盾的策略

（1）重视学生对现代教育技术的运用。

现代教育技术不应该只成为教师展示、表演的工具。如果只是教师使用，或以教师使用为主，那么在这种教学中，学生处于从属、被动的地位，学生的自主性就得不到保证。

主体教学要求现代教学手段以学生使用为主或师生共同使用，从而保证学生在运用现代教学手段方面的主体性。学生要自主学习，就必须学会使用计算机、网络等现代教学手段，这也是学生"学会学习"的重要内容。在我们越来越提倡网络教学的今天，学生对网络的利用成为影响教学有效性的重要因素。

（2）注意运用现代教育技术手段的"度"的把握。

那种认为"使用现代教学手段越多，教学效率越高"的观点是错误的。现代教学手段突破了传统教学手段的"线性限制"，给学生以多方位、立体式的信息影响，但是这也不能把它作为主导性教学手段，它所起的只能是辅助作用。现实的情况却是，它在一定程度上超越了辅助性，甚至成了主导性教学手段。有些教师在教学中片面追求教学的"技术含量"，忽视了教学的艺术性，影响了教学的有效性。课堂上教师不断进行课件演示，一张接一张播放幻灯片，屏幕内容频繁变换，使学生应接不暇。学生对知识的认知十分肤浅，思维也较为混乱。信息过量已经成了一些教师课堂教学的一大隐患。图像、图表、音频、视频等现代教学手段代替了板书、代替了实物、代替了模型、代替了教师的讲解，甚至代替了学生的独立思考，影响了教师主体性，也影响了学生的主体性。

在教学中，应该让学生以"再发现"的眼光探索对于他们而言的"新"知识。而一些教师现代教学手段的过多使用恰恰忽视了这一点，把什么内容都"告诉"学生，他们没有自己体验知识发生过程的乐趣，教学也失去了通过具体知识的"发现"发展学生思维能力的价值。

一要给学生充分的思维独立参与的机会，也就是说，不能因为使用现代教育技术手段而使教学内容易化到不能发展学生思维、智能的程度。那种一味易化教学内容、缩短教学过程的现代教育技术的运用是错误的。二是掌握现代教学手段运用的"度"。在教学中运用现代教学手段的目的是：给学生提供更多的知识信息；使教学更直观，帮助教师更好地教，帮助学生更好地学，实现他们的发展。这里要分析一对关系：理解与思维发展的关系。思维发展是教学中十分重要的任务，发达国家的教学十分重视学生思维能力的培养。近几年，我国主体教学研究也认识到学生思维的参与是教学参与的最主要品质，而这是以学生思维的发展为认识前提的。但教学中的理解是教学中发展学生思维的重要机制。学生的理解，第一需要一定的难度，第二需要一定的过程。目前存在的问题是：一些教师的讲解把什么内容都讲透讲烂了，尤其是现代教育技术手段的使用，更把教学内容十分直观地呈现给学生，学生好像看电视剧似的，不需要动脑筋很容易就理解了；同时，教师的直白讲解与现代教育技术手段的直白使用，缩短了学生理解的过程。这两个问题严重影响了学生思维的发展，这就要求我们把教学手段的使用掌握在适度的范围之内。

(3) 要注意成本问题，这是教学有效性的必然要求。

一些教师使用多媒体教学手段，投入几周的时间进行设计，而在课堂上真正使用就一节课的时间。这其实造成了教学中"高投入低产出"的矛盾，教学的效率受到了严重的影响。还有一个问题是，有些学校投资很多，配置的教学手段却限制使用。例如，某小学微机室的台布上落了厚厚一层灰尘，看得出来好久没有用了。教师告诉笔者说："校长说这些设备很昂贵，大家能少用就少用，能不用就不用。"这就造成了教学资源的严重浪费。因此，一定要提高教学手段的使用率。

(二) 学生主体性的发挥与班级规模过大之间的矛盾

对于班级人数问题，我们对我国现在的班级规模进行统计分析，发现如果班级太大，学生学习的有效性就会受到影响；班级太小，教学的成本就会太高。在过去的主体教学实验中，许多教师设计的主体性活动都因班级规模太大而受到严重影响。一名初一的男同学告诉我，他每出入座位一次，他的同桌就要起立一次，因此，他的同桌每天都给她"发放"出入座位"许可证"。由于班级人数太多，人均占有空间极为有限，给主体参与活动造成了困难。

据了解，发达国家的班级人数是15~25人，而在我国的一些农村中小学，有的班级人数近百，有些城市较好的中小学，班级人数也达到了六七十人。

学生人数多，会在以下三个方面产生不良影响。

第一，学生活动的人均空间受限。我国许多班级学生达到60人左右，他们夹在桌椅与同学之间不能活动。这与国外15~25人的班级规模相比，差距实在太大。这种情况就导致我国的班级教学组织形式更多地采用秧田式，T形、U形、O形等灵活多样的教学组织形式的采用受到很大限制。

第二，影响了学生活动的人均时间，即每个人轮流发言、展示等活动的平均时间。这个时间在我国基本为人均1分钟，班级超过60人的，人均时间不到1分钟。

第三，造成了学生主体参与教学的心理压力。有些学生在课堂上不愿意积极参与的一个原因是怕出现错误被人笑话。笔者指导实验教师进行了一个实验，即把50人一个班的学生分成两个小班开展教学活动，结果教师惊奇地发现，课堂气氛比在大班上课活跃得多，一些原来不爱说话的学生也能够争相发言。这说明班级人数的减少能够减轻学生的心理压力。笔者在澳大利亚进行课堂观察时，发现学生在课堂上能够随心所欲地参与教学活动。他们显得自然、开朗，相比之下，我国大班教学中的学生就比较拘谨。除了文化传统、民族心理特点等原因外，班级规模大是一个重要的原因。

有利于主体教学的班级应该是一个规模适度的班级。班级分组一般以5~7人为宜。以一节课50分钟来计算，发达国家教师的平均话语时间是8分钟，我国主体教学的教师平均话语时间是课堂时间的1/3。$50 \times 1/3 \approx 17$（分钟），$50-17=33$（分钟）。如果学生自主学习占10分钟，讨论占10分钟，还剩13分钟。这样，如果在全班交流中每个小组交流两分钟，所剩时间可供5个组进行交流。$5 \times (5~7)$人$=25~35$人。因此，有利于主体教学的合适的班级规模是25~35人。

目前我国班级规模要缩小，客观上困难比较多。那么在现状无法改善的情况下，我们可以采取以下教学策略。

（1）多采取内在活动，即理解—思维活动。第斯多惠曾经说："发展与培养不能给予人或传播给人。谁要享有发展与培养，必须用自己内部的活动和努力来获得。"外在活动可以利用学校里其他空间资源甚至校外来进行。

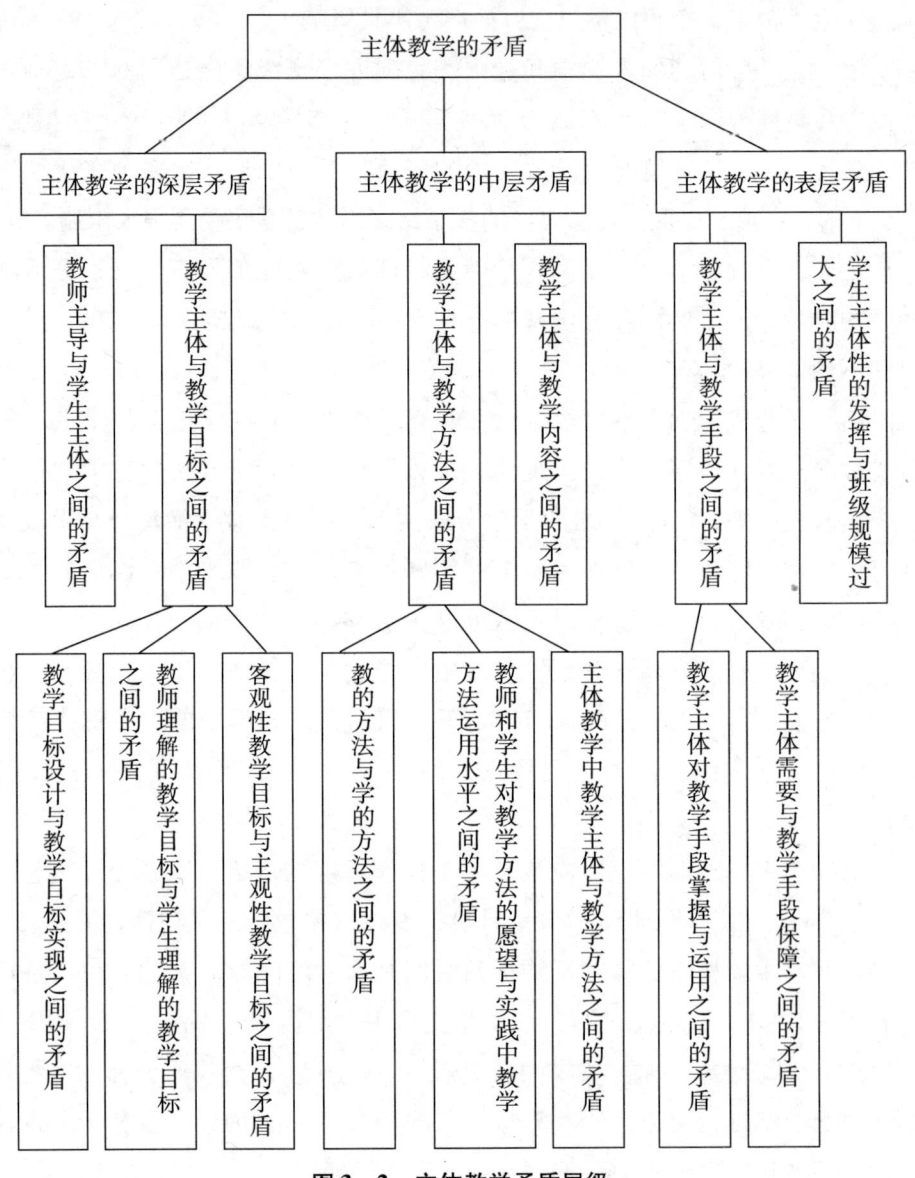

图3-2　主体教学矛盾层级

（2）增加共时性参与时间，即增加学生共同参与的时间，如多进行分组讨论。有些教师上课时经常让个别学生发言，使其他学生处于"等待"状态，这样就浪费了共同的时间。教学的时间对于教学主体而言是十分重要的资源，它既面向全体学生，又面向每一个个体学生，但教学只有对每一个学生产生效果，才能真正具有有效性。因为在教学中每一个学生拥有的绝对时间越长，教学对他们每一个人便越有效。

（3）多采取"减少人数"的活动，减轻学生的心理压力。"减少人数"活动包括分组活动、班级分割活动等，这样可以减轻学生的心理负担。

第四章

主体教学有效性的标准

内容提要

制订主体教学有效性标准时应坚持以下原则。第一,坚持教学正确的方向原则。主体教学正确的方向包括发展性与主体性两个主要方面。第二,坚持教学过程的适度开放民主原则。第三,坚持追求教学过程的高质量原则。这里"高质量"的内涵主要有整体性、简约性和差异性三个方面。教学目的、教学内容、教学过程、教学控制、教学结果是制订主体教学有效性标准的维度。主体教学有效性的指标体系包括教学目标结构、教学内容结构、主体参与结构及教学管理结构。教学目标结构包括教学目标的设计、教学目标的陈述、学生对教学目标的理解及教学目标的实施。教学内容结构包括教学内容的设计、教学内容的展开与生成、教学内容的开放、教学内容的完成。主体参与结构包括学生对教学的投入、教学互动、教学合作、学生在教学中的自主探究及师生的情感参与。教学管理结构包括教学反馈与教学评价。

在国外，近五十年来，许多研究者和负责教师发展和评价的人员寻求制订评价有效教学的标准，但是关于哪些行为能构成有效教学这一问题，研究人员达成的共识很少。长期研究课堂的美国专家鲍里奇教授认为，有效教学包括至关重要的五种关键行为：清晰授课——教师在授课过程中讲解清楚不含糊，使要点明确且易于理解；多样化教学——教师能多样地、灵活地呈现教学内容，而丰富教学且能让学生积极参与的最有效的方法就是提问；任务导向——把多少课堂教学时间用于教授教学任务规定的学术性学科；引导学生投入学习过程——让学生参与学习过程的关键不在于学生而在于教师，教师能否让学生参与教学是有效教学的一个指标；确保学生成功率——学生理解和准确完成练习的比率。[125]赫斯特通过课堂研究认为，有效教学的基本条件有三：学生不仅学到了教师传授的大部分学科知识，而且学到了其他知识；课堂活动结束以后，学生还在继续研究和探讨教学内容；不是强迫学生学习，而是学生渴望学习。[126]研究人员共同认为：尽管学科不同，但是关于有效教学的描述至少在一些标准上存在着普遍特性，即教学富有热情、讲解清楚、师生互动。研究人员也认为教学是多维的，即使这些标准在不同的教学环境和不同的训练方法中会发生变化，但是它们从某种程度上说是一致的。[127]在制订评价有效教学的标准之前必须了解什么是好的教学，其中与教师教学技能相关的有六项：第一，明白自己的教育教学；第二，教学热情；第三，以任务为导向进行教学；第四，教学策略；第五，和学生进行互动；第六，善于使用有趣的问题。[128]在我国，近几年也进行了教学有效性标准方面的研究。这些研究及其观点对我们进行主体教学有效性标准的深入研究具有一定的启发作用。

第一节 制订主体教学有效性标准的原则

本书遵循教学主体—教学目标—教学过程—教学氛围—教学结果这样的逻辑思路制订主体教学有效性标准的原则。

一、坚持教学正确的方向原则

坚持正确的教学方向是保证主体教学有效性的前提,主体教学正确的方向包括发展性与主体性两个主要方面。

(一) 发展性

发展性是从教学目的的角度考虑教学有效性,保证主体教学的效益;既是教学有效性的着眼点,也是其落脚点。

人具有一定的发展性,而动物具有一定的循环性,发展性是人与动物的重要区别,因此,发展性是人的一个本质特点。发展性原则是主体教学一条十分重要的原则,是教学效益的体现。教学倘若实现不了学生的发展,就说明它是缺乏有效性的。Paul Lunn 等对 75 名被培训的教师进行了问卷调查和访谈,当问到"作为一名老师对你来说意味着什么"时,大多数被访者认为,作为教师,要有能力为学生创造一个乐学的家园,要使学生每天在学校里感到快乐。他们认为,教师不仅要让学生在学校里学习,而且要让学生感觉到自己的发展潜力和社会价值。[129]

当教师心里装着学生的发展,把学生的发展放在十分重要的地位时,就会从多元教学目标出发进行教学,而不只是传授知识,这是学生全面发展的前提。在学校,"学生的书包负载越来越重,休息时间越来越少,心理压力越来越大,许多学生经常处于紧张、焦虑乃至厌恶的情绪之中,其结果是学校不仅没有成为学生赖以成长和发展的精神家园与生活乐园,反而成了遮阻学生潜能、伤害学生自尊、压抑学生个性、扭曲学生人格的场所"。[130]在这种情况下,我们坚持发展性原则显得尤为重要。

发展性是有效性的重要标志与特点,或者说是有效性的核心内容。我们所处的社会与时代具有鲜明的发展性,它对人的发展提出了很高的要求。传统教学不重视学生的发展,所培养的学生不能很好地适应社会发展要求。人生的过程就是发展的过程,教学正是要培养他们不断发展的精神,这也正是终身教育的基本理念。主体教学更加强调学生的发展。发展性是由主体教学的目的所决定的,其目的就是要培养学生的发展意识、发展能力与发展精神。

发展性决定着有效性教学的性质与方向，决定着教学方法、教学组织形式、教学手段等。这一原则统领教学的一切环节。与课堂教学"有效性"相对应的是课堂教学的"低效或无效"，从学生角度看，就是没有发展。所以高效的教学就是使学生获得充分发展的教学，内容包括知识技能、情感态度、价值观的和谐统一发展。[131]教学是学生的一种生活方式，但与一般的生活相比，教学具有很强的发展性，主体教学更是如此。如果教学失去了实现学生发展的目的，它就没有任何存在的意义。衡量教学是否有效的一个重要标志就是看教学对学生发展的作用与影响。怎么使学生获得发展是人们一直思考的问题。我国传统教学以知识的传授为主要目的，致使它严重影响了学生的发展。科学发展观、正确的知识观以及由此产生的先进的教学目的观、学生观、教师观、教学过程观、教学评价观等都将影响教学的有效性。

教育是一种成人与儿童交往的特殊的生活方式。但是，历史上在对这一生活方式加以理解或规范时，不断出现用成人的一般理解去附会儿童的现象，这是一种"成人霸权"。在卢梭之前，人们将儿童当成"小大人"，卢梭已明确提出了批判，并要求还儿童本来的地位，这是一个巨大的进步。杜威也表明要真正树立儿童的中心地位。他的成就是指出了教育这种生活方式的独特的社会伦理价值。但是，在本质上它仍然是一种成人霸权，因为他把那种美国成人社会的民主理想强加于儿童。各种成人社会中通行的价值也许是儿童最终应掌握的，但考虑到儿童发展的阶段性，必须考虑到儿童的实际情况。[132]

（二）主体性

主体性是主体教学的基本原则和原动力，是主体教学有效性的最重要保证。

现代哲学、现代心理学都十分重视人在活动中的主体性。"只有把握教学活动的主体性特质，才能从根本上真正解决教与学的关系问题。"[63]43我们关注主体性问题，其实也就是关注教与学的关系问题。近现代研究教学的专家们由于价值取向的不同以及对教学基本问题的不同理解，提出了不同的关于教与学关系的观点。教与学的关系其实就是教师与学生分别扮演什么角色，发挥什么作用。从宏观角度而言，主要有主客体论、双主体论、主导主体论等见解。近些年，西方教学论思想对我国教学研究产生了很大影响，这对我国现代教学的发展产生了深远影响。现在，学生在教学中是主体，教学中应当发挥与发展他们的主体性已经成为人们的一种共识。因此，主体性是现代教学的重要特点，是主体教学的一条基本原则。

主体性发展是学生发展的核心内容，它的发展又引领其他方面的发展。学生参与教学的过程，正是诉诸他们的主观意识，诉诸主客体相互作用的总体性活动。人的发展就是主观与客观、自由与必然、个人与社会以及人与自然的统一，而这都取决于人的主体性作用的发挥。在主体教学中，一些不合理的做法使学生主体性结构的发展出现了异化，影响到主体教学有效性结构的发展也出现异化，影响了主体教学的有效性。我们现在强调主体教学有效性就是要改变这种异化的秩序，使学生的主体性在合理的轨道上发展。为了实现主体教学有效性，我们必须建立一个有利于学生主体性发挥与发展的教学结构。

首先，主体性是主体教学的原动力。

目前，在教育系统内部，人们主体性发挥得仍不充分，尤其是学生的主体性没有得到有效的发挥，这是我国基础教育存在的突出问题。[133]对山西阳泉一所中学1617名初中学生进行的厌学调查结果显示，有57%的学生不能融入学校生活，55%的学生对学习缺乏兴趣，45%的学生没有明确的学习目的，缺乏渴望学习的需要，这其中又有14.5%的学生抱怨学习太苦太累。[134]这些都表明教学中学生的主体性缺失，缺少足够的学习动力，教学的有效性不能得到保证。

我们在课堂观察中发现，教师讲授得多，学生主体实质性心智参与的机会就相对较少。学生在教学中较被动，缺乏学习的积极性和热情，缺乏活力。被动的学生是谈不上有学习动力的。我们在教学实验中还发现，给学生主体参与的机会越多，他们学习的积极性就越高。反复的教学实验使我们得出这样一个结论：主体性是学生在教学中发展的不竭动力。辩证唯物主义告诉我们，内因是事物发展的根本动力。学生的主体性就是学生发展的内驱力。

主体性首先确保学生在教学中的主体地位。学生只有对教学活动具有一定的支配和控制能力时，才会具有一定的参与活动的自觉性。这是他们产生学习动力的根本。只有自主的，才会是自由的。一个在教学中失去自由的学生，他们的动力将十分有限。同时，学生在教学活动中的动力也受他们对教学活动态度与能倾性的影响。

主体性还确保学生在教学活动中态度积极，能使学生的活动具有一定的目的性、方向性和程序性。这决定着他们在活动中自给力的大小。

主体性同时确保学生在教学活动中具有一定的自为性、探究性。我们在课堂观察中发现，但凡学生独立探究的学习活动，他们都能聚精会神、乐此不疲地探索、求新。创造性可以使学生不断实现对自我的超越，使他们体会到作为主体的最大乐趣。人人都具有创造潜能，主体性确保学生创造力的发挥，满足他们的好奇心、探究欲，这是他们学习动力的保证。

其次，主体性的心理学原理要求发展与发挥学生的主体性。

皮亚杰认为，儿童知识的形成是主体和外部世界在相互作用中，通过同化和顺应引起个体认知结构的变化，从而达到认知上平衡的结果。布鲁纳认为，知识的学习即是在人脑中形成一个知识结构，然后通过编码系统表现出来。使编码系统的概念不断概括和深化是学习的基本过程。奥苏伯尔认为，有意义的学习就是新知识与学习者认知结构中已有的适当观念建立起非人为的和实质性联系的过程。当代建构主义心理学认为，学习并不是信息的简单积累过程，而是学习者自己建构知识的过程。学习过程不只是信息的输入、存储和提取的过程，更重要的是新旧经验间相互作用的过程。人本主义心理学家罗杰斯认为，有意义的学习包括四个要素：第一，学习具有个人参与的性质，即整个人（包括情感和认知两方面）参与其中；第二，学习是自我发起的；第三，学习是渗透性的；第四，学习是由学生自我评价的。我国心理学界也十分重视对学习有效性的研究，认为有效的学习必然是学生积极建构自己新的认知结构、能力结构的过程，为课堂教学改革提供了重要的心理学依据。中外心理学的研究成果表明，发展与发挥学生的主体性，是教学有效性最根本的保证。

再次，培养学生合理的主体性是主体教学的根本目的。

早在20世纪90年代，我国就已经从理论和实践两方面对主体性教育展开了研究。随着研究的深入，培养和发展学生的主体性越来越为人们所关注并接受。主体性由一种教学理念逐渐具体化为一种重要的教学策略。随着新课程改革的推进，培养学生合理的主体性又成为我国教学的一个目标。并且，从国家确立的课程标准的内涵看，主体性已经成为教学要努力达到的重要目标。

但是，"主体作用的发挥有正向和负向之别，符合社会需求的主体作用为正向，反之为负向。正向主体作用的充分发挥，有益于社会，有益于他人，也有利于个人的成长；负向主体作用的发挥，往往产生许多负面影响，其恶性膨胀，则会影响社会和个人"。[135]在全国首届主体教育理论研讨会上，许多与会专家认为，主体性中包括了社会适应性，人要努力成为主体，发挥主体性，必须要处理好与外界（包括与他人、与社会）的关系。社会适应性强的人，表现出好的合群性、利他性和社交能力。还有学者强调了主体的社会性问题，把它作为主体的基本属性之一单独列出，认为主体的社会性主要体现在以交往为特征的社会实践活动中。主体的社会性的特点：一是整体和谐性，二是不断地与交往主体共同构建。个体主体性的发展需要主体的社会性作保障，只有充分发挥主体的社会性，个体主体性的发展才不会走入歧途。[133]因此，有效的主体教学必然提倡合理的主体性。

主体教学要构建以在教师的引导下学生的自主认识为前提，以课堂的情意表现为保障，以"交往—互动"为机制，以活动为基础，以学生的主体参与为载体的教学结构系统，主体教学要构建"认识—交往—活动—参与—互动"的教学局面。这个结构中任何一个因素的缺失都可能会影响整体教学的效果。这个结构必须是系统的、动态的、开放的，各种因素之间必须是互动的。主体教学中，要充分发挥学生的主体性，实现教学的有效性，就必须给学生一定的自由空间，必须保证他们有足够的自由学习的时间以及在实践中进行学习的时间，唯有如此，才能保证学生的自由发展。

二、坚持教学过程的适度开放与民主原则

（一）开放性

开放性是从教学与外界的关系的角度提出的原则，是主体教学有效性

的供给保障，使主体教学更具生活性、时代性、社会性。

开放性是当今时代的重要特点，也是社会的主旋律。我们要通过教学培养开放性人才以适应社会与时代发展的需要。开放性人才的特点表现为对信息的敏感性、视野的开阔性、工作的开拓性和学习的探究性。可以看出这些特点有一个重要的共同点就是主体性。封闭的课堂是培养不出开放性人才的，为此课堂教学必须具有开放性，主体教学更应如此。我们要通过开放的教学活动培养"能改造现存世界的人，也即是具有实践意识与实践能力，能够超越现实世界和现实社会的人"[136]。为此，主体教学应具有鲜明的开放性。

主体教学中，教学过程的开放性指教学活动广泛的参与性、教学交往的持续连贯性和教学过程鲜明的实践性。只有广泛的参与，才谈得上教学对全体学生开放。如果设计的教学活动，学生没有兴趣参与，或因为内容难度太大没法参与，从而游离于教学活动之外，这就等于把学生阻挡在了教学活动之外，也就等于教学活动对他们而言是封闭而非开放的。教学交往的一以贯之也是教学开放性的重要方面。如果学生在课堂上是"独学"，缺乏互相沟通、交流、研讨，则教学对他而言具有封闭性。一位教师告诉我，有的学生学习好，时间抓得紧，一些学习比较差的学生向其请教问题都被拒绝，这就不是开放的态度。"教学相长"，学习好的学生为学习差的学生讲解问题时，他自己对问题的理解也会加深，对原理、规则、公式的记忆也会加深，这是在另一个层面上的学习。教师一定要引导学生，使他们在教学中能够互相帮助、切磋交流。教学过程的开放性要求理论与实践必须紧密结合。若只有理论学习，就理论学习理论，教学就是封闭的教学；如果与实践结合起来，教学就会与解决问题结合起来，与实际生活、生产活动结合起来，教学就会更开放更生动，课堂问题就会更直观，易于激发学生的学习潜能。

开放性是主体教学有效性的一个重要前提。在开放性课堂上，学生既可以学到确定性知识，又可以学到非确定性知识。他们可以带着问题走出课堂去观察、去研究。班级的界限会被逐渐打破，实现年级范围内、全校范围内甚至校际之间的合作学习与交流。指导教师也会从单一走向多元，学生可以从更多的教师那里学到不同的东西。尤其在我国，班级规模都比较大，学生的活动受到空间与时间的限制，这就更宜提倡课堂教学的开放性。因此，课堂的开放性是教学有效性的重要前提之一。

主体教学需要一个开闭有度的教学过程结构。教学在过去很长时间里很封闭，影响了其时代性、社会性。主体教学提倡教学的开放性，但开放的度如果把握不好，也会影响教学的独立性、有效性。教学的封闭性确保教学结构体系的严密，确保教学排除干扰，保证其内部运行的独立性。教学的开放性确保教学能够不断吸收新知识、新方法，能够及时与外界进行沟通交流。教师在教学中应做到开放性与封闭性的有机结合。对于教学系统而言，应把向内的结构把握与向外的交流吸收结合起来；对于学生而言，应把向内的认识实践与向外的对象性认识实践结合起来。既把教学看做是社会系统中的一部分，又把教学看做是一个独立的组织系统。教学必须保持自己运行的规律性、自主性；教学也必须按照社会的要求运行。教师既要把学生看成是社会以及学习团体中的一员，学生之间相互交往、借鉴学习；也必须把学生看成是一个具有鲜明个性的独立个体，学生应保持自己的个性，自立自强。

如果教学中的开放没有边界，教学就会漫无边际。在一些发达国家的教学中，教师重视发挥学生的自主性，经常采用研究性学习，但开放的边界也是很明显的。一是限制主题。教学中有一个明确的主题，学生的学习在一节课内始终围绕同一个主题展开。二是限制时间。教师把学生的自主研究、自主学习控制在一定的时间范围内，如20分钟或30分钟，这段时间结束了，教师会把学生集中起来进行交流讨论。三是限制空间。教师会要求学生在教室、图书馆或微机室搜集信息，进行自主学习研究。这说明即使是发达国家的教学，也在开放之中有封闭。我国的一些教师面对开放性要求无所适从，有些人误以为放开不管就是开放，也有些人认为把学生带出课堂就是开放。显然，这都是对开放的片面认识。

开放性包括教学主体的开放性、教学设计的开放性、教学内容的开放性、教学时空的开放性、教学方法的开放性以及教学评价的开放性。

① 教学设计的开放性。教学设计的开放性有助于调动学生学习的积极性，有利于使教学在运行过程中更加符合学生的实际情况，从而使教学更加有效。心理学的研究表明，年龄差距是决定人与人之间距离大小的一个

重要因素。年龄差距与心理距离成正比,年龄差距越小,心理距离就越小。学生是同龄人,他们的思想情感是十分贴近的。教师可据此特点调动学生团结协作参与教学设计的积极性。

案例4-1

有位教师对人教版九年级上册第23课《世界文化的杰作》进行教学设计时,采用了学生的建议,课初播放李克勤的歌曲《红日》创设教学氛围,并抓住"命运就算颠沛流离,命运就算……心酸更不应舍弃"这几句励志歌词,引出贝多芬不向命运低头,与命运抗争,在失聪后克服困难创作《命运交响曲》等多部交响乐的教学内容。由于歌曲是学生喜欢的,很快就调动了学生主动参与的积极性,收到了比直接用贝多芬的《命运交响曲》导入好得多的效果。

② 教学主体的适度开放。这是指教学可以随时吸收更多人的智慧,除了固定的教师以外,学生可以请教其他教师,请教各行各业的专家;除了与本班学生交流以外,他们还可以与同一年级、同一学校的学生甚至其他学校的学生进行交流。这可以使学生学会向更多的人学习,同时也可以锻炼他们的交往能力,这是主体教学有效性的重要表现。

③ 教学内容的适度开放性。教学内容的开放是指在教学中应把确定性知识与非确定性知识结合起来,课堂教学要及时补充新知识、新信息。封闭的教学内容可能是陈旧的、有限的教学内容。在教学中如果信息量有限就会使学生的眼界受限。教学内容的开放性使学生在学习确定性知识的同时,学到一些非确定性知识,增大信息内存。不断更新的知识是教学与时俱进的体现,学生可以利用新的知识解释与解决新的问题,从而确保教学的时效性。

④ 教学时空的适度开放。课内没有解决的问题,学生在课外解决;学生在课后实践课堂学过的理论知识,在家里按照教师的要求学习,这都是教学时空延伸的体现。教学时空延伸到课堂以外,不是教学时空简单地加长,而是主体教学有效性的具体体现。倘若学生课后厌学、弃学,则说明他们的主体性没有被调动起来,也说明主体教学是低效的。现在提倡学生

自主学习与能动探索，这就要求对教学时空进行必要的延伸。

⑤ 教学方法的适度开放。它是指教师能够不断进行教学方法的创新，能把新的技术手段、新的教学组织方式及时引进到教学中来。学生的学法也应不断进行创新，学生之间在学习方法方面应不断进行交流。

（二）民主性

民主性是从教学中人际关系的角度提出的，为保证主体教学有效性提供良好的氛围。

我们把课堂教学放在什么样的氛围里，用什么样的人际关系开展教学，都会直接影响教学的有效性。在缺乏民主的课堂里，教师以权威自居，不尊重学生的意见，教学气氛不融洽，学生唯命是从，被动参与，他们所完成的更多的是对知识的机械理解与记忆，谈不上多元教学目标的达成。在这种情况下，现代教学理念下的教学有效性就无从谈起。Dennis L. Jackson 等在 1985 年秋到 1994 年春，对 7972 个班级的学生进行了调查，了解他们眼中的有效教师。从调查结果可以看出，学生们认为有效教师首先要建立和谐的师生关系，教师要尊重学生，关心学生在学习中的进步，这样学生在课堂上才能自如地回答问题和发表自己的见解，这样的教师才能得到学生较高的评价。其次，教师要认真组织和设计课堂教学活动，备课不认真、传授知识模糊不清、教学方法不当的教师得到的学生评价较低。[137]

教学民主可以保证学生在教学中的自主性、能动性与创造性。教师要提高课堂效度，就要给学生多一些自主的时间与空间，使他们可以独立思考、独自钻研、大胆探究、积极讨论、民主抉择。教学民主可以保证教学友好、融洽的氛围，使学生愿意积极参与教学。如果是民主的氛围，学生往往表现出"向师性"态度，他们能够与教师主动配合、积极参与；如果是专制的氛围，学生常表现出"逆师性"，他们会对教师及教学消极对抗、情感戒备、思想游离，严重影响教学有效性。因此，课堂是否民主决定着学生的活跃性，决定着学生参与的积极性，决定着学生自主性、能动性、创造性的程度，最终决定着主体教学的有效性。

三、坚持追求教学结果的高质量原则：整体性、简约性、差异性

这里"高质量"的内涵主要有整体性、简约性和差异性三个方面。

（一）整体性

整体性是从系统论的角度提出的原则，包含全体性、全面性、系统性三个属性。

全体性是衡量教学有效性的一项重要指标。如果主体教学只是实现了少数学生的发展，其有效性就会大打折扣。因此，主体教学有效性必须是全体学生的有效性。在过去的主体教学实验中，我们发现了一个较为普遍的现象，那就是少数学生主体参与得多，多数学生主体参与得少。在分组讨论中，个别学生独霸话坛，其他学生没有机会发言或不愿意发言。有一位初二的学生告诉我："每次讨论就那么一两个人抢着说话，让人扫兴，我索性就懒得说话了。"在教改实验区，这种情况也较为普遍。有效性必须建立在教学公平的前提之下。许多学生缺少参与的机会，教学就有失公平。我们现在提倡的是大众教育，而非精英教育。大众教育是全体学生都得到发展的教育。对教师而言，必须面对全体学生，而非少数优秀学生。有研究发现，面向全体学生的教学比面向个人的教学更有效，是因为在面向全体学生进行教学时，教师有机会面对每位学生，可以和每位学生进行交流。而在个别辅导时，教师只和少数学生交流。师生互动是教学成功的一个很关键的方面。在面向全班学生的教学中，教师可以根据学生的听课状况变化教学活动内容。[71]29

系统性是整体性的重要内涵，也是系统理论在教学中应用的重要体现。教学中的行为都是系统中的行为，任何一种因素的变化都会影响其他因素的变化。这主要包括教学目标与教学结果的一致性、内容的相关性、方法与手段的匹配性、评价的生成性与结果性的结合。

教学目标与教学结果的一致性。教学目标的设计就是为了据此开展教学过程以便最终实现与之相符的教学结果。如果教学结果与教学目标相去甚远，教学有效性就会受到一定的影响。教学目标与教学结果产生差距的

原因，一是教学目标设计太高，脱离了教学实际；二是教学过程随心所欲，没有按照教学目标开展；三是教学目标设计太低，教学结果在达成度上高于教学目标的预设。这几种情况都会影响教学有效性。教师应尽力避免这些情况的出现。

内容的相关性是指在一个教学片段之中，教学的主题应该较为集中，它们在内容上应该具有相关性。一些教师在教学中常常海阔天空、离题万里，这是不可取的。

方法与手段的匹配性主要指教学方法与教学手段和教学内容与教学主体的匹配，以及教学方法与教学手段之间的匹配。教师在教学中可能会使用几种教学方法和手段，这些方法和手段应该协调、匹配，否则就会影响教学有效性。

教学评价的形成性与结果性的结合是指系统性的教学评价是过程评价与结果评价的结合，二者缺其一都会影响教学的有效性。

（二）简约性

简约性是从经济学角度提出的一条原则。现代企业十分重视投入与产出的比率，现代教学也是如此。教学中的可用时间是一个定数，但时间结构却是个变数。教学时间结构由教师使用时间、学生使用时间以及师生共同参与使用时间组成。使用的时间少、效果突出，效率就比较高。这有两个方面的含义：一是减少教学时间，使用较少的教学时间收到更好的教学效果；二是减少教师使用的时间，增加学生主体参与的时间。由于目前一节课的时间是定数，不能因为提前完成教学任务而提前下课，因此减少教学时间这一点没有实际意义。对主体教学而言，我们主要强调减少教师使用的时间，增加学生主体参与的时间。就目前存在的实际问题而言，提高主体教学的有效性，就应减少理论讲授时间，增加学生实践时间；减少教师讲授时间，增加学生自主学习时间。过去我们一味强调"教师讲得越少越好"，从教学有效性的角度来看并非完全如此，应该根据具体情况确定合理的教学时间结构。教学内容的难易程度是影响教学时间结构的主要因素。如果教学内容难，则教师可以多讲；如果教学内容简单，则教师可以少讲。针对我们教学班级太大的客观情况，为了让学生更多地参与教学，可以采取阅读—思考、分组讨论、研究性学习等教学方式。

教学中的节约性指教学资源的节约，包括教学空间资源的节约以及教学手段资源的节约等。我国由于学生人数多等原因，教学空间资源相对紧张，应想办法充分利用现有的空间资源。学校的图书馆、阅览室、计算机房、体育馆以及其他可利用的空间都应尽可能向学生开放。从教学手段资源而言，多媒体等现代教学手段要用，但首先应该使传统的教学手段资源得到最大限度的利用。

教学中的简洁性是指有效的教学应该是简洁的，这包括教师话语的简洁、教学方法的简洁以及教学组织形式的简洁。我国教师话语时间一般都在半小时以上，而澳大利亚教师平均话语时间是七八分钟。相比较而言，我国教师的话语时间比较多。简洁的教学话语可以给学生留下"思考—理解—想象"的空间。从美学的角度而言，语言的简洁也是一种美，是学生学习的一项内容。板书也是教学话语的重要内容，简洁的板书可以收到良好的教学效果。但一些教师几乎放弃了这种手段，不论什么课都采用多媒体教学。教学方法的简洁是十分重要的，能用简单方法解决的问题，就不用复杂的方法。教学组织形式的简洁也影响教学有效性。我们在教学观察中发现，有些教师逢课就要分组讨论，不考虑教学内容的实际情况。一节课的教学组织形式不宜太多，否则就会成为形式主义，不利于教学有效性的实现。

（三）差异性

差异性是从心理学角度和学生心理角度提出的原则，决定了主体教学的适应性，保证了学生参与教学的积极性；如果教师的教学不考虑不同学生的个性特点与实际需要，不进行因材施教，主体教学的有效性就会受到影响。我国传统教学是看不见学生个体的教学，个体往往被淹没在群体当中。教师如果总是面向全体，在教学中缺乏层次，缺乏分类指导，总是在不分难易程度的活动中进行自己的教学，就很难确保全体学生都能实质参与，教学有效性就会受到严重影响。教师在面向全体学生的同时也必须面向每一个个体学生，这样教学才会具有强烈的人文关怀，才会充满生命的活力。主体教学注重调动每一个学生参与教学的积极性，而教师的教学智慧也恰恰就在于此。

为此，教学就应该充分考虑学生的差异性，考虑教学目标的层次性、教学方法的灵活性与教学评价的多样性。教师根据每个学生的个性设计与开展自己的教学活动，调动每一个学生的积极性，培养、发挥他们的主体性，使每一个学生都有机会、有能力参与教学活动，如此，教学就会有充分的动力，教学有效性就能得到保证。

第二节　主体教学有效性标准的维度分析

主体教学有效性标准的维度就是我们在考虑这个问题时所选取的角度。这个角度的选取反映了研究者对现代教学、主体教学的一种理解。

一、确定主体教学有效性分析维度的必要性

（一）主体教学有效性分析维度的确立是分析指标体系的基础

一般而言，各种质量指标体系有一级、二级、三级甚至四级之分。质量指标的选用取决于行为的复杂程度与可操作性。考虑到教学行为较为复杂，一级、二级指标均难以全面反映教学的真实情况，四级指标层次又太多，划分过于细致，不易操作，因此我们赞同层次较为分明且又不十分烦琐的三级指标体系。我们确定的维度是一级指标，它是二级、三级指标的基础，决定着二级、三级指标的建立。这一维度是我们分析问题的着眼点和着力点。

（二）主体教学有效性分析维度的确立可以为我们提供审视主体教学有效性的最佳视角

我们选择维度，就是选取分析问题的视角。任何一种事物或行为都可以从多个角度去看待和评价。"横看成岭侧成峰"，角度不同，效果各异。从哪些角度和方面去评价主体教学的有效性会影响人们对主体教学的基本

判断。前几年进行主体教学实验时，一位教育局局长执意要用考试的办法检验实验效果，这就说明这位局长缺乏改革意识和对主体教学本质的把握。笔者也曾与一些中小学校长交谈，有校长反映"主体教学实验班的学生管理是全校最头疼的事"，显然这位校长心目中的好学生是"听话的学生"。当学生有了主体性的觉醒时，他认为这给学校管理带来了麻烦！角度虽然有别于标准，但对一些人来说，角度就等于标准。正因为如此，选取的视角合理，就更容易产生正确的评价。我们在制订主体教学有效性指标体系之前，应首先选择好角度，而确定的维度将是我们认定的评价主体教学有效性的最佳角度。一个维度代表一个角度，维度具有一定的统整性。

（三）主体教学有效性分析维度的确立有利于教师树立科学合理的教学分析观点

确定主体教学有效性的维度，首先需要从静态、动态角度搞清楚影响主体教学有效性的主要因素是什么。我们在分析与综合的基础上，确定影响主体教学有效性的基本方面或宏观层次的基本因素。建立在基本因素上的维度或一级指标可以给教学提供一种指导，即我们需要重视什么，可以从哪些方面入手解决问题。我们在调查中发现，不同的教师观点有所不同，在认识角度和水平上均存在差距。有些教师从静态的角度看待问题，缺乏动态的观点；有些教师从单一的角度分析问题，缺乏系统的观念；有些教师认为教学目标关键；有些教师认为教学管理重要。这其实都是不同教学观的反映。确定影响主体教学有效性的基本方面或宏观层次的基本因素有利于教师树立科学合理的教学分析观点，这是确保主体教学有效性的前提。

主体教学有效性标准维度的确定也便于我们深刻理解主体有效性。一级指标是上位的概念，概括性较强，含义十分丰富。对于教师而言，有必要搞清楚教学行为的内涵，便于我们用分析的眼光看待理念，同时又用综合的观点对待教学。

二、确定制订主体教学有效性标准维度的方法

我们应根据分析教学有效性的因素来制订主体教学有效性标准的维度。

有学者指出,"教学活动是多种因素参与的活动,其中最基本的要素是活动主体(教师、学生)、活动客体(课程或教材)和中介手段(教学手段)。教师、学生、课程、教学手段可以看做是内在地规定了教学活动空间结构的四个维度。教学有效性不仅受这些参与因素的影响,而且也受这些因素相互作用方式的制约"。[138] 除了"不必言说"的因素之外,从逻辑上分析,这个观点主要强调课程与活动,其实从教学的角度讲,它主要强调教学内容与学生的参与。

有学者把影响教学有效性的因素归结为背景性要素(或基础性要素)和过程性要素(或实践性要素)两大类别,八个基本要素或机制。情境、个性属背景性要素系统,动机、选择、建构、应用、计划、评价属过程性要素系统。[22]69-70 这个观点强调主体参与教学管理。

还有学者认为,影响小学数学课堂教学有效性最主要的因素有五个:目标达成的有效性、主体参与的有效性、知识建构的有效性、师生互动的有效性和学生发展的有效性。[139]

有学者认为,影响课堂教学效果的因素如下:第一,学习材料和学习任务;第二,学习者的个别差异;第三,学习者的主动性与积极性;第四,教学方法;第五,教师的素质;第六,适当的现代媒体和技术。[13]49-52 这里强调教学目标与任务以及主体参与。

笔者对关于影响教学有效性的因素的 15 篇论文进行了分析。从统计情况看,与教学有效性有关的因素共有 34 种,但就大的方面来说,主要有教师对教学目标的把握、教学内容、学生的积极参与、教学管理等几方面。

有学者认为应当从教学目标、教学活动、教学能力、教学反馈、教学组织与管理五个方面考虑教学有效性的标准框架。[11]105 这个维度存在着明显缺陷。教学活动是教学的总称,不宜与教学目标等并列。教学能力体现在动态的教学行为之中,它是影响教学有效性的隐性的而非显性的因素。教学反馈应作为其中的一个因素包含在教学组织与管理之中。

以上这些观点,对我们确定主体教学有效性维度很有启发。我们认为,应当从教学目的、教学内容、教学参与、教学管理、教学结果等方面考虑主体教学有效性标准制订的维度。

三、制订主体教学有效性标准维度分析

教学基本的要素是确保教学有效性的主要因素。这些因素在教学整体系统中都会变成活性因子，否则就难以实现教学有效性。这些因素相互组合，形成一个动态的系统，构成完整的教学活动。

教学有效性是教的有效性与学的有效性的统一，没有教的有效性，也谈不上学的有效性。但教的有效性必须体现在学的有效性上。主体教学的有效性也是这样。一些学者更多地从教师教的方面考虑教学的有效性，这是因为他们认为教师是影响课堂教学有效性最重要的因素。本研究认为，主体教学旨在调动学生的积极性，学生的参与程度是影响教学有效性的关键因素。学生参与的机会是教师创造的，或者说是教师与学生共同创造的，因此我们在确定主体标准维度时应当从教师与学生两个方面进行考虑。

教学目的、教学内容、教学参与、教学管理、教学结果这五个维度都是从这两个方面考虑的。在主体教学看来，教学目标是教师与学生共同确定的；教学内容在开放性课堂教学中，也是教师与学生共同生成的；主体参与也是教师与学生共同的参与，缺少二者中的任何一方都不是教学中的主体参与；管理也是教师与学生共同的管理，尤其在主体教学中学生的自我管理显得更为重要。

确定主体教学有效性标准的维度可以基于这样的认识：一是系统的观点，结构的观点；二是动态的观点；三是有效性的观点。从行为科学的角度来看，人的行为结构包括行为目的、行为内容、行为过程、行为控制、行为结果。教学作为一种行为，亦主要包括这几方面的内容。这些就是我们制订主体教学有效性的维度。

（一）教学目标结构维度

目标结构维度是教学中的起点或者说是原点，统领着整个教学，在教学中起价值导向的作用，同时也反映着社会、学校、教师的价值取向。

我们不论从哪一个方面评价教学，都必须首先看它的目的。这就要求教师必须搞清主体教学的教学目的、目标到底是什么。不只是看目标的设

计，还必须看目标在教学中贯彻的情况以及教学结果与教学目标的符合程度。教学目标是教师专业活动的灵魂，也是每堂课的方向。

规范的教学目标应该包含四个要素。

① 行为主体必须是学生而不是教师。因为判断教学有没有效益的直接依据是学生有没有获得具体的进步，而不是教师有没有完成任务。

② 行为动词必须是可评价的，具体而明确的。例如，有位教师把《海燕》（高尔基）这篇课文的教学目标确定为"培养学生革命的大无畏精神；提高学生的写作技巧"。这种提法不仅主体错位，而且目标过于笼统庞大，缺乏可操作性，因此很难对"革命的大无畏精神"培养了没有和"学生的写作技巧"进步了多少作出客观评价。

③ 行为条件是指影响学生学习结果的特定的限制或范围，为评价提供参考的依据。如"根据地图，指出我国的首都北京"、"通过这节课的学习，了解'环境保护要从我做起'的道理"或"在10分钟内，学生能完成15道简单计算题"等。

④ 表现程度指学生学习之后预期达到的最低表现水准，用以考量学习表现或学习结果所达到的程度。如"就提供的第一道应用题，学生至少能写出3种解题方案"、"通过这一堂课的学习，学生至少能记住4个单词"等。目标表述的是基本的、共同的、可能达到的教学标准，而不是无法实现的最高要求。[53]46-47

(二) 教学内容结构维度

内容结构维度决定着教学过程中的方法、手段、组织结构等。

教学内容在持传统教学观点的研究者看来似乎不能作为一个维度，因为内容的可选择性太小，也就是说，在他们看来，教学内容更多的是预成的，不管什么样的教师，都必须按照同样的教学内容进行教学。在本研究看来，这也是一个基本的维度或者教学发生的基本依据。因为在我国，就教学目标与教学内容的关系而言，对于教材的编写者来说应该是先有教学目的、目标，然后才开始据此进行教材的编写。但对于教师而言，次序上却与教材编写者恰好相反，是先有教材，后根据教材确定教学目标。虽然我国教师基本没有教材选择权，但教师在对教材的理解、把握以及运用上却存在着很大的差距。在主体教学中,教学内容的灵活性、开放性大大提高,需要教师认真思考如何根据教学的基本内容选择教学组织形式、运用教学方法、使用教学手段。这样,对教学内容的把握就成为考量教师的一个重要标准。因此,我们应当把教学内容作为主体教学有效性标准的重要尺度。

教学内容决定着教学有效性。教学内容的选择和运用、教学内容的灵活性、教学内容的掌握情况等都是主体教学有效性标准的具体方面。

(三) 教学参与结构维度

教师与学生都是教学过程的参与者,他们的参与方式、参与结构决定着教学的有效性。

有参与就有教学活动,就有教学方法、手段,就有教学组织形式等。有效教学的行为特征之一就是师生共同参与创造性活动。教师不但要合理组织教材、组织课堂教学、管理课堂教学,还要有目的地诱导和启发学生主动参与课堂学习活动,实现学生在教学中的主体性。[13]49-52

如果说教学目标是教学起点的话,那么主体参与就是教学的过程了。有学者从教学活动的维度分析教学有效性,但本研究认为,把教学活动作为教学有效性标准的一个分析维度似乎有所不妥,原因主要有二:一是因为教学活动这个概念太大,从教学设计到教学过程再到教学评价其实都是教学活动的范畴;二是因为教学活动是个中介概念,教师讲—学生听的传统教学属于教学活动,学生在教师指导下积极探索也属于教学活动范畴。主体教学强调的不是一般教学活动,而是学生对教学的主体参与。主体参与这一行为背后暗含的是教学活动,也就是说,活动是主体参与的逻辑起点。

"以往的行为科学研究旨在提高组织效率"[140]22-25,现在行为科学强调的不是组织的个人行为,而是社会系统中的个人行为,这就为我们提倡合理的主体性提供了行为科学的依据。有的学者提出"绿色行为"的概念,它包含三个方面的行为:一是自然行为,即不被污染的行为;二是健康行为;三是有价值的行为,即行为具有生命意义与社会作用。有学者在行为科学研究中提出了"个体力量源"这一概念。个体力量源的重要来源是心力或心动力。学校把心源开发出来,它的力量远比物质要素大得多[140]22-25,

因此我们认为主体教学的有效性主要取决于对教师与学生心力的调动。我们强调主体参与正是从这方面进行的考虑。

主体参与是学生主体性发挥与发展的主要手段、途径。Edward 以 Hawkins 老师的班为研究对象，研究教师对学生课堂参与的影响，该研究发现 Hawkins 班里的学生认为他们有很多学习他们感兴趣的东西的机会和时间。在这样的参与型的课堂上，学生们真实感受到了自我，感受到了劳有所得的快乐。[141]161 在主体教学中，主体参与效度就是主体教学的有效性。主体参与这一概念内涵十分丰富，暗含着教学活动，因而它涉及教学中的几乎所有的影响因素。把它作为分析主体教学有效性的维度，一是因为它反映了主体教学、现代教学的基本理念、方法与策略；二是它涉及主体教学的所有方面；三是主体参与的有效性在本质上是主体参与的效度问题。如果我们在主体教学中解决好了主体参与的效度问题就等于确保了主体教学的有效性问题。

（四）教学管理结构维度

管理结构维度是教学正常进行的保障问题，是教学秩序、教学氛围、教学反馈、教学评价等教学构件正常运行的保障。

管理既是过程的，又是结果的。教学管理结构既保障着主体教学的过程，又保障着结果。主体教学中一切维持、推动教学的因素包括反馈、评价等均归属于管理这个大的范畴。管理决定着主体教学的有效性，在此把它作为一个维度来说明其在教学中的重要性。

从行为科学的角度看，我们研究教学就是为了很好地控制与预测教学活动。行为科学把控制放在十分重要的位置。在教学中，控制实质上就是管理。主体教学有效性所主张的控制，一是维持集体教学的秩序；二是增强集体教学的动力（群体动力来源于"他人在场"的注意的激发和群体中人们之间的竞争。在人际和谐的集体里，群体动力更强）；三是取决个体的内驱力。有效的教学应当从这三个方面着手加强管理，以提高课堂教学质量。

有效性教学研究使教学管理目标发生了转变。它从根本上转变了以"知识为中心"的教学管理目标与任务，形成了"以人为本"的教学管理理念,将教学管理作为基于人、为了人、提升人的有效方式和手段。有效性教学的研究促进了教学管理模式与制度的改变,由以"规范"为主发展成以学习、研究、探索为主要方式,以学习型组织的形成为重点的教学管理模式。有效性教学研究改变了教学管理中的教学评价体系,注重多元评价,强调评价的发展功能。

基于有效性教学理论下新教学管理模式的实现,使得教学与管理目标一致。在有效性教学理论下,新教学管理模式把"教学有效性"规定为以下三个方面:促进学生的学习和发展是有效教学的根本目的,也是衡量教学有效性的唯一标准;激发和调动学生学习的生动性、积极性和自觉性是有效教学的出发点和基础;提供和创设适宜的教学条件、促进学生形成有效学习是有效教学的实质和核心。[142]

以上这几个维度几乎能涵盖主体教学的所有方面,从这几个方面可以制订主体教学有效性的标准指数。

第三节 主体教学有效性的指标体系

一、教学目标结构

教学目标结构包括教学目标的设计、教学目标的陈述、学生对教学目标的理解以及教学目标的实现过程。

(一) 教学目标的设计

"教学目标就是进一步具体化了的教育目的和培养目标。"[143]51教学作为一种价值过程,其价值首先体现在教学目标上。教学目标设计是确定学生通过学习后最终达到一种什么样的行为状态,并将这一状态用具体、明确和能够操作的语言陈述出来的过程。[144]它是教师教学准备的起点。一个合理完善的教学目标将统领全部教学,实现教学的良好运行。在传统教学中,教师备课之始往往是备教学内容,而忽视教学目标的设计。在主体教学有效性的指标体系中，教学目标是一项十分重要的标准。

布卢姆认为完整的"教育目标分类"应包括"认知领域"、"情感领域"、"动作技能领域"。主体教学提倡"生成性目标"取向。生成性目标是在教育情境中随着教育过程的展开而自然生成的课程与教学目标。[145]174生成性目标意味着"教师能够与学生进行有意义的对话"。[145]177在设计教学时，教师应当把学生主体性的培养作为三维教学目标以外的另一个重要目标纳入教学范畴，并把它作为实现其他教学目标的基本前提。在贯彻主体性原则、全面性原则和发展性原则的基础上，在发挥教师主导作用的前提下，鼓励学生与教师一起参与教学目标的设计。

三级指标如下：

A. 教学目标设计的全面性、多维性，突出主体性，学生参与了教学目标的设计；

B. 教学目标不全面；

C. 没有教学目标的设计。

（二）教学目标的陈述

教学目标的陈述是对教学目标设计的语言表达，包括教师在教学方案中的文字表述和教学过程中的语言陈述。R. M. 加涅通过研究指出，"告知目标"要比"不告知目标"有利于经济的学习，"学习者对目标全然不知"不利于学习。[146]358有些教师上课直接切入教学内容，缺乏对教学目标的明确陈述，使学生学习较为盲目被动，也有可能造成教的目的与学的目的的不一致，"教的目的与学的目的的不一致性导致了教与学的矛盾"。[122]

三级指标如下：

A. 教师对教学目标有清晰完整的表述，与学生就教学目标进行交流；

B. 教师对教学目标有较清晰完整的表述，与学生就教学目标进行初步的交流；

C. 没有教学目标的陈述。

（三）学生对教学目标的理解

学生对教学目标的理解是实现教学目标的前提。没有学生的理解，即使教学目标再完美，也不可能实现。学生对教学目标的理解，尤其是对主体性目标的理解是教师在教学中的一项重要任务，也是主体教学有效性标准的一个重要指标。教师应该引导学生从主体性、知识—能力、情感—价值观等方面理解每节课的教学目标。

三级指标如下：

A. 学生理解教学目标的全部内容；
B. 学生只理解教学目标的部分内容；
C. 学生不理解教学目标。

（四）教学目标的实施

教学过程是教学目标的落实过程。教学是预成的，也是生成的。这就要求教师在进行教学目标设计时，对教学要达成的目标有明确的认识，并详细考虑在教学中如何发挥师生的主体性，实现教学过程的创造性。我们在课堂观察中发现，有些教师虽然在课堂上陈述教学目标，但在教学过程中却未能围绕设计与陈述的目标展开，有些教学过程与目标设计相差甚远，有些课堂生成甚至远远超乎教师的想象。因此，为了更好地落实教学目标，教师心中应时刻装着教学目标，准备随时修正教学目标或调整教学进程。

三级指标如下：

A. 教师能按照教学目标组织学生开展教学；
B. 教学过程较远地偏离了教学目标；
C. 教学过程没有按教学目标进行。

二、教学内容结构

（一）教学内容的设计

教师可以根据教材提供的基本教学内容设计教学目标，同样也可以根据教学目标设计教学内容，这是由教学内容的开放性决定的。笔者在澳大利亚考察时发现，当地教师在教学中没有固定的教材，主要是根据教学目标来设计教学内容或者设计教学内容的主题，具体内容是师生在教学过程中生成的。我国现在推行研究性学习，提倡开放性教学，主张学习主体的自主合作探究学习，这些都对课堂教学内容提出了更高的要求。虽然现在有各级各类教材，但这只应该也只能够作为教学内容的基本依托，教学内容的设计随教学改革的深入变得越来越重要。教学内容的设计是主体教学有效性标准中的重要指标。

不仅教学内容需要设计，教学内容的课堂呈现方法也需要设计。教学内容以什么方法、用什么手段、采取什么组织形式出现，都直接影响教学有效性。在主体教学中，学生如何发挥他们的主体性，教师如何进行引导，这些都与教学有效性直接相关，需要教师精心设计。

三级指标如下：

A. 遴选教学内容，设计最佳的教学内容呈现方法，发动学生参与教学方法的设计；

B. 遴选教学内容，设计最佳的教学方法；

C. 仅对教学内容、教学内容呈现方法进行了一般考虑。

（二）教学内容的展开与生成

教学是信息流与情感流的统一。教学的信息流就是教学内容的展开与生成，是教学过程的基本依托或承载手段。

教学内容的展开是指在遵循知识发生理论、教学基本理论和发展性原则、主体性原则的基础上，教师引导学生参与设计教学内容的学习过程。

教学内容的生成突出强调学生在教学中的主体地位，重视他们的自主学习与合作探究。传统教学论认为，教学是传授人类知识经验的过程，知识的来源方向是从教师到学生。现代教学论认为，知识的来源是多向的，教学不仅传承知识，还发现知识、生成知识。师生围绕一个主题查阅资料、展开讨论，这是知识的建构与生成，师生之间、生生之间又通过沟通交流来实现知识与信息的传递与共享。

三级指标如下：

A. 教学内容的讲述富有启发性，学生与教师共同研讨；

B. 教学中教师只重视了知识的生成，缺乏启发性讲授；

C. 教师只传授知识。

(三) 教学内容的开放性

教学内容的开放性有以下具体内涵：

第一，教学内容及时吸收相关的信息，甚至能够反映学科的前沿动态。

第二，教学内容信息来源具有多向性。教师与学生都为课堂教学提供内容，也都分享知识信息。

第三，教学延伸到课堂以外，学生可以到实践中、生活中去学习理论以外的知识，可以体验知识，可以及时总结、提炼知识。

第四，在现代教学手段方面，以网络、图像信息为主的教学媒体在教学中得到及时运用。

教学内容的开放性是教学开放性的重要体现，是教师现代教学理念的综合反映。它使课堂体现出现代教学的所有特点：学生成为主体；教师运用现代教学方法与手段；改变教学评价方法等。

教学内容的开放性是信息社会的必然要求，是教师教学必备的一种重要素质，是学生接受新知识、提高学习能力的重要途径。教学内容的开放性可以开阔学生视野，实现课堂教学中确定性知识与非确定性知识的有机统一，可以提高学生接受信息、处理信息的能力，这将使他们终生受益。发达国家如澳大利亚等国的教学都具有一定的开放性，这也是其教学由传统走向现代的重要标志。美国文化的"前喻型"结构赋予了美国教育取向以"开放性"为总体特征。这一总体特征同样几乎全方位地体现在美国教育的各个主要方面。其最集中的表现是形成了一套开放式的"师导生创"的教育模式。在这一模式中，师生之间无论在人身抑或在思想观点上都不存在明显的管束与依附的关系。教师主要扮演设疑者、启发者、引导者与协助者的角色。[147]

在世界各国中我国学生的基础知识可以说是最扎实的，但他们接受信息、处理信息的能力却较差。一些教师只重视"双基"，不重视更新课堂信息，知识陈旧，缺乏时代感，学生的视野狭窄，影响了他们的发展，这种教学缺乏有效性。

主体教学的有效性使教学内容的开放性成为必然，教学内容的开放性又是主体教学有效性的重要保证。丰富的知识信息、鲜活的教学内容、活跃的课堂气氛、现代的教学手段等，都是教学走向开放的条件，也为主体教学有效性提供了一种可能。

三级指标如下：

A. 教学内容及时吸收相关的信息，甚至能够反映学科的前沿动态，师生共同分享知识信息；

B. 教师能够补充新知识、新信息；

C. 教学内容只是教材知识的传授。

（四）教学内容的完成

实现教学目标是教学的主要任务，而教学内容的完成是教学任务的一部分。

教学内容的完成是一个相对的概念。把教学内容的完成绝对化会在教学中出现机械化、简单化的做法。例如，有些教师在教学中苛求完成教学内容，却常因此而忽视了其他教学任务，如学生的发展等。

从教师的角度还是从学生的角度考虑教学内容的完成，教学效果是不同的。传统教学重视从教师教的角度衡量教学内容的完成，致使教师认为学生只要学会了预设的知识与能力，就算完成了教学任务，因而常常忽视教学内容的难易程度，忽视学生的理解接受及实际掌握程度，为教而教。教师如果只为完成教的任务，不考虑学生学的情况，极易形成为教而教，出现教学"两张皮"的现象。究其原因，是没有摆正教的目的与学的目的的关系。现代教学观认为，教是为了学，是为了让学生学会，教只有把落脚点放在学上，教才会有意义，学也才会更有效率，教和学才会达到和谐统一。

是完成教的任务，还是完成学的任务，这是评判教学有效性的一个节点。主体教学十分重视从学生学的角度评判教学内容的完成。从教学任务完成的角度看，教的任务必须依据学的实际。如果教学内容难，教师可以多讲；如果教学内容简单，教师则可以少讲；如果学生能够自主学会，教师也可以不讲。一位教师在教学中发动学生讨论，学生讨论得十分热烈，不料下课后教师很遗憾地告诉笔者"这节课没有完成教学任务，出现了失误"。这位教师所谓的失误是他没能按教学计划在学生讨论以后、下课之前再把问题结论总结一遍。然而在笔者看来，这是一节十分成功的课，他不仅完成了教学任务，而且完成得十分出色。学生通过讨论已经实现了知识的交流，困惑得到了解决，思维得到了发展，课堂的有效性通过学生的研讨得到了充分的体现。教师所谓的"没来得及总结"，恰是教学内容开放性的体现。

教学任务是根据教学目标确定的，主体教学要求教师在教学设计中要考虑到"教学任务完成的标准"。任务其实是一种人为的指标，它包括教学任务的预设、教学任务完成的过程、教学任务完成的考量等内容。要完成教学任务就必须考虑完成过程的不确定性，因此，本研究认为，应当从学生学的角度考虑教学任务的完成。完成教学任务的标志在主体教学看来就是看学生是否学会、是否掌握、是否提高。

三级指标如下：

A. 学生自主钻研、理解、掌握教学内容，并能提出较高水平的问题；

B. 学生基本理解掌握了教学内容；

C. 教师完成了教学任务。

三、主体参与结构

（一）学生对教学的投入

学生在教学中的投入是影响教学有效性的关键因素。首先，辩证唯物主义认为，内因是推动事物发展的根本动力。教学的根本目的是实现学生的发展。学生在教学中是内因，他们的投入热情和投入程度最终都会影响学习的有效性。其次，主体教育理论认为，只有充分发挥学生的主体性，才能最终实现教学有效性。主体参与型教学模式有助于使素质教育在教学中落到实处。在课堂上实施素质教育的途径就是要打破以教师、课堂、书本为中心，以讲授为主线的教学套路。构建主体参与型教学模式，学生应积极参与全部教学环节，这有利于他们掌握知识，形成独立的人格和良好的精神风貌。学生是教学的着眼点与落脚点,他们的学习与发展是教学的根本目的。如果学生不投入、不参与,就谈不上教学的有效性,发展也就无从谈起。"正是在参与中培养学生强的自主性、选择性和创造性。"[148]21通过学生的积极参与,为每一个学生提供了自我表现的机会、创造的机会,并使他们获得成功的体验。我们在课堂观察中发现,一些教师在教学中不考虑学生的参与,只顾讲自己的课,这样的教学,其有效性可想而知。"作为教师,最初的最基本的责任是激发学生的学习意向。"[149]4学生如果只是在教学中被动接受,那么他们只可能机械地接受教师传授的知识,不可能实现能动的发展。再次,心理学认为,学生的学习是自我积极建构的结果。他们在教学中的投入就是他们在教学中的积极建构。最后,主体教学实践已经证明,只要学生主动参与,他们的学习成绩就会较为突出。近几年的课改也表明,发展了学生的主体性,学生的学习积极性就会大大提高,学习兴趣就会从课内延伸到课外,从学校延伸到家庭,从而真正开始自主学习。

在主体教学中,我们通过观察注意到,教师常常组织学生开展多种学习活动,就学习内容展开许多质疑与讨论,但有些学生在课堂上人云亦云、随声附和,对学习内容缺乏深入的思考,这就影响了学生主体参与的效度,影响了他们思维的发展。"有效教学是充满教师智慧的教学。"[150]学生的智慧正是在他们思维的参与中形成的。主体教学有效性强调学生思维与动作的同时参与,强调他们身心的有效投入。笔者在澳大利亚教育考察中发现,澳大利亚教师十分重视学生思维能力的培养,把它视为学生最重要的能力。他们让学生自主探索、努力思考,尽可能为每一个人提供"菜单式"主题学习方案,即教师先为学生提供多个主题学习方案,学生可根据自己的兴趣和能力自由进行选择。

三级指标如下:

A. 学生自主活动、思维,能积极参与;

B. 学生自主活动;

C. 教学中学生被动参与。

（二）教学互动

这是指教学主体之间的互动。现代教学以班级为教学单位，使教学成为一种复合主体的相互作用的活动。主体教学相对传统教学而言，更加重视发挥学生的主体性，这种主体性不是无视教师主导作用的主体性，这就决定了主体教学必然重视教师与学生、学生与学生之间的互动。生生互动影响学生价值观、态度、能力和认识世界方法的社会化。与学生和教师的相互作用相比，生生互动更经常，更亲切，更丰富多变。[148]151

之所以说互动是影响主体教学有效性的重要因素，主要有以下几个原因。

首先，互动可以创造良好的教学氛围。教学过程中必然有各种人际关系的产生。教师倘若不考虑学生的学习效果，不考虑调动学生的情绪，不让他们积极参与、互相合作，只是为了完成学习任务而埋头讲授，则必然影响教学有效性。学生之间的互动也是影响主体教学有效性的重要因素。在主体教学中，学生主体性的发挥是在课堂中进行的，任何一个人的行动都会影响其他人，如当一个学生发言时，其他同学会倾听，这种"互让"是主体性发挥的重要表现，也是互动的表现。只有互让的主体性、合作的主体性才会产生良好的教学氛围，也才会保证全体教学的有效性。这种互动的氛围在教学中十分重要。团体动力原理告诉我们，个体在团体中会得到一种激发，团体对个体有一种带动作用。因此，互动是教学中最为重要的一种学习资源、一种发展资源。这种激发与带动是主体教学有效性的重要保证。

其次，教学互动可以为个体学生提供向教师与其他同学学习的机会。笔者对在家庭中学习的儿童进行了长期观察，发现独自学习的儿童缺乏兴趣，小动作较多，易疲劳，容易放弃学习行为。笔者将同龄同级的两个儿童安排在一起学习，发现他们兴趣较为浓厚，学习期间还进行讨论，积极地请教对方，学习时间也较长。因此得出一个结论，两个成员以上的小组或班级，成员间往往会产生一种互动。这种互动分为自觉互动与非自觉互动两种情况。传统教学以教师讲、学生听为主要教学模式，一些教师不主张师生、生生互动，但是不主张不等于没有互动，在集体教学行为中，互动首先是一种非自觉状态下的客观存在。主体教学提倡的是自觉的互动。

再次，教学互动既是学生主体性发挥的一种形式，也是发展他们主体性的一种方式。近些年为了实现教学有效性，发展学生能力，尤其是交往能力，我国基础教育十分重视活动教学。教学互动是教学活动的要求，也是教学活动的有效机制。毫不夸张地说，没有互动就没有符合现代教学要求的教学活动。开展得好的教学活动，必须是全体学生的主体性均得到很好发挥与发展的活动，否则就谈不上全体学生的有效发展。因此，主体教学提倡的互动是一种自觉的互动。这种自觉互动为同学间的相互学习提供了良好机会。现代学习观认为学习包括学生向教师学习、向书本学习、向同学学习。传统教学只重视学生向教师学习、向书本学习，而主体教学还提倡同学间彼此学习，这是教学互动的内容之一。

最后，教学互动为学生提供了与其他主体交往的机会，这是学生实现社会化的重要途径。社会化素质是学生适应社会、为社会做贡献的前提，需要在人际交往中逐步提高。作为社会一部分的课堂教学必须具有社会的属性，否则教学所培养的人就不能更好地服务社会。教学中的互动其实就是教学中师生、生生交往中的互相影响与带动，它必然给学生提供许多人际交往的机会，这有助于学生交往能力的提高。教学如果不能使学生实现社会化，那么教学有效性就会受到质疑。

三级指标如下：

A. 教学中师生、生生互动；

B. 教学中只有师生互动；

C. 教学中没有互动。

（三）教学合作

教学中的合作是师生共同面对教学问题而采取的同在性行为。现代社会已经超越个体主体性时代，进入了个体主体性与类主体性并重的时代。合作在现代社会已经成为人们的一种重要素质与品质。这种素质与品质需要从学生时代开始培养。因此，近些年在教学与课程改革中十分提倡合作学习,在课堂教学中注重采取小组合作学习的学习形式。

我们在主体教学中提倡合作学习,主要基于以下三个方面的考虑:一是旨在使学生通过合作学习解决教学中共同面临的问题;二是使学生通过合作学习实现同学之间的沟通与理解;三是培养学生与他人合作的精神。这三个方面均与教学有效性密切相关,在和谐教学的基础上和前提下,提升学生素质,提高教学效率。

三级指标如下:

A. 教学中体现了合作学习,而且合作学习的效果较好;

B. 教学中虽有合作学习的形式,但形式主义较为严重;

C. 教学中没有合作学习的形式。

(四) 学生在教学中的自主探究

在探索型结构中,"学生的学习过程是动态性的,它有助于培养学生的好奇心、求知欲以及向新的观念和新的机遇开放的心态,也有助于培养学生独立探索应付变革和解决实际问题的能力。"[151]9因此,自主探究是主体教学的重要形式,是培养学生主体性品质的一种重要方法,也是教学现代性的主要体现,是主体教学有效性标准的重要指标。

自主探究的一个重要特性是自主性,这是主体性的基本要求。教学中是遵循教师的意志,还是具有自己的意愿,这对学生而言至关重要。只有自主的,才是自由的,也才是快乐的。传统教学完全按照教师的意愿或意志进行,这种教学培养的人缺乏独立意识,没有自主性。

自主探究的另一个重要特性是探究性。"探究,其目的在于培养学生的创新精神和实践能力,因而,知识与能力的获得主要不是依靠教师进行强制性灌输与培养,而是在教师的指导下由学生主动探究、主动思考、亲身体验出来的。"[152]探究性包括探究意识与探究能力。探究意识是学生进行探究的心理起点。在传统教学中,许多学生缺乏探究意识,教师也缺乏培养学生这种意识的意识。主体教学重视培养学生的探究意识,这有助于增强教学有效性。探究能力是信息社会对学生的客观要求,是现代人素质的重要内容,是现代教学的一项主要任务,也是我们分析教学有效性的一个重要指标。现在我们提倡研究性学习，就是要培养学生探究的品质，这种品质对于他们一生的发展十分重要。研究性学习则把主体性的特质集于一身，表现为自主性、能动性与创造性，是一种高素质的主体性形态，是深度学习。

三级指标如下：

A. 课堂上学生有自主探究的意识，教师组织学生进行较好的自主探究；

B. 学生虽有自主探究意识，但自主探究行为不强；

C. 课堂教学中没有学生的自主探究行为。

（五）师生的情感参与

教学中的交流不仅有信息交流，也有情感交流。"各种情感对人的学习活动的作用表现为两方面：既可能增强学习的积极性，提高学习效率，也可能削弱学习的积极性，降低学习效率。一般来说，积极的情感对学习起促进作用，消极的情感对学习起阻碍作用。"[151]97情感是教学中不可忽视的因素，是非智力因素系统中的重要因素，是教学动力构成中的重要因素。师生、生生间的情感交流有利于提高学生主体参与教学的积极性，是保证教学有效性的重要因素，也是教师教得愉快、学生学得开心的前提。部分主体教学实验较为忽视师生情感的参与，因而在一定程度上影响了学生主体性的发挥与发展，也影响了主体教学的有效性。一些优秀教师的成功经验表明，重视教学中的情感投入，教学中的主体参与度就比较高。

案例4-2

王鹏飞，一名男生，来自农村，父母常年在外打工，跟着爷爷奶奶生活。学习习惯不好，总爱说话，而且不顾及别人的感受。他很活跃，学习成绩差。老师经常在课堂上当众批评他，私下也找他谈了很多次，效果微乎其微。有一次，老师为了不影响其他同学，把他叫到角落里，问他为什么总是这个样子。王同学说：老师不尊重我，不给我面子，我就不给老师面子。原来老师对他一次又一次的批评，使他幼小的心灵受到了伤害，致使他"顽固不化"。后来，老师向他承认了以前的错误，王同学很吃惊，也很感动。于是他们约法三章，决定彼此"尊重"，让老师吃惊的是协议奏效了，王同学先前的毛病改了很多，主动打扫卫生，学习积极性也提高了不少，同学们都说他像换了一个人似的。[153]

教学情感有利于改善师生关系，增强学生的向师性。"亲其师，信其道"，教学中学生若是向师，则利于教学有效性的提高；若是逆师，则不利于教学有效性的提高。

教学情感有利于活跃课堂气氛。如果教学只是信息的交流，而无情感的交流，那么课堂必然缺乏生命的活力，课堂氛围必然是僵化的。因此，我们把教学情感作为教学有效性的重要因素。

教学中还有一项十分重要的任务就是培养学生的情感品质。情感品质是学生健全素质的重要构成因素。传统教学忽视对学生情感品质的培养，这就等于忽视了教学的动力性，从而影响了教学有效性。无情感的教学是苍白、枯燥的，很难调动学生的学习兴趣和热情。主体性教学主张通过教学中的情感来培养学生的情感。

三级指标如下：

A. 课堂上充满了情感；
B. 课堂上具有一般的情感；
C. 课堂上缺乏情感。

四、教学管理

主体教学的顺利进行离不开管理，这是主体教学有效性的重要保证。一些专家对教学管理提出了许多意见和建议。其实，课堂教学不是要不要管理的问题，而是怎么管理的问题。我们把管理定为主体性教学有效性的一个重要指标，考量标准是：第一，维持教学秩序；第二，进行反馈，了解教学情况；第三，激发学生情趣，活跃教学气氛。

主体教学管理应该坚持两个原则：一是主体性原则，即在课堂上充分发挥教师与学生的主体性，增强学生的自主性；二是民主原则，即在课堂管理中充分发扬民主，提倡师生的民主平等。

（一）教学反馈

教学反馈是教学管理的重要手段，主要包括教学信息反馈和教学情感反馈两个方面。教学信息反馈既包括教学知识信息的反馈，也包括教学管理信息的反馈，这两方面是紧密相连的。"与引发新学习行为紧密相连的教学事件是为学习者提供反馈。在获得习得性能力的过程中，频繁反馈的作用是不容忽视的。"[146]365反馈可以确保信息与情感的及时沟通，教学管理信息的反馈促进了教学知识信息的交流与理解。

教学反馈有教师与学生之间的交流反馈、学生与学生之间的交流反馈、学生对教师意见的反馈几种类型。学生对教师意见的反馈是改善教学行为的重要前提，包括课堂上的及时反馈与课后的反馈。我们着重提倡课堂上的及时反馈。在传统教学中，课堂反馈不够及时到位，从而影响了教学的有效性。

反馈的质量决定了教学的有效性。师生或生生（教学主体）之间的及时反馈保证了教学流程的畅通，确保教学正常进行，从而保证了教学有效性。没有教学主体之间的及时反馈，就会出现教学阻隔，影响教学有效性。

三级指标如下：

A. 教学中反馈及时全面；

B. 教学中反馈较为及时全面；

C. 教学中缺乏反馈。

（二）教学评价

教学评价是教学管理的重要内容，是教师指导作用的重要体现。评价在学生教育管理中具有重要作用。正确的评价具有激励、导向、调整等教育功能。[154]

教学是一种价值行为，教学内容、教学评价都是体现教学价值的重要途径。没有无价值的教学，也没有无价值的教学评价，教学评价必然渗透着一定的价值倾向。在主体教学中，教师的主导作用主要通过教师的教学评价体现出来。

教学评价能提高学生的学习兴趣，改正学生的学习行为，促进学生的学习效果。随着西方各国教育改革运动的兴起,人们日益重视评价的改进与调控功能,许多教育评价专家认为,评价最重要的功能不是证明,而是改进。[143]322学生会因教师的评价而不断改变自己参与教学活动的行为。当他们的行为得到教师肯定性的评价时,他们会受到鼓舞,继续这种行为;当他们的行为得到教师否定性的评价时,他们会重新考虑自己的行为并进行调整。及时中肯的教学评价使学生的正确行为找到了依据,错误行为得到及时纠正。从这个意义上讲,评价就是一种教育行为,它体现教师正确的意志与主张,保证了教学的有效性。

我国学者叶澜也以"什么样的好课才算好课"为题对这一问题进行了探讨。所谓好课就是有效教学的课。她认为"扎实、充实、丰实、平实、真实"的课就可以算是好课了。"扎实"的课是有意义的课,即学生学到了知识,锻炼了能力,在过程中产生了良好的、积极的情感,并激发了进一步学习的强烈需求,而且越来越主动地投入到学习中去。"充实"的课是有效率的课。首先,就面而言,对全班学生中的多少学生有效率,其中包括了优秀的、中等的、有困难的学生,对其具有不同的效率;其次,是效率的高低,如果没有效率,或者只是对少数学生有效率,就不能算是一堂好课。"丰实"的课是有生成性的课,即这样的课不完全是预设的结果,在课堂上有师生之间真实的情感、智慧、思维、能力的投入,尤其思维是相当活跃的,在整个过程中有资源的生成,又有过程的生成。"平实"的课是常态下的课,课堂里要有相互的思维碰撞,在这个过程中,师生的互动生成许多新的东西。"真实"的课是待完善的课,即任何课都不可能是十全十美的,如果是,那么作假的可能性就比较大。这种课是真实的,不粉饰的,因此是值得反思的,需要去重建的。[155]有效教学应该讲解清楚,语言清晰,重点、难点突出,指导明确,事例清楚多样,评价和反馈及时正确。[156]这些观点是我们进行教学评价的重要标准。

三级指标如下:

A. 教学过程扎实,教学效果很好;

B. 教学过程较为扎实,教学效果较好;

C. 教学过程不扎实,教学效果较差。

表4-1 教学效果评价标准

一级指标	二级指标	参考权重	等级标准		
			A	B	C
教学目标结构	教学目标的设计	1.0	教学目标设计的全面性、多维性、突出主体性,学生参与了教学目标的设计	教学目标不全面	没有教学目标的设计
	教学目标的陈述	1.0	教师对教学目标有清晰完整的表述,与学生就教学目标进行交流	教师对教学目标有较清晰完整的表述,与学生就教学目标进行初步的交流	没有教学目标的陈述
	学生对教学目标的理解	1.0	学生理解教学目标的全部内容	学生只理解教学目标的部分内容	学生不理解教学目标
	教学目标的实施	1.0	教师能按照教学目标组织学生开展教学	教学过程较远地偏离了教学目标	教学过程没有按教学目标进行
教学内容结构	教学内容的设计	1.0	遴选教学内容,设计最佳的教学内容呈现方法,发动学生参与教学方法的设计	遴选教学内容,设计最佳的教学方法	仅对教学内容、教学内容呈现方法进行了一般考虑
	教学内容的展开与生成	1.0	教学内容的讲述富有启发性,学生与教师共同研讨	教学中教师只重视了知识的生成,缺乏启发性讲授	教师只传授知识
	教学内容的开放性	1.0	教学内容及时吸收相关的信息,甚至能够反映学科的前沿动态,师生共同分享知识信息	教师能够补充新知识、新信息	教学内容只是教材知识的传授
	教学内容的完成	1.0	学生自主钻研、理解、掌握教学内容,并能提出较高水平的问题	学生基本理解掌握了教学内容	教师完成了教学任务

续表

一级指标	二级指标	参考权重	等级标准		
			A	B	C
主体参与结构	学生对教学的投入	1.0	学生自主活动、思维，能积极参与	学生自主活动	教学中学生被动参与
	教学互动	1.0	教学中师生、生生互动	教学中只有师生互动	教学中没有互动
	教学合作	1.0	教学中体现了合作学习，而且合作学习的效果很好	教学中虽有合作学习的形式，但形式主义较为严重	教学中没有合作学习的形式
	学生在教学中的自主探究	1.0	课堂上学生有自主探究的意识，教师组织学生进行较好的自主探究	虽有自主探究意识，但自主探究行为不强	课堂教学中没有学生的自主探究行为
	师生的情感参与	1.0	课堂上充满了情感	课堂上具有一般的情感	课堂上缺乏情感
教学管理结构	教学反馈	1.0	教学中反馈及时全面	教学中反馈较为及时全面	教学中缺乏反馈
	教学互动	1.0	教学中师生、生生互动	教学中只有师生互动	教学中没有互动

注：评估结论分为优秀、良好、合格、不合格四种，标准如下。

优秀：$A \geq 12$，$C = 0$；

良好：$A + B \geq 12$，$C \leq 1$；

合格：$C \leq 3$。

本方案一级指标有4项，二级指标15项，评估等级分为A、B、C、D，评估标准给出了A、B、C三级，低于C级的为D级。

为了进一步完善该标准，我们在某课改实验区征求了部分校长、教研员以及优秀教师的意见，根据他们的意见反馈，又进行了修改。

表4-2 问卷调查结果分析

问题	选项	人数	所占比例（%）
您认为该指标体系	1. 很好地体现了现代教学的核心理念	100	75.2
	2. 较好地体现了现代教学的核心理念	33	24.8
	3. 未能体现现代教学的核心理念	0	0
	1. 能够很好地指导教师的教学改革实践	98	73.7
	2. 能够较好地指导教师的教学改革实践	35	26.3
	3. 不能指导教师的教学改革实践	0	0
修改建议	1. 主体参与结构"参与权重"比例加大		
	2. 对小学教师的教学方法和业务知识多进行指导		
	3. 教学过程扎实，教学才能高效		
	4. 在教学方法和策略上应有更多相关内容		
	5. 修改高考评价体系		
	6. 加强对基础课堂的实际指导和培训		

注：共148份调查卷，其中实答133份，空白卷15份。

第五章

保证主体教学有效性的策略

内容提要

为了保证主体教学有效性，首先，应使教师走向"有效教师"，因为主体教学有效性的一个基本前提就是教师是教学中的主体。教师要发挥自己的主体性，就应进行教学情感、教学方法、教学技能等的自我建构。推动教师成为有效教师的策略有三个方面。第一，愿景性策略。主要包括职业期望与职业规划。第二，主体性策略。主要包括以下过程：从工具自觉到主体性的确立；从经验摸索到理性自觉；从理论思考到实践探索；从学习模仿到自我建构。第三，知识性策略。其次，应使学生有效参与教学。学生的参与可以使其个性得到充分的发展与表现，能保证主体教学的效益。可采取以下策略：设计有效活动，使学生积极参与；创造和谐课堂，使学生乐于参与；行动适度自由，保证学生自主参与。再次，在教学过程中推行公平。第一，教师与学生交往要公平，教师必须与所有学生进行交往。第二，教师评价要公平。第三，教学资源分配和利用要公平。第四，逐步实现小班化教学。最后，应提高主体教学艺术。可采取以下五方面策略。第一，差异性策略。具体体现为因材施教与分层教学。第二，科学性策略。教学的科学性包括教学目的的科学性、教学内容的科学性、教学方法策略的科学性、教学手段运用的科学性、教学评价的科学性等。第三，审美性策略。教学语言是创造教学美的重要前提，应使主体教学语言具有启发性、逻辑性及生动性，以实现主体教学的语言美。第四，情感性策略。教师应学会诱发、激发学生的情感。第五，手段性策略。可采用计算机网络教学等先进教学手段。

当前的教育教学理论研究与学习理论指出，教学应该基于最有效的策略与方法。[149]4 从哪几个方面研究保证主体教学的有效性，是本章首先要考虑的问题。这就需要搞清楚影响教学有效性的因素。有学者认为影响课堂教学效果的因素有：学习材料、学习内容与学习任务；学习者特征和个别差异；学生在学习过程中的主动参与或投入；教学方法；教师特征和教师素质；教学媒体和技术；课堂中的社会因素；评价与反馈。[157] 有人认为"教学活动是多种因素参与的活动，其中最基本的要素是活动主体（教师、学生）、活动客体（课程或教材）和中介手段（教学手段），教师、学生、课程、教学手段可以看做是内在地规定了教学活动状态空间结构的四个维度。教学有效性不仅受这些参与因素的影响，而且也受这些因素相互作用方式的制约"。[22]69-70 有学者认为影响小学数学课堂教学有效性最主要的因素有五个：目标达成的有效性、主体参与的有效性、知识建构的有效性、师生互动的有效性和学生发展的有效性。[139]39-45 还有学者指出，影响课堂教学效果的因素有：学习材料和学习任务；学习者的个别差异；学习者的主动性与积极性；教学方法；教师的素质；适当的现代媒体和技术。[13]49-52

本研究把影响主体教学有效性的主要因素作为主体教学策略研究的基本方面，它们是教师、学生参与、教学艺术与教学公平等。

第一节 走向有效教师的策略

提高教师素质、培养专家型的教师是进行有效教学的途径之一。[158] 主体教学对教师提出了挑战与要求。为了保证主体教学的有效性，使教师走向"有效教师"是我们首先采取的一种策略。

一、主体教学有效性的一个基本前提就是教师是教学中的主体

（一）教师的主体性表现策略

1. 教学情感、教学方法、教学技能等的自我构建

教学情感、教学方法、教学技能等都是教学的基本元素，它们在主体

教学结构中发挥着重要的作用，影响着主体教学的有效性。因此，教师要发挥自己的主体性，就应不断进行教学情感、教学方法、教学技能等的自我构建。

① 教学情感的自我建构过程。在主体教学实践中，由于不重视教学情感的作用，教学似乎成了不见情感的主体活动，严重影响了主体教学的有效性。教学情感作为教学中重要的动力因素，应当广泛运用在主体教学中。为此，教师应十分重视教学情感的建构。教学情感包括教师对教学工作的情感、对学生的情感、对教师集体的情感等。教学情感的建构就是教师不断形成包含以上内容的情感，是教学情感由无到有、由弱到强、由封闭到开放的形成过程。教学情感建构比教学方法、技能的建构更显重要。

② 教学方法的自我建构过程。主体教学的展开是以一般教学方法的运用为基础的。在主体教学实践中我们也注意到，有些教学效果不好的原因之一就是教师没有系统掌握与运用一般的教学方法。教学方法是教学艺术的基础，对教学方法灵活自由的运用就是教学艺术。根据师生共同活动的性质，可以把教学方法系统分为以下几类：师生认识活动方法系统，主要有讲授法、谈话法、演示法；师生实践活动方法系统，主要有练习法、实验法、参观法、行为法、学习指导法等；师生评鉴活动方法系统，主要有激励法、陶冶法、欣赏法、检查评价法；师生交往活动方法系统，主要有交谈法、指导法、小组讨论法、班级讨论法等。教师应当灵活地运用这些教学方法，同时要学会教学方法的组合。单一的教学方法在实际的课堂教学中运用得比较少，教师往往要在一节课内使用好几种教学方法。教学方法的组合、搭配要根据教学内容与教学任务的需要进行。

③ 教学技能的自我建构过程。教学技能也是影响主体教学有效性的一个重要因素。研究发现，有效教师在教学中能够采用一定的教学技能提高自己的教学效果。比如提问技能，有效教师会向全班同学提出问题，而后停留片刻，再叫个别同学回答问题，这样可以使全班同学在认知上参与问题的思考过程。[149]15 没有较强的教学技能作为基础，教师与学生的主体性都很难得到较好的发挥。教学技能包括准备教学的技能、组织课堂教学的技能、教学的空间组织技能、教学的时间组织技能、教学的话语表现技能、

教学的板书表现技能以及教学过程的操作技能等,这些技能确保教学过程的顺利进行。就拿教学的空间组织技能来说,有证据表明学生的学习成效和有效的课堂组织形式有一定的关系。有效教师会在课堂上变换采用全班授课、小组授课或个人辅导等不同的课题组织形式。[48]76 但这些教学技能都不是教师与生俱来的素质,而是他们在教学实践中逐渐生成的。教师要对教学技能的含义与范畴有自己的理解,要形成掌握教学技能的意识,要形成练习、提高教学技能的习惯,要对自己的教学技能经常进行自我反思。

2. 积极推进教学运行

Jim Scrivener 把英语教师划分成三种类型。

第一类英语教师虽然自己英语水平很高,但缺乏英语教学论的知识。上课时,这类教师只管把自己的英语知识讲授给学生,而学生只是听众,没有参与到教学中。这种教师充其量只是讲述者(讲师)。

第二类教师不仅自己的英语水平高,而且也懂得教学方法,能够设计教学活动,组织有趣的活动,激发学生参与教学。这类教师的角色是激发者(教师)。

第三类教师除了具备第二类教师的特征外,还关注学生的个性、情感,关注学生的学习方法,关注教师和学生之间的关系和营造和谐的课堂气氛。这类教师认为自己在教学中是为学生搭建支架,为学生创造学习的环境,让学生学会学习。这类教师的角色是促学者(导师)。[413]6

其实,在主体教学中,所有学科的教师都应该像第三类英语教师一样成为一个促学者。在推进主体教学的过程中,教师应该在促进学生自主学习方面下工夫。在课堂教学中,有效教师应该:负责组织学生的学习活动,激励学生对自己的学习负责,要和全班同学互动,为学生提供充足的有挑战性的学习任务,激励学生参与教学活动,营造一个积极的课堂氛围,及时表扬和鼓励学生等。[71]3 但归结起来,教师对主体教学的推进作用主要表现在教学助动和教学监控两个方面。教学助动包含教学启动、教学推动等含义。在课堂教学中,教师常利用教学说明教学目的,设计"先行组织者"启动教学。教师应首先进行主体教学目标陈述,这是课堂教学的第一个环节。上课伊始,教师应该明确说明本节课的目标,可以把目标写在黑板上。

课堂教学目标应该清晰。[71]30教师为每一节课制订切合实际的课程目标，使每一节课都有明确清晰的教学方向，这是提升教学有效性的前提；要依据学科特点和学生认知水平，精选教学内容，突出学科特色，抓住教学重点，突破教学难点；要真正确立学生的主体地位；要在"最近发展区"上做文章、下工夫；要把生成和预设和谐统一起来，既要注重高水平的预设，又要注重动态的生成。

教学推动可能贯穿于教学从始点到终点的全过程。教师应该通过营造教学气氛、培养学生学习兴趣、运用情感、鼓舞士气、强化动机等方法推动教学，强化教学行为。尤其是在主体教学中，教师的这种推动作用更显重要。但有些教师在主体教学实施过程中为了放手让学生发挥他们的主体性，常常袖手旁观，放弃自己推动教学的责任，这种做法是不对的。

教师的教学监控对于教学的顺利开展有十分重要的作用。在课堂教学中，教师对教学速度、难度的调控，直接影响着教学效率的高低。[159]教学监控主要体现在教学管理、教学评价两个方面。教学管理对于维护教学秩序至关重要。在我国班级规模普遍比较大的情况下，通过教学管理维护正常的教学就显得十分重要。如果课堂秩序一团糟，教学效果就会比较差。"有效教学教师和低效教师在提问方式和回答问题方式上差别不明显，但两类教师在教学管理能力、教学监控能力、学生学习监控能力等方面差异较大。"[131]49-52教学评价主要起着引导教学、强化正确行为、弱化不正确行为的作用。有经验的教师十分重视教学评价的价值。

（二）教师主体性的发展

有效教师成长、发展的内涵是：主体性的发挥与发展。

虽然我们采取了许多措施，如教师的培训、校本教研等提高教师的业务水平，但这些只能起到一时的作用，从根本上讲，决定教师一生发展的关键因素是教师的自主成长与发展。

有效教师自主成长的主旨是对人生意义和价值的追求。这是由"关注教师精神生命成长"的教师观所决定的。有效教师自主成长是指教师在迈向更为美好、更有意义的生活的成长道路上，自愿自觉地追求幸福与完善，追求作为教师的人生意义和价值的一种成长方式。同时，这也与有效教师的独特性有关。有效教师积累了丰富的教学经验，他们对日常工作的处理游刃有余。此外，他们还能在常规工作中不断突破与创新，总是对自己的职业充满信心与期待，在工作中享受幸福与成功。体验自己的人生价值是有效教师自主成长的不竭动力。

有效教师自主成长的过程是动态持续的。有效教师的成长本身就是一个不间断的、持续的过程。不同教师的成长历程有时间长短与难易程度的区别，在教师发展中没有"一步登天"的捷径。教师必须在这个过程中不断地接受挑战，不断地充实自己。

有效教师的自主成长是主动自觉的。有效教师自主成长改变了以往"目中无人"的培训培养方式，强调了参与培训者的主体地位和主体性精神。自觉主动性是个体的主体地位和主体性的集中体现。没有教师主体性，也就谈不上有效教师的发展成长。

有效教师自主成长也是一种个人化的行为。有效教师自主成长追求的是教师个体对自我的不断超越，是个体的幸福与完善，它更多的是一种个人化的行为。作为个人化行为的有效教师自主成长，并不会影响教师的职业发展或影响他们的职业地位，这种个人化的行为必然会促进教师的发展。[160]

首先，教师应经常进行这样的思考：
——我要传授给学生什么具体知识？
——学生掌握了这些知识后能怎样受益？
——我对学生的学习期望是什么？
——我期望学生有怎样的反应？
其次，教师应该考虑采用什么方法进行教学：
——我采用什么教学方法？
——为了有效地实现教学目的，我使用什么教学资料和教学工具？
——我采用什么评价方式检验学生是否掌握了所学知识？
最后，教师还应当思考下列问题：
——我能否使用其他教师所采用的教学方法？

——我还在哪些方面可以提高我的教学技能？

——是否还有一些可得到的但我还没有从中受益的教学信息资料？[161]

二、探索有效教师的属性与标准，为教师成为有效教师提供指导

1999~2000年，Michalis Koutsoulis对塞浦路斯5所高中25个班级608名学生进行了匿名问卷调查，对有效教师的特征从三个方面进行了调查：教师的人格特征；教师的交际技能特征；教师的教学效果特征。67%的学生认为教师的人格很重要，67%的学生认为教师的交际技能很重要，71%的学生认为教师的教学效果很重要。[116]在教师人格特征方面，25%的学生认为有效性教师首先应该理解学生（understanding）。学生还表示，缺乏教师的理解是他们在学校遇到的第二个问题，第一个问题是来自学校的压力。14%的学生认为教师应该是友善的（friendly），其次是教师应和蔼可信、有耐心、公平、热爱学生等。在教师的交际技能特征方面，13%的学生渴望教师和学生之间的有效交际和交往。大约10%的学生相信老师有能力有效地组织课堂教学，同时学生也相信有效教师应该以良好的形象出现在学生面前。学生还提到教师在交际技能方面的特征有：不歧视学生、民主、合作、欣赏学生的能力、不讽刺学生等。[116]对有效教师的评价的方面主要有：①根据指定的参考标准评价学生的学习成绩；②评价教师行为；③评价教师品质。[162]101-132

Jremy根据自己的个人职业体验，总结出了十条有效教师的特征：具有绝对优秀的学业成绩；掌握交际技巧；具有创新性；具有职业素养；掌握一定的教育学知识；能够全面而恰当地对学生进行评价；具有终身学习和发展的能力；具有高尚的人格；教师作为教学工作的实施者，要始终站在学科发展的前沿，不断提高、发展自己的职业。教师的这种职业发展对成功的教学而言是至关重要的。[163]我国学者近几年也探索了有效教师的属性问题，这对我们进行有效教师属性与标准的研究具有一定的启发意义。

（一）有效教师的属性

教师的职业素养决定其职业行为的有效性，他们的职业行为又是其职

业素养品质的体现。有效教师在职业素养与职业行为方面表现出来的特性是他们的属性,本章就从这两个方面对有效教师的属性进行分析。从主要考量维度上看,职业素养包括职业精神与职业能力,职业行为包括职业创新与职业效能。职业精神、职业能力、职业创新以及职业效能较为全面地反映了保障有效教师职业行为有效性,因此,它们是我们研究有效教师属性的四个维度。

在职业精神方面,有效教师对教学、对学生具有较强的正向情感,他们把自己的聪明才智等无私地投入到教学工作中去,表现出很强的情感性与贡献性。在职业能力方面,对有效教师,我们关注的不仅是其现有能力的强弱,更是他们职业能力的持续发展。有效教师的职业能力具有发展性,停止了自身能力发展的优秀教师,也就失去有效教师的特性。一位刚从事教学工作的教师,其职业能力可能较弱,但如果好学上进,就很有可能成为有效教师;而一位职业能力强的教师,可能由于满足现状、停止自身发展而失去有效教师的特性。在职业创新方面,有效教师具有追求高质量的意向与确保高质量的行为品质,具有持续追求创新的意识与精神。有效教师能够把握现代社会的节奏,具有合乎社会要求的行为效果期望。我们应从行为的质量上分析有效教师的行为特点,体现持续、动态、效度三个观测要点。

根据上述维度与内涵分析,我们对有效教师的属性进行如下的表述与分析。

1. 奉献性体现了有效教师的教育信仰、职业精神与职业行为特点,是有效教师的本质属性

奉献性是教师人生境界在教育事业中的充分表征,也是教师职业道德最为集中的体现。通过开放性问卷调查,许多人认为"热爱教育事业、乐于奉献"是有效教师最为重要的一种品质。是否是有效教师首先要看其对工作的态度,在工作中的精神状态以及投入的程度。奉献性应当是有效教师的本质属性。虽然有效教学就其概念来说具有复杂性,但是多数研究都强调教师在有效教学中的责任与义务。[100]30

2. 发展性体现了有效教师的静态素质与动态素质追求，是有效教师的职业素质属性

发展性指教师能够根据社会、学校以及学生的需要，不断吸收新的教育教学观念，学习新的知识，掌握新的教育教学方法与手段。一些有效教师反映，在教师个人努力因素中，教师在教改中的行动反思、对教育知识的广泛学习以及教育的理想和信念对教师的发展起主要作用。

3. 高效性体现了教师的预期目标、工作节奏与工作结果，是有效教师的工作成效属性

"高效"这一概念是现代社会的高频词。这里所说的高效性的"效"是效果、效率、效益的统一。教师在教育教学中既要考虑学生发展的成效，又要顾及单位时间里的行为效果，还应不忘社会效益。社会学研究表明，越是优秀的人才，其工作越是高效。因此，优秀教师也应具备高效性这一属性。

(二) 有效教师的标准

属性是有效教师的品质特点，具有一定的抽象性、代表性。标准就是对这些属性的进一步具体化，具有可执行性与可参照性。例如，我们说奉献性是教师的本质属性，那么它的具体内涵就会成为实际标准。

职业标准是职业走向成熟的标志，也是从业人员实现专业化的需要。近几年人们十分重视教师专业化与教师教育专业化，因此，研究有效教师的标准就显得很有必要。我国目前尚无教师标准。[164] 有些学者就教师标准制订的原则、内涵进行了探讨，但对教师的标准是什么缺乏思考，并没有研究制订有效教师的具体标准。一些发达国家早就有了有效教师的标准。研究制订有效教师标准有利于为教师的发展提供具体的指导，可以使教师以有效教师标准为依据实现全面发展。

"品德、知识、能力和业绩贡献"是体现人才杰出性的主要因素。[165] 类似的人才标准维度较多。美国关于有效教师的标准也经常变化，曾先后推崇过十种类型的教师：理想型教师、分析型教师、效益型教师、忠于职守型教师、能力型教师、专家型教师、反思型教师、令人满意型教师、多样型教师、敏感型教师以及受人尊敬型教师。[166]可以看出，美国对优秀教师的看法涉及多个维度。我国学者近几年也在讨论优秀教师的特征问题，但不同的人有不同的观点。有人认为优秀教师的特征包括：从事教育工作的使命感；稳定而持久的职业动力；获取成绩的动机与欲望；求知的欲望与兴趣等。[167]这对我们确定有效教师标准维度具有重要的启发。笔者根据对有效教师成长的考察研究，认为决定教师成功的首要因素是教师的职业信念、价值因素，因此，职业信念应当是构成有效教师标准的第一维度。知识、能力仅仅是优秀教师职业素养的部分内容。职业素养比知识、能力具有更丰富的内涵，职业行为也是我们考察有效教师的重要方面。近几年我国越来越重视教育教学的有效性，对于有效教师也应该重视考察其工作成效。因此，本章确定的有效教师标准的一级维度为：职业信念、职业素质、职业行为与职业成效。

　　一级维度的再分化就是二级维度。职业信念包括职业理想、职业信心、职业期望、职业精神；职业素质主要包括职业心理素质、职业道德、职业社会性素质等；职业行为有设计行为、实践行为、总结行为等。

　　上述二级维度中的一些指标还需要进一步分化。职业心理素质可以分化为职业能力、职业兴趣、职业意志；职业道德可分化为对教育事业、对学生、对同事的职业道德表现；社会性素质主要从交往、合作两个方面分析。

　　这样就得出16项具体的有效教师标准维度：职业理想、职业信心、职业期望、职业精神、职业能力、职业兴趣、职业意志、对教育事业的职业道德表现、对学生的职业道德表现、对同事的职业道德表现、交往、合作、设计行为、实践行为、总结行为、职业成效等。

　　有效教师的具体标准如下。

　　① 有效教师具有较高的职业理想，对职业充满了信心。职业理想是从事一种职业的人在职业上实现远大目标的志向性保障，具有较高的职业理想应当是有效教师的第一条标准。如果一个人对工作缺乏信心，就有可能放弃理想，在工作中就会不求上进。对有效教师而言，职业信心与职业理想同样重要。

　　② 有效教师对工作态度乐观，积极参与。教师的态度决定其在教育教

学中的投入程度及其绩效。从本质上说，有效教师之所以有效，起主要作用的不在于其能力方面，而在于其对教育工作的态度。积极的态度表现在活动中就是主体参与。

③ 有效教师热爱教育教学工作，对教育教学有浓厚而稳定的兴趣。对教育教学工作的热爱和浓厚而稳定的兴趣是有效教师的一条基本标准。

④ 有效教师具有较高的教育教学能力，又能够不断拓展自己这种能力。有效教师有较高的现实的教育教学能力，同时他们还具有较强的继续发展的意识和潜能。有效教师善于为自我发展设计目标。他们善于在现有能力之上为自己设计要达成的目标。他们能够在做中学，能够进行研究性工作，不断拓展自己的教育教学能力。

⑤ 有效教师能够经常克服教育教学工作中的困难。有效教师具有克服困难的勇气和坚持不懈的意志。

⑥ 有效教师能够积极与同事进行交往、合作。有效教师能够在教学工作中与其他教师团结一致、协调工作、互相尊重、共同进步。同时，他们能够和其他教师一起切磋教学艺术，在研讨中发表自己的教学见解，也能够不断吸取其他教师的意见，表现出良好的合作精神。

⑦ 有效教师能够设计自己的教学行为，制订科学合理的教学目标。教学设计（包括教学目标的设计）是教师教学行为的起点，在一定程度上决定教师教学的成败，有效教师能够进行教学行为设计，能够制订科学合理的教学目标。

⑧ 有效教师具有先进的学生观，能民主、平等地与学生交流、合作，在教学中能创造条件让学生实现主体参与。"课堂气氛变化中的一个最显著的变化是学生有目的的参与意识的不断增强，而教师在这种变化中起到了很大的作用。"[141]161-181

教育民主是现代教育的重要特点，是师生平等交往、互动，学生积极参与的前提。有效教师具有教育民主精神，能够确立现代教学观、学生观，能够努力创造条件，使学生在教学中实现主体参与。

⑨ 有效教师能够不断反思与监控自己的行为。有效教师具有自我监控的能力。优秀教师能够进行自我反思，随时把握自己行为的价值趋向，使

其具有合目的性,他们能调节自己的意识、情感、意志、兴趣等智力与非智力因素的,能调节教学环境与教学内容、手段等,他们总能够表现出很强的适应性,这种适应性实际上就是自我调控系统发挥了较好的作用。

⑩ 有效教师教育教学成效显著,能够在传授知识的同时,教学生学会做人、学会学习,促进他们全面和谐的发展。

表5-1 有效教师的具体标准

序号	具 体 标 准
1	有效教师具有较高的职业理想,对职业充满了信心
2	有效教师对工作态度乐观,积极参与
3	有效教师热爱教育教学工作,对教育教学有浓厚而稳定的兴趣
4	有效教师具有较高的教育教学能力,又能够不断拓展自己这种能力
5	有效教师能够经常克服教育教学工作中的困难
6	有效教师能够积极与同事进行交往、合作
7	有效教师能够设计自己的教学行为,制订科学合理的教学目标
8	有效教师具有先进的学生观,能民主、平等地与学生交流、合作,在教学中能创造条件让学生实现主体参与
9	有效教师能够不断反思与监控自己的行为
10	有效教师教育教学成效显著,能够在传授知识的同时,教学生学会做人、学会学习,促进他们全面和谐的发展

有效教师教育教学的效果好、效率高,他们还能够把教育教学的着眼点扩大到对学生课外生活与发展的关照上,从而使教育教学产生较好的效益。

关于此标准的几点说明如下。

① 在设计方法上,先对维度进行不断分化,直至不可再分化,穷尽有效教师的全部内涵。但按此分化的维度进行有效教师标准表述时,一些条目在内涵上十分相近或交叉。为了减少标准条目,我们对它们进行了合并。例如,"热爱教育教学工作"与"职业兴趣"虽然维度来源不同,但表现在一个教师身上,它们却有一定的因果关系,这样就把它们合为一条。又如

在职业道德中的"爱学生",在现代教学中主要表现为能够民主、平等地对待学生,而在教育教学过程中,让学生主体参与也是有效教师应该做的。这两条在内涵上非常相近,故将它们进行合并。

② 发达国家多从学生角度制订有效教师标准,这只是对有效教师从工作角度进行衡量,不够全面。有效教师标准制订的根本目的是为了使教师发展有标准可依,这就要求所制订的标准应当较为全面地反映有效教师的特征。因此,我们在研究有效教师标准时应坚持全面性这一原则。正是在这一原则指导下,笔者试图对有效教师标准进行一个全方位的描述。

③ 体现现代教育教学理念,确立现代教师观。例如,现代教师应树立远大理想,他们应该乐群上进,不断拓展自己,能够反思、监控自己,能够与学生平等相处,能够进行教学设计,让学生主体参与,在工作中有效率意识等。

三、愿景性策略、主体性策略与知识性策略是成为有效教师的主要策略

(一) 愿景性策略

教师职业愿景是成为有效教师的前提条件,它主要包括职业期望与职业规划。首先,一般教师要提高自己的职业期望。教师的职业期望是他们的职业理想基于教育现实、着眼于当前的具体的心理倾向。教师的职业期望包括教师的教学期望、课程期望、学生发展期望以及教育教学成就期望等。其次,教师要制订自己的职业规划。教师要在职业理想的基础上制订自己的职业规划,这是他们有目的、有计划地向有效教师发展的指导方案。落实好自己的职业规划就等于实现了自己的职业理想与职业期望。与此同时,学校要制订教师发展规划。教师发展规划是学校发展规划的核心内容,它包括教师发展目标、发展计划与发展措施。学校应该对教师发展作出一个整体规划,这可以避免教师发展的盲目性。学校制订教师发展规划并切实据此执行,学校教师队伍的整体水平才能得以提高。我们对286所中小学的校长进行了问卷调查,86%的学校没有教师发展规划。根据调查分析,凡是办得好的学校都十分重视教师发展问题,制订了教师发展规划。

案例5-1

江苏省常州市北环中学确立了"不让一个教师掉队"的理念,学校将教科室改建为研究督导部,专门负责教师的专业发展。学校出资成立了由市内名师、市教育学会成员、部分教研组长、学校学科带头人约十人组成的"教学督导小组",对全校教师尤其是青年教师进行专门帮助。每周每个督导员听课两节以上,每半个月督导员分别写出调研报告交研督部,由研督部每个月写出综合报告上报校长室,校长室向全体教师公布督导结果。北环中学还对教师采用"因材施教"式培训,针对不同的教师群体,进行有针对性的培训。例如,对新分配来的青年教师进行学科技能、礼仪培训等;对5~10年教龄的教师进行教育信念、职业理想培训;在35周岁以下的教师中开展才艺展示和基本功比赛;对其他年龄阶段的教师群体进行职业生涯发展规划培训,内容包括教师发展的高原期、职业倦怠、心理健康等。[168]

（二）主体性策略

主体性为一般教师发展成为有效教师提供始发力、维持力与推动力,教师主体性的强弱决定了他们发展的快慢。通过对50名有效教师发展历程的分析可以看出,一般教师发展成为有效教师主要靠教师的主体性,这一过程就是他们的主体性由弱变强的过程。

首先,从工具自觉到主体性的确立。长期以来,教师被当做代表政府或社会向青少年学生传递科学文化知识的工具,他们在工作中缺少主体性。在这种情况下,教师处于一种被动状态,他们缺乏自主的发展意识。确立教师的主体地位是一般教师发展成为有效教师的关键,缺乏主体性的教师不可能成为有效教师。

其次,从经验摸索到理性自觉。经验在教师发展中的确起着十分重要的作用,但由于经验的非理性与非系统性,教师完全仰仗于经验的积累是不行的。教师应确立成为有效教师的价值理性。价值活动是一个从价值主体需要开始,经过价值意识、价值创造到价值生成与价值实现的过程。在发展成为有效教师的过程中,教师应确立起对教育、教学工作以及学生的价值系统,这是他们的发展从偶然走向必然、由盲目走向自觉的重要前提,是一般教师发展成为有效教师的保证。

再次，从理论思考到实践探索。教师对教育教学理论的学习与思考固然十分重要，但教师的理论思考必须与教学实践自始至终紧密结合。在一般教师发展成为有效教师的过程中，教师应该做到在理论思考的同时进行教学实践探索，在实践中进行理论思考。

最后，从学习模仿到自我建构。学习与模仿是教师主体性的具体体现，但要发展成为有效教师，仅此是不够的。教师还应不断进行教学方法、教学技能等的自我建构。教学方法是教学艺术的基础，对教学方法灵活自由的运用就是教学艺术，教师要形成教学艺术，首先就应当建构自己的教学方法。同时，教师还要根据教学内容、教学对象等因素创新教学方法。教学技能在教师发展中居于基础性地位。教师正是有了基本的教学技能，才能在教学中合目的、合情境地随意发挥与创造。教师需要在教学实践中不断进行教学技能的自我建构，应对教学技能的含义与范畴有自己的理解，能够形成掌握教学技能的意识和练习与提高教学技能的习惯，对自己的教学技能能够经常进行自我反思。

（三）知识性策略

这里主要指"教师知识"。"教师知识"是教师向有效教师转变的行动指南。教师知识体现着教师工作作为一种专门职业的独特性，它在教师的专业素养构成中具有独特的规定性与不可替代性。教师知识是教师从事教学活动必须具有的资源，它作为教师的智慧，体现在教师的教学行为之中。教师知识的多少与运用情况是反映教师教学水平高低的一个重要指标。没有丰富的教师知识，教师很难开展自己的教学活动，很难对课程进行理解、设计与实施。教师知识是通过教师的价值观念、智慧技能、理性行为等方式反映出来的。在教学中，教师应当理解学生，理解课程内容和课程的教学价值，应该对教学过程进行把握和监控，作出解释和评价，这些都需要以教师知识作为基础。美国著名教育家杜威认为，尽管科学家和教师都掌握学科知识，但二者的学科知识是不一样的，教师必须把学科知识"心理学化"，以便让学生能够理解。从知识的性质来说，教师知识具有很强的实践性和教育性。

第二节　学生有效参与策略

　　探明在主体教学活动中个体学生思维理解认识的机制，以及个体如何通过交往实现发展，并在此基础上确保主体教学的有效性，这是我们在研究主体教学有效性时应着重思考的问题，也是本节所要探讨的主要内容。

　　学生在教学中学习科学知识、发展技能，都是为了提高其主体性水平。但掌握知识、发展能力也必须发挥他们的主体性。因此，主体性既是手段，也是目的。在实际的教学中，我们注意到，有些校长与教师一提"主体性"就反感，这是由于对主体性的误解而造成的。他们可能认为这样会影响升学成绩，给课堂管理带来困难。有些校长只重视通过教师扎实的备课来提高教学质量，殊不知，教师备课再扎实，但如果缺乏学生的主体参与，就很难保证教学有效性。在主体教学实践中，有些教师对主体性原则坚持得不好，时断时续，前紧后松，虎头蛇尾，就是由于对主体性理解不深刻或因在教学中的急功近利思想等造成的。

　　主体教学归根结底要落实在学生对教学的主体参与上。Mary Biddulph 和 Ken Adey 等对 10 所中学 1400 名九年级中学生就历史、地理学习问题进行了问卷调查，调查结果显示，学生们在历史和地理课堂上喜欢小组学习、研究性学习等教学方法，喜欢主体参与，不喜欢被动的学习。这个结果又被 Hooper 等的研究所证实。[169]因此，主体参与是主体教学有效性的保证。最近几年，人们对主体教学策略研究得较多。有人提出"主动参与—积极交往"的课堂教学策略：创设情境—初步参与；引导自学—独立参与；组织交往—合作参与；精讲解疑—深入参与；总结演练—拓展参与。[170]

一、主体参与可以使学生的个性得到充分的发展与表现，保证主体教学的效益

　　教学中，学生的参与是一种必然，选择不参与教学的学生可以暂时不到校，然而，在义务教育阶段，法律将会强迫学生上学。因此，从长期来看，学生参与教学是社会对他们的基本要求。法律可以强迫学生坚持到校学习，但法律无法强迫学生以何种方式、何种态度去参与教学，其参与在本质上是主体性的还是非主体性的，主要取决于教学的民主气氛和学生的主体性意识与能力。不同的参与方式和态度决定着学生不同的个性结构。根据上述分析，我们认为主体参与有利于形成学生合理的个性结构。

主体参与可以体现个性的特点。个性有两个重要的特点，即倾向性与差异性。倾向性是能力、兴趣、意志、气质、自我意识、价值取向等因素综合作用的结果。在复数主体的活动中，个体的态度或行为可以是肯定性的，也可以是否定性的。其实正是复数主体之间合作与冲突所形成的张力才使活动充满了生机与活力。个体失去了倾向性，也就失去了个性。主体参与就是个体自主性地参与，个体对参与的内容、方式都有自己选择的权利，而这正是个体倾向性的体现。

独特性也是个性的一个重要特征。在类主体中，这种独特性表现为差异性，没有独特性的共性是不会有差异性的。正是人的差异性才形成了丰富多彩的社会。传统教育无视学生个性的差异性，想使所有学生的个性都朝同一个标准发展，这种拉平补齐的做法是极其有害的。发展性教学提出了一个很重要的原则，即差异发展，这是承认与尊重差异的体现。在学生主体参与中，我们也重视差异，教师在教学目标的制订、课程内容的选择上都应当考虑不同学生的不同特点和实际情况。学生主体性的参与必然是从自己实际情况出发的能动性的参与，从实际出发的自主性参与必然是差异性参与。

只有主体参与才能使教学从抽象走向具体。教学活动是人—人耦合的现实性活动，它总是丰富的、具体的、富有生命力的。教学活动的运作不能只依据个体生理学或心理学机制进行说明，而要用师生共同参与的活生生的教学实践来表征。以往教学论研究在一些方面所表现出的自然化、形式化倾向，以及人本主义心理学企图通过个体神秘的精神、情感的需要与体验来揭示教学的做法，都把教学抽象化了。行为科学的研究表明，个体参与能提高其对活动目标的理解，只有教师与学生全身心参与并且产生多向互动的教学才是可感、可见、可说明、可理解的教学。学生参与教学，可以让他们与教师一起参与目标的制订、内容与方法的选择。这样，在整个教学过程中，学生就会感到教学不是教师"硬塞"给他们的东西，而是他们与教师一起创造的结果，他们对教学目标的理解，对教学内容的掌握就会深刻得多。主体参与使教学过程充满了学生的智慧以及学生的理解、思维、观察、体验、比较等内发性行为和他们的合作、分享、倾听、操作等外发性行为（这两种行为在效果上是"互增"的）。主体参与使教学结果走出了抽象的分数，变成了学生在真实情景中表现个性的各种能力。

　　罗杰斯认为，"人有理解自己、不断走向成熟并产生建设性变化的潜能"。[171]主体参与是挖掘人的这种潜能的最佳方法。马克思指出："只有在集体中，个人才能获得全面发展其才能的手段，也就是说，只有在集体中才可能有个人自由。"[45]84集体必然建立在共同活动的基础之上，个体在集体中如果消极被动，集体就不可能成为该个体"全面发展的手段"。应该说马克思在这里还有一句潜台词：只有在集体活动中主动参与，个人才能得到充分、自由的发展。美国哲学家鲁一士认为，"如果要我成为我，'成为我想的那个我'，那我就必须不止是单纯的我；我之所以成为我，必须放弃孤立，投身于人群之中；我的自我占有，随时随地都是对我的各种关系的自我投降"。[172]"投身人群之中"的个体倘若"随大流"，他就很可能被无声无息地淹没了，"我"就不会成为"我"。只有在与他人的联系中，在主动参与社会活动的过程中，人的个性才能得到一定的发展。没有学生对教学活动的主动参与，教学充其量只能完成塑造人格的任务，而不能完成构建人格的任务。只有当教学切实成为学生的主体需要，切实成为他们主动参与其中的"自己的"活动，以主体性为核心的理想的人格建构才能最终落实。

　　教师不能让学生个性的火花熄灭，要让学生在主体参与中生成个性！

二、保证主体教学有效性的参与策略

（一）设计有效活动，使学生积极参与教学

"人是在活动中通过活动来获得发展的。"[98]5人的主体性是人在活动中

实现自我发展的一个重要前提。在类主体的活动中，有些人的主体性强，有些人的主体性则可能比较弱。人对活动的自主参与是人的主体性的表现，因此也是人发展自己的重要途径。只有当人在活动中发挥出合理的主体性，活动对人而言才是一种发展性活动，也才是有效的活动。在单一主体的活动中，人不发挥主体性，活动就难以启动，也就谈不上有效；在类主体的活动中，只有所有人的主体性都发挥出来，活动才会更加有效。学生的发展也离不开教学活动。"教育者或教师企图不通过儿童自己的活动让他们掌握知识，培养品德，却将知识、品德要求强加到儿童身上。任何这样的企图只会破坏儿童健康的智力发展和精神发展的基础，破坏培养他的个性品质的基础。"[173]

可见，主体参与与活动紧密相连，活动是它的目的、对象与内容。因此我们也可以说，主体教学的有效性就是主体教学中的活动——尤其是学生活动的有效性。正是人的主体参与才使活动成为有目的、有效果的活动，成为展示人、发展人的平台。主体参与强调学生对活动的自主性、自为性，它表征着学生个体参与教学活动的倾向、能力与方式。主体参与是对活动的创造、运演，它决定着活动的方向、性质以及结果，使活动具有较强的建构性、有效性。主体参与是前提，对活动具有发轫功能；主体参与是过程，对活动质量具有影响作用。主体教学所提倡的就是主体参与基础上的活动，活动基础上的发展，只有这样，才能保证主体教学的效益。

1. 师生共同参与主体教学的设计与准备，提高"前教学"质量

活动设计、活动素材搜集以及活动条件创造是教学活动准备的重要内容。教师的有效教学应该注重教师在课堂教学中能够设计具有逻辑性的教学活动，这些活动既要具有明确的目的，活动之间又要有紧密联系。[100]30 教学活动设计是在现代教学理论的指导下，以达到学生的最优发展为目的，运用系统论的观点分析教学问题，确定教学目标，研究提出教学问题解决策略，教师与学生共同策划教学活动方案与教学过程的一种方法。教师要尊重学生的意见，甚至要与学生一起设计教学活动。教师和学生要在开放性教学观念的指导下，积极挖掘优质的、富有教育与发展意义的教学素材资源，这是主体教学有效性的重要保证。教学条件的创造是把教学构思与

教学设计体现在教学中的必要环节,是教学过程顺利开展的前提,也是教师与学生共同建构教学的重要程序。教学活动的准备应当是教师与学生共同的责任与义务。我们在这里所强调的准备是让学生做好准备。只有教师的准备,而无学生的准备,主体教学的有效性就会受到影响。

2. 创造多种形式的主体教学活动,达到个体主体活动与类主体活动相结合的目的

为了使学生积极参与,教师应激发学生的学习积极性,介入学生的学习过程,使学生处于良好的状态。[21]26-29为此,要把学生个体的活动和小组活动、班集体活动结合起来。这几种教学组织形式在学生发展方面都有各自的优势与不足。教师应善于确定合适的、动态的个体主体性活动与类主体性活动的结构,使之优势互补,相得益彰。这样就可以在保证学生个体参与教学的同时,使学生类主体也积极参与教学活动,从而保证主体教学有效性对全体学生的覆盖,同时也在集体合作学习中培养与发挥学生的社会性。

由于在先前的主体教学中教师十分注重学生整体在教学活动中的参与程度,致使教学更多地处于复数主体的活动之中,学生个体化的活动空间变得很少,这就使个体学生独立思考、自主探索的机会减少。在社会品质培养方面,如果个体主体性活动少,则容易养成学生从众的心理定式,不利于他们独立人格的养成。在有效的主体教学活动中,教师应该经常创造机会使学生进行个体主体性学习活动。

3. 要充分发挥根主体的作用,调动学生的思维活动

尼科洛夫认为生命能动性的相对独立的形式主要有:通过同外部环境诸因素的相互作用和身体内部各因素的相互作用再造机体的正常物质成分和能量;身体在外部环境空间的运动;通过机体的肉体运动改变外部物质环境;在精神上反映外部和内部的客体——评价它们对主体的意义;在精神上模拟主体未来的行为和主体能动性的若干套行为,以及这些行为的结果;调动和控制心理和生理力量,以便完成被模拟了的若干套能动性行为,在主观上以特殊的心理形式感受内部和外部的事件、事件对主体的影响,以及主体的能动性本身及其结果;把反映外部和内部客体属性的知识和评

价外化为包括主体动作在内的物质符号系统；把对事件的特殊感受外化为包括主体动作在内的物质符号系统。[81]127在尼科洛夫的观点中，内部活动与外部活动都是人的活动的重要表现，他所说的内部活动就是根主体的活动。重外部活动又重内部活动的方法能够保证主体教学的有效性。[158]88-91没有根主体的活动，外部的活动将是盲目的，其有效性将会受到一定的影响。我们在主体教学中强调的实质参与就是根主体高度投入。外部的操作性活动对根主体活动的深入开展是不可缺少的辅助，根主体活动给外部活动提供了理解性前提。主体参与既是学生物理力量的参加，也是他们精神力量的参加。没有他们的精神—心理力量的参加，教学活动中学生的物理力量就会大打折扣。学生的精神、心理、思维的参与是最主要的参与。外在活动的参与自然重要，但最重要的是思维的高度参与。罗杰斯提出，学生在教学参与中要身心"全部浸入"，他批评那种只是在"颈部以上的学习"。苏霍姆林斯基提出，要使学生精神全部参与到教学中去。在教学中教师要努力调动学生精神、心理、思维的参与，这是提高教学有效性的关键。

（二）创造和谐课堂，使学生乐于参与教学

我们在教学中应十分重视教学主体的人际关系，这是教学有效性的一个决定性因素。

人际关系是影响工作效率的重要因素，因为它总是与一定的心理反应相联系。教学中的人际关系也不例外。课堂环境中最重要的一个方面是师生关系。研究发现，温暖、积极的师生关系对教师的有效教学非常重要，尤其是能够鼓励学生对课堂教学起到建设性的作用。善解人意、良师益友型的教师可以帮助学生取得更好的成绩。[71]109人际关系主要有相倚性关系和对抗性关系两种。感情融洽、相互谅解的相倚性人际关系有利于调动学生学习的积极性；反之，对抗性人际关系不利于学习成绩的提高。学生对教师的对抗在程度上有轻重之分，如态度消极，不参与教学活动，不举手，不回答老师的提问，不做老师布置的作业，有时甚至还公开扰乱课堂秩序。这时，学生的参与几乎是一种对立性参与或破坏性参与。

"人爱和谐，渴求和谐，这是很明显的。"[174]研究表明，教学对立的主

要原因存在于教师方面，如教师的教学方法单调、教学态度蛮横、教学评价欠妥、教学内容枯燥等。改善师生关系的一个最好的方法是做一些学生能看得见的，能够很快起效的事情，如每天早晨当学生走进学校大门时，就能看到在校门口等候他们的老师，会使他们感到作为学生的价值和自豪。让学生体验到作为学生的权威感会增加学生建设校园环境的责任感，也会改善师生关系。[71]111

1. 教师与学生要从对立走向融合

在主体教学实践中，仍然存在着教师"太有架子、太严肃"的问题，教师以自己的意志主宰整个课堂。这样的教学打着主体教学的旗帜，演绎的仍是传统教学的故事。只有当学生的意志在教学中占有必要的分量时，教学才能算是主体教学，其有效性也才能得到切实保证。教师去除外表的威严，注重塑造以渊博的知识和高尚的师德为核心的具有亲和力的人格形象，建立一种资讯分享的伙伴性师生关系，是教学意志开始转型的基本前提。教师要体贴学生，关心学生，爱护学生，不断缩短与学生在心理上的距离。一个最基本的但是常常被忽视的能够促进良好师生关系的因素是老师要能叫出每一位学生的姓名。这似乎是很琐碎的事，但是如果老师叫不出学生的姓名，学生就会觉得老师不关心他们，而且老师不把学生当人看。[71]110

2. 用信任与鼓励培养学生参与教学的信心

在实际工作中，许多教师总是对学生缺乏正确的估计，总认为他们是孩子，需要教师扶着，甚至牵着。课堂当中一些教师不能还权于学生，实际上就是不相信学生的表现。主体教学要鼓励学生，只有这样，才能培养学生的自我概念，也才能使集体更具合作性。教育心理学的研究成果和一些优秀教师的经验证明，教师的话语风格对学生的主体参与会产生不同的影响。鼓励是十分有效的教育手段，可惜的是在现实的教育情景中，鼓励常常被挖苦、责备所代替。在教育实践中，教师在探索新的方法的同时，也要做到"旧方法新运用"。"信任"、"鼓励"都是弥久而常新的好方法。

3. 增强教学活动的吸引力，提高学生参与活动的兴趣

美国哈佛大学心理学家詹姆士曾做实验证明，通过激发兴趣，人的积

极性可以增加 3~4 倍。有人推出了这样一个描绘性公式：学生的学习成绩＝能力×兴趣。据调查，我国许多学生对教学活动兴趣不大，教学内容的纯知识化、教学方法的单调机械是其中很重要的原因。在主体教学中也同样存在着这样的问题。我们所进行的主体教学实验表明，吸引力越强，学生的学习兴趣就越浓，主体教学就越有效。

主体教学要求满足学生教学需要，提高学生的参与兴趣。不从学生的实际需要出发，就不可能使他们在教学中产生兴趣。教师要了解学生，了解他们的教学需要，这是从学生需要出发设计与组织教学的开端。学生在教学中的需要有现实性需要与可能性需要两种。满足学生现实的教学需要，就可以确保学生参与教学相对高的主体性；提升学生可能性需要的层次，则可以确保学生参与教学绝对高的主体性。

首先，教师应帮助学生形成合理的发展性需要结构。高低层次的需要、不同类型的需要共同作用就形成学生发展的动力系统。个体学生的需要具有历时性变化的特点，如学生时而有表现的需要，时而可能会有认知的需要。合理的学习需要是动态的、具有层次性的、可以互相转换的。不同学生在教学中的需要具有鲜明的差异性。也正是千差万别的需要才构成学生不同的个性。教师在主体教学中应当努力去培养学生合理的需要、多种类型的需要，使每个学生都具有合理的发展性需要结构。

其次，应帮助学生培养追求较高层次学习需要的自觉性。高层次的学习需要是主体教学有效性的重要保证。有些学生在教学中表现更多的是一些低层次的需要，他们缺乏自觉的发展需要。有些学生虽然胸怀大志，但在教学中的学习动力却不强，原因就在于他们不能及时把远大的志向变成平时学习的高层次需要。学生有了自觉的高层次需要，其主体参与教学的境界就会更高一些，动机就会更强一些，同时也就会表现出更强的能动性和创造性。教师应当帮助学生形成高层次的学习需要。

（三）行动适度自由，保证学生自主参与

现在自主型教学方法在世界各地以不同的方式、不同的形式被广泛地运用着。发达国家在 20 世纪 90 年代中期出版了许多这方面的研究成果，也

建立了许多研究中心,如西欧自主学习中心、法国自主学习研究中心等,东南亚也建立了一些自主学习的研究中心,澳大利亚在移民教育计划中也做了许多自主学习的研究,北美洲的学者在自主语言学习的方式与策略方面做了许多研究。许多地方如英国剑桥大学、香港理工大学也召开了自主学习的国际研讨会。[175]

第一,自主型教学方法是主体教学的具体体现。主体教学必然要通过具体的教学方法得以体现。教师的教学理念再好,如果不在具体的方法中体现,也只能是空洞无效的。如果我们仅是从理论上阐述主体教学,而不能明确地提出一种可行的方法,那么,主体教学的有效性必然会受到影响。在教学论研究中,被人们公认的教学方法中至今没有自主型教学方法的地位,这种情况应得到扭转。

第二,自主型教学方法是主体教学得以广泛推广的有效载体。这些年主体教学实践的经验表明,在宣传推广中,空洞的理论和理念会使教师感到抽象、晦涩,影响他们认同、接受的效果。有些教师甚至直接要求"别讲那么多空洞的理论了,直接告诉我们具体的方法就行了"。有这种要求的教师不在少数。有的教师在听专家讲完后甚至提出:"您能否给我们上一节主体教学的示范课"。这说明关心具体方法的教师比关心教学宏观理论的教师要多,教师更加重视务实的东西。教学方法比教学理念要具体务实,我们在进行宣传推广时直接从方法入手可能会收到更好的效果,更容易被教师接受。

学生的自主参与需要一定的自由作为前提。教学中,学生的自由是指学生自主地而非被强制学习的一种状态。它可以分为内在的自由与人身自由。人身自由,指在教学中教师允许学生随意走动、相互交谈,学生可以选择他想做的事,能够按照自己的意愿参与教学;内在自由是指学生智力上的、情感上的和道德上的自由。有利于学生主体参与的教学就必须让学生既有人身自由,又有内在自由。教学中的自由和谐状态有利于人格的培养。马克思认为,只有充分具备自由发展的条件,才可能实现自由人格的发展。教学中自由活动的条件除了利于学生自由发展的社会、技术、自然等因素外,还需要一种自由的教学秩序。教学中,需要使学生从传统的专制状态下的被动参与转变发展为民主气氛中的主体参与，需要通过一种教学自治，体现教学中的"对称自由"。所谓"对称"，即指师生之间的平等。对称的自由有助于学生的主体参与。

自由意味着权利与责任。学生作为教学中人格独立的主体，应该有自主地参与教学的权利。学生的责任感往往是在他们的自主性活动中培养起来的。同时，学生在教学中要主体参与就必须有一定的自主权，也必须承担一定的责任。没有自主权，就没有主体参与；没有责任，主体参与就失去了效果。学生在教学中的责任就是他们必须完成一定的学习任务，主体参与的目的就是有效完成教学任务。学生的自由是相对的而不是绝对的，自由不等于自流，不是没有任务、没有目的、不受教师的指导等。

过去，我们在主体教学中十分强调给学生足够的自由，但在实践中我们发现，如果过分强调给学生自由，就有可能出现无所适从和放任自流两种情况。因为教师与学生对自由缺乏理解，也因为传统教学的惯性，教师与学生不知道该做什么、怎么做，从而出现无所适从的情况；因为对自由的度把握不好，教师可能采取"放羊式"教学方法，从而造成教学中对学生的放任自流。这两种情况都会影响教学的有效性。

由此可见，在主体教学实践中，不给学生自由不行，但如果给学生的自由超过了一定的范围，也会影响主体教学的有效性。因此，我们应该提倡在教学中给学生适度的自由，这是学生进行个性发展、实现主体性的必要条件。从课程的角度看，"自由学习课程不属于固定的课程形式加具体规定的学习范围，但在课程规划中可以作出明确的时间规定，而在学习目标和学习内容上则由学生自由决定，即教师不规定自由学习的具体科目或领域、目标、内容"。[176]

不管怎样，每个人至少应该有不可侵犯的最低程度的自由。如果这个范围被任意缩小，那么，其能力就可能得不到正常发挥。教育史上，尼尔是主张给学生较大自由的代表性人物，在他主持的夏山学校中，学生拥有选择是否上课的自由。卢梭赞成给学生自由。他说："完全不要给学生命令，绝对不要，也不要让他想到，你企图对他行使什么权威，只要让他知道，他弱而你强，由于他的情况和你的情况不同，他必须听你的安排；让他理解这一点,学到和意识到这一点。"发展性教学提倡给学生以自由。教师的工作不是约束、管理、命令、传授,而是观察、了解、帮助、指导学生。

教学中的自由最关键的是学生在各种教学活动中应该有一定的发言权。好的教师能够给学生一定程度的自由。

1. 适度的自由时间保证学生自主参与

教学中教师的讲授是学生理解课程的重要前提。但教师的过度讲授在教学中却不利于学生的主体参与,对学生发展不利:①过度讲授导致过度的信息量,这必然会超出学生的"忍受度"和接受力;②过度讲授必然会使学生失去许多自主参与的时间;③过度讲授意味着教师在帮助学生理解时,费了苦心,这会降低学生理解的难度,使学生失去在有一定难度的理解过程之中发展自己的机会。多给学生主体参与的时间不会影响教学质量,这一点已被一些实验学校所认识并证明。教师在教学中要给学生一定的自由支配时间,要相信学生有相应的能力支配自己的时间。

在主体教学实践中,另外一种情况同样影响了它的有效性,那就是教师把大部分甚至全部教学时间都给了学生,导致了放任的主体性。要认识到自由不是放任自流,而是在教师的指导下,学生发挥其主体性。教师培养和鼓励学生进行自主学习的时候,要在教师指导和学生自主之间找到平衡点,要培养学生在自主学习过程中的自律和自我组织能力。[177]

因此,在主体教学中,教师讲授与学生自主参与的时间应该有一个合理的比例结构,根据一些教师在主体教学中的经验,较好的比例是:学生自主参与的时间大概为2/3,教师讲授、指导的时间大概为1/3。当然,由于教学内容、学生学习情况的不同,可以灵活掌握主体教学时间结构。

2. "问题自由"保证学生的思维参与

教师要鼓励学生自下而上地提问,既为其留出思考问题的余地,又为其提供回答问题的机会。教学中问题的质与量以及呈现方式直接影响着学生的主体参与。问题要少而精,要有一定的层次性,要在问题之间为学生思考留出充足时间。许多教师尽管用边讲边问代替了满堂灌,但由于问题的认识水平较低,不利于学生主动思考。有些教师在课堂上频繁提问,有的甚至达到一节课一百多次，这样就分散了教学的中心问题，削弱了学生学习的主要内容。教师要善于把教学内容转化成一系列的问题，即几个大的问题和若干小问题。没有问题的平铺直叙不能引发学生的思考，学生思维的发展依赖于他们对问题的思考。问题设计应当是教学设计中的主要内容。学生智力发展的理想程式应当是：设计问题—思考问题—解决问题。

教师要使学生的回答具有一定的多样性，要使自己的回答具有一定的启发性。思考的过程是学生发展的关键环节，倘若没有了这一过程，只剩下"设计问题—解决问题"，学生的发展就不可能实现。

3. 课程内容的适度选择性保证自主参与的落实

从课程的角度看，近几年人们十分重视另一种课程形态，这就是自由学习课程形态。因为基础的、强化的课程都具有较强的规定性和计划性，都是国家、地方或学校层面对学生学习作出的规定和计划。这些课程缺乏灵活性、活动性以及学生的自由性，都不利于发挥和发展他们的主体性。"一所基础学校的根本目的，尤其是指导教学的根本目的，在于使每个人有可能自由地发展他的才能和爱好。"[178] 弹性化的课程内容就适合学生自由选择、多元发展。

弹性化的课程内容是指在教学中呈现的课程形态在难度上具有一定的层次性，既有适合好学生的挑战性课程内容，又有适合学困生的低难度课程内容。一些教师担心，如果课程内容太弹性化，教学进度就难以保证。设计弹性化的课程有利于学生根据自己的实际水平自主地选择课程内容，从而有利于学生在教学中的差异发展。现代教学理论对课程提出的要求即课程设计要有利于学生的发展。课程应从学生出发，在知识的呈现上应有利于学生的主体参与。课程内容的弹性化设计给教师提出了更高的要求。主体教学要求教师对教材内容进行一定的加工制作，把知识分层次地呈示给学生。因此，教师的备课任务会比以前有所加大，"备教材"的过程不再是仅仅对课程内容进行再加工、再创造。弹性化的课程内容能使每一个学生都能体验到成功的喜悦。学困生可以选择难度小的题目，在题量上可以少做；优秀的学生可以选择具有一定挑战性的题目，可以加大题量。这是增强学生参与兴趣、实施因材施教的重要策略。

第三节　主体教学公平策略

公平是人类社会永恒的价值追求。在信息发达、人们素质不断提高的当代，公平成为人们评判事物的重要尺度。公平观具有很强的社会性、时代性特点。由于人们世界观、价值观的差异，人们的公平观也存在很大的不同。公平是人们维护自己人格、尊严的需要，也是社会和谐的重要保证。在社会竞争日渐激烈的今天，人们更呼唤公平竞争，只有公平竞争才能保持社会的稳定、有序与和谐。

教育公平是人类几千年一直追求的教育理想。孔子早在2500多年前就提出了"有教无类"的教育主张，表达了教育公平的理想。他提出"因材施教"的教学方法就是教学公平理想的体现。英国的米尔恩（A. J. M Milne）认为"不论一个社会共同特定的文化条件和价值如何，有一种东西是每个成员都应该得到和给予的，这就是公平待遇"。[179]联合国《儿童权利公约》中的一条重要原则——"无歧视原则"就认为，所有儿童都应当受到平等的对待，不应受到任何歧视或忽视。

教育公平应从教育起点、教育过程、教育结果三个方面进行分析。教育起点公平是指平等的入学机会与平等的受教育权利。教育过程中的公平主要是教学公平问题。现在我国教育起点公平问题正在越来越好地得到解决。在这种情况下，教学公平作为教育过程中的公平问题就变得越来越重要。教学公平是教育公平的主要方面，它是指在教学过程中学生获得主观教育资源与客观教育资源有大致相同的机会和权利。客观的教育资源指教学环境、设施、教学内容以及教学中的时空资源。主观的教育资源主要指教师对学生的期望、对学生的指导以及对他们的评价和与他们的交流等。

一、主体教学中不公平的表现及影响

（一）教师交往指向的非全体性及其负面影响

我们在对教改实验课进行观察时注意到，教师与学生的交往具有明显

的不公平性。首先，从交往发生角度看，课堂教学中的交往一般都是由教师发起的，而学生大多是一种应答性交往。这对学生来说是不公平的，也反映出他们的主体性水平较低。公平交往的发起者应该既有教师，又有学生。如果永远只是由教师发起教学交往行为，就说明学生不想主动问教师问题、讨论问题，表明他们处于被动接受状态，那么主体教学的有效性程度必然受到影响。其次，从交往行为过程看，教师与学生的交往具有非全体性。主体教学强调交往，通过交往达到实现学生发展的目的。交往是主体与主体之间的沟通、交流，以认识与情感为基础，但在主体教学中，我们注意到教师交往具有明显的情感倾向性。一些教师乐于与少数学生交往沟通，他们或是班干部，或是优等生，或是家庭背景比较好的学生，或是性格方面被教师喜欢的学生。这就使相当一部分学生被教师冷落了，他们游离于教师交往范围之外，这对他们而言有失公平。

教师交往的不公平产生了以下负面影响：首先，交往的不公平影响教学效果。在这一过程中，有些学生得到了教师的及时指导，而另一些学生却没有得到教师的指导，致使这些学生学习中的问题没有得到及时有效的解决，从而影响了他们知识的掌握和能力的提高。其次，交往不公平会对学生心理产生不良影响。第一，影响学生（尤其是年龄小的低年级学生）对教学活动参与的兴趣。教师除了教学外，还有一个重要任务就是激发学生的学习兴趣，及时观察学生参与情况，进行及时评价。及时的鼓励和评价对提高学生学习兴趣很重要。有一位小学生告诉我："当我用一种新的方法解出来一道题的时候，特别希望老师表扬我，如果老师不理我，我会很失落。"如果教师与学生交往中存在不公平，忽视了与此类学生的交流，没有及时鼓励学生，可能就会影响到该生的学习兴趣和热情。第二，影响学生的情感。教师交往的不公平可能会引起一些学生与教师情感的对立，使学生产生一种"逆师性"心理状态和其他不满情绪，这会严重影响学生参与教学的积极性，最终必然影响教学有效性。第三，从社会性角度看，影响对学生"公平观念"的培养。公平是人类始终追求的一种社会理想，在教育教学中培养学生的公平意识对于提高社会的公平具有重要意义。主体教学十分重视对学生社会性品质的培养，而公平是社会性品质的主要内容。

如果教师在与学生交往中存在不公平，就会对学生产生负面影响，影响他们社会性品质的形成，无助于学生公平观念的建立，也影响其人格发展。因此，教师应善于让学生体验公平、践行公平，培养他们的公平意识与精神。

（二）主体教学评价方面的不公平及其负面影响

主体教学评价中的不公平主要表现在两方面。

第一，评价标准缺乏差异性。学生的个体存在差异，按照同一个标准对他们进行评价是不公平的。多元智能理论认为，智力是多元的，不是一种能力，而是一组能力。每个个体身上存在着与特定认知领域或知识范畴相联系的七种智力，而且每个人都同时拥有这七种相对独立的智力。这七种智力在每个学生身上以不同方式、不同程度进行组合，从而使得每个人的智力发展各具特点。但我们的考试成绩往往反映的只是学生的数理—逻辑—记忆能力，并由此区别出好生与差生。对于学习好的学生，教师更加"高看一眼"，更加严格要求，学习差的学生则容易被忽视。这对于好生与差生都是不公平的，好生可能会由此感到超出其承受能力的身心负担，极易出现"教育疲劳"、"教育过饱"现象，而差生则可能得不到必要的关心，处于一种无助状态。

第二，教师对学生评价的非公正性。主体教学中，教师的评价对学生起着价值引导作用。在实际教学中，教师的评价存在着两种情况的不公平。第一种情况是教师对学生集体评价的非公正性，这种评价的指向是学生集体。教师对学生集体评价的不公平会造成班级气氛沉闷，学生普遍缺乏学习的热情和积极性，学生自信心差。例如，有些教师习惯采取负向性评价，总是用否定的态度对待学生，致使学生的主体性受到严重影响。学生在这种评价面前感到很压抑，体验到的不是成功的乐趣，而是一种失败的挫折，这样的评价对学生而言是很大的不公平。另一种情况是面向个体学生的非公正性。具体而言，这种不公平表现在以下四个方面。一是根据关系远近评价学生。有些教师对自己喜欢的学生往往给予高度评价，对自己不喜欢的学生进行评价时总是留有余地，即便他们在教学中的表现水平是相当的，得到的评价也有很大差别。二是根据性别评价学生，有些教师对女生往往给予较高评价，有些教师则相反。三是根据学习成绩好坏评价学生，对成绩好的学生总是给予较好评价，对成绩差的学生总是给予差的评价。四是根据学生家庭背景评价学生。有些教师对父母社会地位高的学生评价总是比较好。我曾听到一位教师这样评价学生，"某某爸爸是教授，他的表现肯定错不了"。

（三）教学资源分配、利用的不公平及其负面影响

目前在我国大多是由学校和教师掌握着硬件资源的使用权，这对学生而言是不公平的。如在网络使用方面，学生缺乏自主权、选择权，网络由教师掌握并使用。一些学生说计算机的鼠标掌握在教师手中，学生不能对信息进行选择性利用。一些学校有微机室，但却很少向学生开放，使用率很低。这些资源原本是给学生使用的，如果学生没有更多的使用机会，这对他们是不公平的。这种情况在我国中小学较为普遍。在开展研究性学习方面，一些学校的图书资料太少，学校只让高年级学生进图书馆，不让低年级学生进入，这是不公平的。在教学手段操作使用方面，有些教师经常让少数学生配合、参与，这对其他大多数学生而言也是不公平的。学生参与操作对他们的发展十分重要，也是他们参与的一项重要内容。有个初中生告诉我，在上体育课时，单双杠、篮球不足，学生抢着使用，致使一部分学生只能在旁边当观众，这对他们是不公平的。

实验教学中的不公平现象也十分严重，这主要表现在以下两方面。

第一，教师在实验教学中给学生设计了详细的实验方法与步骤，这就等于剥夺了学生思考实验方法、步骤的机会，对他们而言是最严重的不公平。知识可以分为陈述性知识、程序性知识与方法策略性知识。由教师设计实验的方法与步骤，这说明我们在教学中只重视陈述性知识，而忽视了程序性知识与方法策略性知识。发达国家的教师在实验教学中让学生自己设计实验的方法与步骤，在一个班里，学生做同一个主题的实验，他们所用的方法、程序可能是不同的，这会激发学生的探究欲望。我国教师的做法将导致学生知识结构不合理，影响学生主体性的发挥与发展。

近几年我国开始提倡综合性、设计性实验，但大多流于形式，教师还是不能放手。

第二，实验设备使用方面的不公平。在许多学校，学生只有上实验课时才使用实验室，平时他们进不了实验室，实验室的利用率不高，学生操作能力的发展受到了限制，这对他们也是不公平的。此外，在实验过程中，我们注意到，总是部分学生进行主要操作，另一些学生充当配角，负责做记录、提供工具器皿等工作。这种活动中的角色总是相对固定的，"主角"总是主角，"配角"总是配角，长期而言这对主角与配角都是不公平的。主角做惯了主角，就不会做配角，反之，长期做配角的学生往往不知道怎么做主角。由于对实验设备操作程度的不同，学生实验技能提高的水平也是不同的。

教学资源中还有一个非常重要的资源——教学时间。在目前的主体教学中存在时间利用不公平的情况。课堂教学时间利用的不公平主要表现为以下两方面。第一，在课堂上，教师占据了大部分时间，这对学生而言是不公平的。与一般教学相比，主体教学（并非严格意义上的）中的教师话语时间有所减少，但与发达国家现代课堂教学中的教师话语时间相比，我国教师的话语时间仍然太多，严重影响了学生在教学中自主学习的时间。第二，学生利用公共时间的不公平。小组合作学习是主体教学中教师使用得越来越多的一种教学组织形式。根据观察，在这种学习形式中，讨论发言只属于少数学生，在5~7人的小组中，有2/3的学生没有发言时间，这造成了一种不公平。笔者曾连续在一个班听了5节课，注意到在课堂上经常被点名发言的总是较为固定的一些学生。也就是说，在利用公共时间进行主体参与时，大多数同学都在被动听讲，只有少数学生获得了主体参与的机会。一位教研员在教学班连续听课后发现，该班有两名"学习尖子"在两天内被各科教师提问共计12次，而另两名"学困生"在两天内却无人问津。[180]有统计表明，在我国小学课堂教学中，10%左右的所谓差生被提问次数只占班级平均次数的1/2，优等生的1/4。教师为了维持课堂的活跃气氛，防止冷场局面，往往让约占学生总数20%的思维灵活者来回答课内80%的问题，约有30%的人没有被提问的机会。这是一种较为严重的教学不公平。

(四) 班级规模过大引发的教学不公平及其负面影响

我国班级平均规模是 60 人左右，发达国家的班级规模大都是 15 人左右，我国的班级规模明显大于西方国家。班级规模过大引起的教学的不公平主要表现为以下四方面。

第一，班级规模过大影响课堂组织形式的变革，导致学生交流、自主学习等方面的不公平。据调查，在主体教学初期，一些教师确实改变了课堂组织形式，但很快又恢复到了秧田式状态。有教师告诉笔者："因为班级规模太大，为了维持良好的教学秩序，还是横排形式好。"在这种教学组织结构中，学生都朝前方看，教师是学生目光的焦点，学生之间的交流与互动非常不方便，教师与一组学生或个体学生的交流也不方便，因此教师只能面向全体学生进行知识传授。教师无法根据教学及学生发展的实际需要，灵活地设计与运用教学组织形式，而只能采取一种模式，那就是教师讲、学生听的模式。教师与学生之间的交流，学生的自主学习、研究性学习，教师对学生个性的关照等，都受到了很大的影响，对学生而言这是很大的不公平。

第二，教师对学生的关照度和期望值的不公平。教师的关照对学生而言是一种十分重要的主观教育资源。它包括教师对学生的关注、与学生的交流及互动。教师的关注包括对学生的注视或观察，这都会对学生产生一定的教育影响。因为学生十分在乎教师对自己的关注，他们会认为这是教师对自己的重视，从而激发起他们的学习热情，提高他们的表现欲望与兴趣。然而在大规模的班级中，教师的关照度会受到严重影响。因为班级规模大、人数多，教师受精力与时间的限制，对每个学生的关照将会十分有限，不可能与所有学生进行交流，也不可能对所有学生进行个别指导，而只能与少数学生交流，使教师的关照出现不公平。

教师期望作为一种主观的教育资源也对学生具有重要意义。然而在我国学校中，班级规模过大，教师面对的学生过多，教师的期望往往难以产生预期效果。亚当斯（Adams）和比德尔（Biddle）曾对我国较为流行的

"横排式"座位形式做过研究，他们发现，在教室前排到教室中间地带的课堂气氛比较活跃，他们将这个区域称为"活跃地带"。[181]处在"活跃地带"的学生往往会得到教师的高期望。教师可以很容易地通过非言语举止，如眼神、表情等给学生传达关注和期望，与学生进行情感交流，师生在这个地带常常表现出一种实际的互动。但处在后排的学生因为距离教师远，教师与学生的情感交流较差，教学的"场"效应较差，学生的行为往往较为散漫，游离于课堂活动，表情较为冷漠。教师在课堂上对后排学生的监控经常处于"无奈"状态，在多次矫正后排学生不良行为但效果不佳后，教师会对他们采取放任态度，期望值就会较低。这是一种教师期望的不公平。

第三，学生参与的不公平。班级规模大，会影响学生的主体参与。在规模较大的班级里，学生人数多，座位拥挤，活动受到限制，学生发言、交流、讨论、操作的机会都会受到影响。我们在课堂观察中注意到，在规模过大的班级里，大部分学生较为被动、沉默，只有少数学生较为活跃，这是目前教学中存在的最为严重的不公平。有研究表明，在规模较大的班级里，被剥夺了参与课堂发言讨论机会的往往是那些性格内向或能力较差的学生。[182]

第四，主体教学的非层次性和教学内容的非差异性。学生过多使得教师无法针对学生的差异和特点因材施教、个别指导。首先，在课堂教学中，教师要面对全班同学，因此很难进行分层教学，没法给不同类型的学生设计、布置学习任务。其次，在大规模的班级教学中，教师很难与学生进行教学互动。由于空间资源的问题，致使教师与学生面向的是共同性的活动，活动中的互动较少。互动是一种双边或多边行为，互相带动，互相影响。由于班级人数太多，教师与学生不得不采取统一的、单向的教学行为，难以开展不同层次的教学活动。最后，在大规模的班级教学中，教师面向个体学生的机会受到限制，他们很难根据个体的实际情况选择富有差异性的教学内容，无法更好地因材施教。而在作业的批改中，由于人数太多，教师很难仔细分析每个学生作业的情况，针对学生的具体情况进行个别的作业辅导。

二、主体教学公平的实施策略

（一）差异性教学艺术策略是培养学生个性的重要措施

多元智能理论认为，每个学生的智能特点都是不同的，因此真正的教学公平必须建立在承认与发展每个学生的差异性智能的基础之上。世界上没有两片完全相同的树叶，同样，世界上也绝对没有两个完全相同的学生。不同形状、不同颜色、不同功用的物质构成了五彩缤纷的世界，同样，个性不同的人使这个世界异彩纷呈，充满了生命的活力。主体教学十分重视培养学生的个性。从比较的角度讲，个性就是差异，就是不同。由不同个性的学生所组成的班级，同学们互相学习、取长补短，从而形成了一个颇具活力的集体。可以想象一下：由50个个性完全相同的学生组成的班级会是什么样子？它肯定会死板、沉寂，缺乏旺盛的生命力。所以，教师在教学中切不可削平扯齐学生个性的差异，相反，还应培养这种差异，使几十个学生沿着不同的个性方向不断发展。

具体来说，我们可以采取因材施教与分层教学策略。

因材施教是一个弥久而常新的教学口号，但在我国的教学实践中却一直停留在理念状态。在主体教学实践中，只要我们把因材施教的教学原则落到实处，就可以体现出教师的教学艺术水平来。在教学中体现"因材施教"这一教学思想的关键是要对学生有一个全面、准确的了解，掌握每一个学生的个性特点。

首先，应让教师意识到因材施教作为一种教学思想与教学原则的重要性。教学中是否坚持因材施教，关系到能否培养学生的个性特长，关系到能否让学生真正获得发展。其次，教师应学会在面向全班学生的同时，面向每一个学生。我国教师由于多方面原因，上课时大部分时间是面对全体学生说话的。笔者访问过澳大利亚的一些中小学校，在那里，教师的主要任务是个别辅导。

分层教学的一个依据是学生的实际发展状况。教师要深入了解学生，他们应当具有识别学生的能力，这主要体现在对学生发展的个别差异的认识上。分层教学的关键是给不同学习程度的学生提供不同的学习内容。

笔者在澳大利亚南澳州注意到,教师一上课就给每个学生的桌上贴一个纸条,这是教师在备课时根据每个学生的情况所设计的学习任务,每一个学生的学习任务都是不同的。看来,教师在备课时下了很大的工夫,他们也下工夫研究了学生。我国的班级学生人数太多,这是分层教学的客观困难。因此,实现教学的小班化是实行分层教学、因材施教的必要措施。分层教学也要求教学方法具有一定的分层性。如教师对学习程度不同的学生可以用不同的语气,对后进生可以是鼓励性话语,对尖子生可以提出更高更严格的要求。同样,一节课的节奏应该紧凑快捷,尤其是在面向低年级学生或教授基本技能时,这样可以使学生保持较为持久的兴趣。在教授较难的内容时,可以放缓节奏,便于学生有更多的时间思考理解所学内容。[71]31 在评价方法上也要实行分层。

(二) 交往性公平策略是主体教学有效性的重要保证

教师与学生的交往对学生发展具有重要意义。教师因其特殊的社会身份,在教学中通过与学生的交往对学生产生一定的教育作用。交往是教师向学生传授知识、培养学生能力、提高学生智力,使他们养成健全人格的重要途径。为此,教师的交往范围应该是全覆盖的,也就是说,他们必须与所有学生进行交往,因为他们是面向全体学生进行教育。虽然生命的有限性与交往的目的性决定了人们的交往必然具有选择性,但在职业交往中,职业的特殊性对交往也有特殊要求。教师职业的教育性要求教师在与学生的交往中必须考虑交往对全体学生的教育意义。教师交往在某一个时间片段上肯定是有选择性的,这是根据实际情况进行因材施教的保证,例如在一节课上,教师可以有选择地着重与几个学生交往,但是在一个总的时间阶段,他们与学生的交往应该是非选择性的全体交往。

(三) 评价性公平策略有利于对学生的正向引导

主体教学中,教师的评价对学生主体性的表现与发展起着十分重要的作用,为保证教师评价的公平与公正,教师应当做到以下几点。

第一，坚持正向评价原则，以鼓励、引导为主。这是保护学生主体性、促使学生在教学中主体参与的主要保证。学生经常被批评，对他们而言有失公平。教师在评价时应多鼓励表扬学生，增强其自信心，少采用负向评价。

案例5-2

一次，一位老师给一个学生的作文批下的分数是六十五分，外加一行字：如果你再努力些，一定会更好，老师对你有信心；第二次作文发下来了，得分是六十六分，还有一行字：有进步，再努力，其实你可以表现得更好，老师喜欢看到你进步的样子。这个学生看到批语后，非常高兴，因为六十六分比六十五分多了一分。他认为自己通过努力进步了，真是一分耕耘、一分收获。这位学生后来说："我当时那么天真。六十五分和六十六分不是差不多吗？有什么值得高兴的？但那时候，我觉得我真的进步了，一直到现在，我都有勇气写文章和演讲。"

还有一位老师在一本学生作文上写下了"看你的作文是浪费我的生命"这样一句话，老师认为这篇作文，超出了学生的写作水平，肯定是抄哪一本作文书上的。学生看了批语后，心里非常痛苦。他想：以后不要再努力了，要不然，会在同学面前出丑的，从此再也没有写出像样的作文。这两位老师对学生的态度真是天壤之别，一位的鼓励让人感到舒心，让学生对写作充满了信心；一位的打击让人感到痛心，学生对写作失去了信心。[183]

第二，根据个性差异、学习实际进行评价。教师应当了解学生学习的实际情况及个性差异，这是进行合理公正评价的重要保证。比如有的学生自尊心很强，那么教师的评价就应当注意保护他们的自尊心；有的学生因为学习成绩好，有点骄傲自满，那么教师就应当给予适当批评；有的学生学习比较吃力，但学习态度十分端正，教师就应当注意及时肯定其在学习中取得的哪怕是一丁点儿的进步。

第三，以发展的眼光评价学生。学生有了进步而教师看不到，还是用以前的观点看待、评价学生，对学生而言是不公平的。因此教师在评价时应具有发展性的眼光，及时了解学生最新的变化，给予适当评价。

第四，评价要有利于全体学生的发展。为了避免教师对学生的负期望，教师首先要意识到自己的一些偏见。来自不同民族、不同社会阶层的学生的行为表现在某种程度上会和老师的标准有所不同。所以，教师应该切记每一个学生都有学习的能力，而且还要把这一信息传递给学生。教师应该用客观标准评价每一位学生的作业，应该尽量给每一位学生平等的发言机会。[71]115教师不能以分数看待学生，把学生按照分数区分出好、中、差来，这不管对哪类学生来说都是不公平的，尤其是对学困生来说更不公平。优待学优生、慢待学困生的做法应当坚决摒弃。教师的评价应当让全体学生感觉到一种上进的动力。

第五，评价应当把他评与自评结合起来。主体教学的主要任务之一就是要发展学生的主体性，学生自我评价也是其主体性的一项重要内容。教师应当重视学生自评能力的培养，使学生学会正确的自我评价。这一方面可以帮助他们对自己有一个客观公正的认识；另一方面，自评是学生的一种自省，有利于促进他们在教学中主体性的发挥。教师应加强对学生自评的指导，其中应避免两种错误倾向。一种是自贬，有些学生为了表现出谦虚，盲目贬低自己；另一种是自大，有一种学生把自己看得太高，目无他人。学生自评时过于自贬，他们可能在行为表现上放不开手脚。如果他们过于自大，就会在个性上过于张扬，不利于他们合理主体性的形成。这两种自评的极端表现都是不足取的，都是对学生自身的不公正评价。教师要引导学生正确认识自己，客观评价自己，将自己放在集体中进行评价，要善于知己知彼，善于看到自己的长处与短处，也要善于看到其他同学的长处与短处。

除自评外，学生还可以进行互评。互评也是主体教学中经常使用的一种评价方式，它也存在公平的问题。因此，我们所说的公平不只是教师对学生评价的公平，还包括学生自评与互评的公平公正。学生在互评时，应善于看到其他同学的优点，善于看到其他同学的进步。在进行肯定、鼓励性评价的同时，找出存在的问题，但给其他同学找问题必须是善意的。曾经有一位学生发言后，教师请另一位学生进行点评，没想到他一站起来就说："他口齿不清，思维混乱！"被评价的学生满脸通红，这种评价也引起了其他同学的不满。有学生下课告诉我说，评价者是在借机发泄对这位同学的不满情绪。引导学生客观合理地评价其他同学，有助于形成课堂良好的人际关系，提高教学有效性，也有利于学生形成健康完善的人格品质。

（四）资源性公平策略是主体教学有效性的基本要求

针对在教学资源分配和利用上的种种不公平，教师应采取具体措施，使这些状况得以改善。例如，针对教室后排或侧面的同学看不清黑板上的内容这一问题，应适时变换座位，此外，老师在黑板上写字的时候，尽量写大点儿，内容简明扼要，边写边读出来或进行说明；教室里的灯光分布不均匀的问题，可以通过以下方式得以解决：一是适时变换座位，二是在教室安装更多的灯管，以保证所有学生学习时光线充足。

对较为突出的实验教学中的不公平问题可以通过以下策略得以改善。第一，教师转变实验教学观念，让学生以小组为单位进行实验教学设计，设计实验的方法与步骤以及具体的分工情况。要在实验教学中，大力提倡综合性实验与设计性实验，减少传统教学中的验证性实验。第二，开放实验室。实验室要面向学生开放，这是提高实验室利用率，提高学生实验能力，培养学生的科学精神，进行研究性学习的必然要求。我们不能因为管理困难而关闭实验室，也不能因为怕学生弄坏实验仪器设备或者怕不安全而关闭实验室。第三，学生在进行小组实验时，角色分工应不断变化，使其各方面能力均得以发展。第四，中小学要重视实验室建设，加大投资力度，加大实验课程的比例，从而使学生有更多参与实验的机会。

主体教学中教师还要注意时间资源的公平策略。教师必须根据自己对学生学习速度、学习风格、原有的知识水平以及教学内容的难度精心计划教学时间的分配。[109]32有研究者对时间进行了性质的划分，大致分为以下几种情况："正时间"，即处于生命力良好发展状态的个体时间；"零时间"，即处于生命力停滞状态的个体时间；"负时间"，即处于生命力总体向消极、倒退方向恶化的个体时间。"零时间"和"负时间"都是无效时间，即人的无发展。[184]也就是说，虽然时间人人都有，但时间对人们的意义却是不尽相同的。这种从时间对人的意义的角度出发划分时间的方法，对于我们研究课堂教学中时间的公平问题具有一定启发。从教学角度来看，正时间就是促进学生发展的时间；零时间是教学对学生没有产生任何影响的时间；负时间是指教学对学生产生负面影响的时间。

下面我们具体分析主体教学中三种时间的情况。零时间：即学生处于一种游离状态，教学活动对处于这种状态的学生没有任何意义。例如，一些教师因为备课不认真，讲课内容空泛、陈旧，或者有些教师提供了许多冗余信息，学生一时难以接受，这些对学生而言都是零时间，是无效时间。负时间：我们常常会遇到教师在课堂上利用几分钟甚至十几分钟时间对"问题学生"进行批评教育，如果批评方式不恰当，批评用语尖酸刻薄，会使受批评者的自尊心受到挫伤。那么，这十几分钟对这位"问题学生"而言是痛苦的时间，也可能会对他产生负面影响，是负时间。在主体教学中，像学生的霸气得以助长、自尊心受到伤害、主体性遭到打击、价值观受到误导等情况所经历的时间都是负时间。正时间：即通过教学活动对学生产生积极影响的时间。在主体教学中，学生的主体参与度越高，则正时间越多，教学就会越有效。要使教学时间公平，就应努力使教学活动中的时间为正时间。

为了保证主体教学的有效性，教师在教学中应尽可能减少零时间和负时间，使课堂时间对每一个学生都产生一种有意义的正向影响。从主体教学实践来看，学生在正时间的拥有上是不公平的，有些学生拥有的相对较多，有些学生拥有的相对少。要使主体教学中有更多的正时间，应采取以下措施：

第一，教师要加强教学设计。在内容设计方面，要突出问题性，问题要有层次性。在设计教学方法时要强调情境性，突出学生的自主探究性。在设计教学过程时，要注意学生参与的全体性、全面性。第二，教师在教学实施中，要始终保持对学生活动的关注状态。有些教师在学生进行活动时，可能会在一边干别的事情。教师对学生的学习活动不关注，学生的参与度就可能下降。教师的关注是教师的一种主体参与形态，也是一种对学生的管理。没有教师，课堂可能会是一种无组织、无纪律的状态，那么教学时间对学生而言就成了一种零时间或负时间。教师的关注对学生而言是一种支持，教师的一个微笑、一个点头、一句简单的评价，对学生来说都是一种有力的支持，尤其对学困生，教师更应当给予及时指导。

（五）小班化公平策略可以保证全体学生的发展

班级授课制虽然有许多优点，如可以节省师资、快速传授知识、在集体中培养学生的社会性品质等，却不利于尊重学生个性的差异发展。适度的班级规模既有班级授课制的突出优点，又可以发挥、发展学生以主体性为核心的个性品质。班级规模大对学生而言是不公平的。为了更好地发挥班级授课制的优点，我们应逐步减少班级人数，推行小班教学。虽然小班教学能为学生提供更多的机会，使学生得到更多的教学反馈，使课堂教学更为有效，但是 Evertson 和 Randolph 通过对一个 20 人班级的课堂观察发现，即时的反馈会导致频繁的干扰，所以教师应该谨慎对待。然而，如果认为小班教学一定会导致频繁的课堂干扰，似乎也是荒唐的。但有一点可以肯定，当每个学生都期望自己的需求在课堂上马上得到满足时，这也存在着课堂干扰的隐患。[162]101-132 国外关于小班弊端的指责不少，这里需要说明的是，我们所说的小班大体就相当于发达国家的大班，这样的担心对于我们来说几乎是不必要的。①

小班教学有以下优势。首先，小班教学可以提高教师对学生的关照度及期望值。大班教学中，空间有限，结构僵化，师生互动显得不便利、不灵活，师生之间的思维与行为互动较为缺乏。而小班教学中师生之间互相影响、带动的机会大大增加。教师能有机会倾听学生的见解、意见，同时能据此改变自己的行为方式，这就产生一个很大的变化：教学不再是预成的而是生成的，是师生和谐共创的结果。教学充满了变化，充满了强烈的人文关怀。在主体教学视阈范围内的学生表现较为活跃，能够积极参与，以较高的热情投入到教学中。小班教学带来了课堂组织结构和学生座位等的变化，这些灵活多样的变化有助于学生获得教师更多关注。实践表明，在前排和前排中间的学生容易受到教师更多的"关照"。小班教学，会使更多学生处于这个视阈内，从而获得更多与教师互动交流的机会。我国学者

---

① 以下"小班"是我国意义上的小班。

李润洲的研究也表明,"在课堂有限的空间里,座位离讲台愈远,学生与教师之间在课堂上的信息沟通和相互作用的机会就愈少;反之,坐在靠近讲台的学生,教师接触和照顾的机会就多"。[185]

其次,小班教学有利于提高教学质量。美国学者史密斯(Smith)和格拉斯(Glass)等人先后出版了两份对班级规模与成绩关系的实验研究的元分析。他们发现在所有年级中人数较少的班级都与较高的成绩相关,尤其当学生在小班学习的时间超过100个小时并且学生的任务受到了细心的管理时,成绩更好。他们发现,当班级规模缩小到20人以下时,这些主要的好处都发生了。在他们的第二份研究中,他们得出的结论表明,小班在学生的反应、教师士气和教学环境质量方面有优势。[186]

第四节 主体教学艺术策略

主体教学艺术是教师与学生主体性灵活发挥的艺术化的教学形态,其本质是教师的"导学艺术"。教学中的一个主要问题是学生的学习。为了达到有效教学,教师应该设法研究并指导学生学会学习。[71]13教师自己讲得绘声绘色,这固然高明,但更高明的是教师让学生参与得全面、深入。

案例5-3

我国著名特级教师钱梦龙老师有一次在一个小礼堂给初二年级上《中国石拱桥》公开课。学生都是从附近学校凑来的,他们有的是小学生,有的是初中生,还有的是高中生。钱老师先让学生按年级就座,然后鼓励小一点的学生争取读懂课文,不理解的大胆提问。他接过学生的问题,并不是马上回答,而是把它交给大一点的学生,让大一点的学生回答。如果大一点的学生回答不上,他就点拨、引导,以使不同水平的学生积极思考、踊跃发言。钱老师的主要作用在于组织、启发,而不是独霸讲坛给学生大讲特讲。

主体教学艺术的研究是教学实践的需要。以传统教学艺术论指导当前的教学实践，显然是不行的。同时，当前我国的主体教育理论所指导的主体教学，由于不重视教师指导的艺术性，以主体性为核心的学生整体素质的发展受到了一定的影响。缺乏教学艺术的主体教学，教师在教学中采取的方法千篇一律。许多教师只是机械地减少了自己在教学中的时间，把时间给学生，而如何指导学生科学合理地分配时间去学习与探索，这才是教学艺术的根本问题。不管是传统教学还是主体教学，它们都是人人耦合的一种活动，都具有艺术的基本特性：情感性、审美性与创造性。因此，从这两个方面来看，主体教学艺术的研究有利于现代教学实践，有利于教师更好地推进自己的教学与课程改革。

主体教学的目标定位是促进学生主体性的和谐发展，促进学生个性全面和谐地发展。如何促进学生个性全面、和谐地发展？这是教育学一直要研究解决的一个问题。但这个问题却一直没有得到很好的解决。愉快教学企图从快乐气氛的创设中实现学生的发展，但由于它没有解决主体性发挥的问题，因而不可能从根本上实现既让学生快乐又让他们和谐发展的教学目标。创造性教学突出强调了教学目标中的创造性因素，但由于创造性并非个性的全部内容，因此，创造性教学并不能完全促使学生个性全面和谐地发展。主体性教育认为，学生发展的核心是人的主体性，这就抓住了学生素质中最关键的因素。但它有两个明显的不足：第一，它忽视了学生全面素质中的其他因素；第二，它忽视了学生素质发展中的动力因素。因而它也不能很好地实现学生个性全面和谐的发展。这就是为什么本研究要从教学艺术的视阈把握主体教学的一个原因。

只有主体教学艺术才能实现学生个性全面和谐的发展。这是因为与其他教育流派相比，它既有明确的学生素质的发展目标，又能提供发展这种目标的教学手段或氛围，即教学艺术。论述至此，本研究认为，主体教学艺术最有利于学生个性全面和谐的发展。

教学艺术策略是一个合成概念，意为为了在教学中体现教学艺术而采取的行之有效的教学策略。现在，教学艺术策略这一概念的使用者越来越多。教学艺术策略属于策略范畴。为了达到教学艺术而采取的策略是高水平的教学策略。如果说教学艺术是一种教学状态，则教学艺术策略是为了使教学达到情理交融、激趣乐学的效果,实现学生全面和谐发展而进行的理论思考与方案设计。教学艺术策略把教学艺术准备与运用提高到十分自觉的程度。在教师形成教学艺术的初期,为了体现教学的艺术性,从策略方面去考虑问题是必要的。教学策略比教学艺术的层次要低。当教师形成自己的教学风格,表现出个性化的教学艺术时,其教学设计与教学行为就不能再从策略的角度进行评判。"当我们认为教学是一门艺术时,我们应该清楚质量比形式要重要得多,自主性和个性化是成为教学艺术大师的关键,对教学艺术的追求应永无止境。"[82]166 从教学策略发展的角度看,教学艺术策略恰恰是对教学策略的一种更高要求,说明教学策略已经从刚开始关注理性层面的方法、手段发展到全面考虑教学的理性因素与情意因素。

一、科学性教学艺术策略是教学艺术形成的基础

教学科学是教学艺术的基础,在教师运用教学艺术策略时,首先要从教学科学的原则要求出发。

教学的科学性包括教学目的的科学性、教学内容的科学性、教学方法策略的科学性、教学手段运用的科学性、教学评价的科学性等。

(一)教学目的的科学性

教学目的是教学价值取向、教学任务要求的集中体现,是教学的逻辑起点,因此教学目的的科学性决定着教学正确的路径选择以及教学过程中具体内容、方法、手段的正确选择,也是正确评价教学的基本依据。教学目的应当体现时代精神和社会要求,符合教育教学运行的规律,体现学生身心发展特点。

(二)教学内容的科学性

教学内容是教学活动的基本载体,是影响教学目的达成的核心要素。教学内容的科学性是教学科学性的基础。教学内容科学性的核心是教学内容的真实性、合目的性以及开放性,教学内容必须用规范的、合乎逻辑要

求的语言传达真实的信息、基本的原理。教学内容必须合乎教学目的的要求。教学内容也必须及时吸收前沿的科研成果。教学方法保证教学顺利有效运行,是灵活展现教学内容的重要手段,是教学活动得以实施的基本保证。在教学过程中知识的有效性是保证课堂教学有效的一个十分重要的条件。第一,科学知识和有效知识是相互联系的两个概念,但科学知识并不等于有效知识,有些知识是"正确而无效的知识"。教学知识是否有效和知识的属性以及学生的状态有关。第二,非科学性知识也不能笼统地认为是无效的知识,有时这些知识也可以启迪人们思考,从另一角度充实学生的知识,提高学生的认识。教学效果不取决于教学内容是否科学、是否丰富和教学时间的长短,而取决于有效知识量。这主要表现为:第一,学生的知识增长取决于有效知识量;第二,学生的智慧取决于有效的知识量,第三,学生的思想提高取决于有效知识量;第四,教学的心理效应取决于有效知识量。[159]

(三) 教学方法的科学性

教学方法策略的科学性包括教学方法选择中对影响教学的因素的全面考虑以及教学方法实施过程中对主导价值观念的体现。

(四) 教学手段的科学性

教学手段是教学顺利进行的工具与技术支持。在主体教学中,学生的自主学习、自主探讨离不开教学手段的保障。教学手段运用是否科学合理对于教学有效性至关重要。在主体教学实践中存在着一些教学手段运用不科学的情况。

一是学生对教学手段的运用缺乏主体性。在教学中,教师控制教学手段的选择与使用,学生对此没有选择权,也缺乏自主性。因此可以说,许多教学手段都是服从于教师的教,而不是服务于学生的学,这还是传统教学观念影响的结果。许多学校在教学中,尽管使用了多媒体等现代教学手段,但鼠标却掌握在教师的手里,学生只是被动地接受教师选择的信息。在一些实验教学中,学生也没有机会操作教学仪器,看一看教师演示就算实验了。二是教学手段运用结构的不合理。有些教师在教学手段的选择与运用中，较为重视现代教学手段，如网络等，而忽视传统教学手段，如粉笔、黑板；有些教师正好相反，只重视使用传统教学手段，而不重视现代教学手段，致使在主体教学中教学手段运用的结构不合理。三是缺乏对教学手段的自制自创。许多教师只知道利用现有的教学手段，缺乏发动学生自制教具、共同设计教学手段的意识和行为。

因此，教学手段运用中的科学性包括以下内涵。

一是教学手段运用的主体性。教师应创造条件，使学生有更多的机会选择、使用教学手段，这有利于提高学生的操作能力。学会利用工具、利用必要的手段是学生在教学中应该达到的一种教学目的。通过对中外学生的比较发现，我国学生的动手操作能力较差。我们既要使学生具有"坐而论道"的素质，也应使他们具备务实操作的能力。因此，教学中对教学手段与工具科学合理的使用，一方面有利于学生掌握科学知识，另一方面也有利于他们学会利用工具解决实际问题。现代知识观认为知识分为陈述性知识、策略性知识与程序性知识，后两种知识都包含对工具与手段使用的知识与技能。

二是教学手段运用的合理性。其内涵是指在主体教学中，应当形成合理的结构，使现代教学手段与传统教学手段有机结合，使用教学手段与不使用教学手段有机结合。现代教学技术手段已经被广泛地运用于教学实践中，但在主体教学中，我们也感到有些教师过分依赖于现代教学手段。多媒体等技术手段的运用易化了教学内容，缩短了教学过程，从而影响了学生思维能力的发展。传统教学手段虽然有其落后的一面，但使用起来比较方便，又较为经济耐用，因而应被教师与学生经常使用。总之，只有现代教学手段与传统教学手段交替使用才能产生更好的教学效果。在教学中，有时需要依靠教学手段，有时则只需师生共同讨论，积极思考。教学手段什么时候用，什么时候不用，用什么，不用什么，要根据教学内容、教学方法的实际需要来决定和取舍。

三是自制自创教学手段。运用现成的教学工具、手段，这是教师的一般做法，但倘若能体现教学手段的创造性就属于一种较高的层次。也就是说，教师应在创造教学手段与教学手段运用的创新性方面有所建树。我国不少农村中学长期坚持自制教具，在自制教具时，学生积极参与，从中受益匪浅。一是学生根据教学中的原理进行制作，这就对教学原理加深了理解；二是在自制教具时，融入了学生对教具的理解，制成以后，还给其他使用者讲解教具的使用，这就对教学原理有了更深刻的认识；三是自制教具培养了学生动手操作、探究学习的兴趣。在主体教学中，我们应提倡学生自制教具，自己创造教学手段。

（五）教学策略的科学性

主体教学策略的科学性意味着它所反映的教学理念的先进性，面对不同学生的差异性以及对教学环境、教学手段等实际情况的适应性。教学策略必须及时反映教学理念的要求。教学方法的创立要经过许多人的教学实践总结，成熟的教学方法还应获得较为广泛的认可，这就使教学方法相对较稳定、固化并常常落后于教学理念。例如，我们弘扬主体性教学，那么，主体性教学理念就会逐渐被教师认可，但短期内可能缺乏与这种教学理念相匹配的教学方法。在这种情况下，教师就可发挥教学策略的功能。教学策略具有反映和体现教学理念的先进性的特点。教学策略必须根据不同学生的个性差异区别对待，只有这样教学才会更生态、更伦理、更有效，因而才更具科学性。各地区、各学校在教学环境、教学手段等硬件条件方面差别较大，教师在教学中一定要根据教学的实际情况，根据教学环境、教学手段的特点开展教学。脱离了教学环境和教学手段实际的教学策略无科学性可言。

（六）教学评价的科学性

教学评价作为对教学过程中各要素的动态性以及教学结果的合目的性的评判，是影响教学有效性的重要因素。教师运用教学评价对自己教的行为与学生学的行为进行监控和把握，他们的教学意愿、教学理念都可以通过教学评价得到反映，因此教学评价的科学性是教学科学性的保证。

教学评价科学性的内涵：一是教学评价观念的现代性；二是教学评价

的过程性；三是教学评价的合目的性；四是教学评价的多元性。这里重点强调教学评价观念的现代性与教学评价的多元性。

教学评价观念的现代性就是说，教学评价必须反映现代教学的思想，体现现代社会的特点，反映以人为本的思想与科学发展观的要求。这是教师进行教学评价的先导性因素。如果教学观念是落后的，那么就谈不上教学评价的先进性。

教学评价的多元性也是教学评价科学性的重要内容。多元智能理论告诉我们，学生的智力是多元的，不同的学生智力呈现出不同的特点。这就要求我们在教学中采取差异教学以适应不同学生的智力特点。多元评价有两个含义。一是教学评价主体的多元性。教学评价主体原来是一元化倾向，即只有教师才进行教学评价。我们认为教学评价主体应包括行政部门、学校、家长、教师以及学生。课堂教学的即时评价主体主要是教师与学生，主体教学尤其强调学生在教学评价中的重要作用。学生评价自己或其他学生参与教学的情况，是体现学生主体性的重要方面，对于他们进行自我教育、对于提高课堂教学有效性有着十分重要的意义。自评可以使他们用一种标准反思他们的课堂学习行为。当学生通过自评认识到自己存在的问题或优势时，他们就会努力克服问题或进一步发挥优势，这比教师自上而下的评价更能产生好的效果。在学生自评的基础上，教师加以适当点评，要么认同学生的自评，要么予以适度引导、更正，这就实现了自评与他评的有效结合。学生间的互评，由于是一种同伴间的平行性评价，可能更能引起被评价者的注意。因为学生都十分重视自己在同学心目中的"位置"、"分量"，这种评价可能比纵向评价更加亲切、直观。二是评价方法的多元性。主体教学提倡过程性评价与结果性评价、即时评价与事后评价、短时评价与长时评价等的有机结合。

二、审美性教学艺术策略是主体教学达到一定境界的必然选择

主体教学充满了教师与学生本质力量的发挥，充满了理性知识的建构，充满了满足学生求知欲的乐趣。教师要通过艺术化的手段、方法使主体教

学成为立美与审美的统一，成为学生体验自然美、社会美和科学美的场所。他们要饱含情感，做到"晓之以理，动之以情"，师生之间应经常进行情感的交流。教师的教学在方法、策略上应经常创新，要用"常变常新"的教学方法方式，让学生经常感受到一种创新教学的魅力。在主体教学理念指导下的教学艺术范畴不再仅仅是语言、板书、体态等方面，而是教师如何在"导"字上下工夫，让学生真正参与到教学中来。能够让学生真正成为教学主人的教学才是发展性教学所追求的教学艺术境界。这种教学让学生体验到的是参与的乐趣、成功的乐趣。教学美也是使学生保持长久稳定的教学兴趣的重要保证。学生的学习兴趣、参与兴趣与教师的教学艺术水平很有关系。如魏书生的教学往往会给学生留下深刻而难忘的印象。他的教学艺术的精华就在于真正使学生参与到教学中来。如果学生在教学中缺乏兴趣，教师应该更多地从教的角度进行自我反思。一位听过魏书生课的教师曾对笔者说："他的课，学生没法不参与。"

教学语言是创造教学美的重要前提。可以采取以下策略实现主体教学语言美。

（一）主体教学语言应具有启发性

主体教学艺术主要表现在教师对学生的"导学"方面，而艺术化的导学主要是教师对学生的启发。启发性教学指教师在学生的"最近发展区"采用点拨、激疑、引发等方式使他们产生学习兴趣，接近问题解决的阈限，使学生掌握知识、提高能力、发展智力的一种教学思想与方法。近几年，随着信息化社会的发展，人们越来越多地关注学生思维能力的培养，其中最流行的方法是教会学生一些解决问题的技能，这就是启发式教学。[71]117在启发性教学中，教师要首先要尊重学生的主体地位，调动他们学习的自觉性；其次，教师要在学习方法上给学生以指导；最后，学习中的问题是通过学生的努力解决的。为了学生的发展，教学中一定要自始至终贯彻启发性思想。

教师应学会在讲课时留下空白。教师上课时要做到讲解清楚，重点突出，避免语言含糊，拖泥带水。[71]30这就要求教师转变的观念，那种认为教师在教学中讲得越多越好的观点是错误的。教师在教学中说话的目的是为了学生学得好、发展得好。学生的发展取决于他们在教学中是否认真思考，取决于教学中是否有发展性活动，学生是否认真参与了活动。因此，教师要善于"还课堂于学生"。同时，教师要下决心控制自己在教学中的话语时间。如果教师讲得太多太细，学生就会失去自己理解与钻研的机会，他们也就不会进行主体参与。教师在讲述问题时，应留有余地，耐人寻味，不能把课讲得太直白，要给学生留下思考的余地。这就要求教师的话语一要少、二要精。教师的话语少就为学生参与活动留下了足够的时间；教师的话语精就为学生的思考留下了空间。我国许多教师在教学中讲了又讲，唯恐学生不能理解。他们认为讲得越透越好，殊不知这样做剥夺了学生参与的自主权，使他们能力的发展受到了影响。

教师应学会对学生进行暗示与点拨。暗示发生在学生解决问题出现困难时。含蓄、非直接、相关联是暗示的特点，目的是使学生逼近解决问题的思路与方法，但为了最终解决问题，他们还得进行积极的思考。点拨是简单的提示，通常用简短的词或句子，却逼近实质。

教师在进行启发时，要注意创设问题情境。教师要根据教学内容与学生的特点，提出连环性问题，使学生一直保持积极思考的状态，把教学组织成为诱发学生发现问题、分析问题与解决问题的过程。

（二）主体教学语言应具有逻辑性

教师在比较、分析、综合、判断的过程中，要善于使自己的语言条理清楚、说理透彻、论证严密，要善于运用归纳法与演绎法增强语言的逻辑性。教学语言必须做到层次清楚、紧扣主题、简洁明快。苏联教育家苏霍姆林斯基曾经说："二十年前，听一位老师的课，观察孩子们怎样感知新教材的理解。我发现，孩子们听了很疲劳，下课简直是筋疲力尽了。究其原因，是因为教师语言混乱，缺乏逻辑性。教师的语言修养在很大程度上决定着学生课堂上脑力劳动的效率。"[187]

（三）主体教学语言应具有生动性

生动有趣的语言是教学获得成功的重要保障。这是因为，形象生动的语言能吸引学生的注意力，激发学生的兴趣与热情，有利于他们把抽象的概念具体化，把深奥的道理形象化。教师的语言要生动，就应该做到音美、意美与形美的结合。音美即语言要有节奏感，要掌握好声调的高低、语速的快慢以及长短句的变化，运用汉语平仄音律，达到抑扬顿挫的语言表现效果，使之符合学生听觉的需要，给他们以美的享受。要去除一些常见的口头禅。形美指运用语言把事物的形状、事情的原委有声有色地讲出来，使听者听后有如临其境、如见其人、如闻其声、如嗅其味的感觉。教师应该学会运用比喻、排比、拟人、反复、夸张、对偶、摹状等修辞方式。教师还应学会使自己的语言达到意美的效果。所谓意美指语言能恰当准确地传达教学内容、揭示教学内容所代表的本质意义。意美要体现语言所反映的教学内容的科学性与教师教学态度的真诚性。对材料的介绍必须真实可靠，对公式、原理的阐述必须严密，引用与教学内容有关的信息必须准确。教师通过语言所反映的对学生的态度必须真诚，能够使学生感受到教师实在、坦诚的人格魅力。直观性也是生动性的一个内涵。在教学中，教师要适当应用演示。演示比语言讲解更直观，也更有效，尤其是对低年级学生或视觉型学生更有效。[71]32

三、情感性教学艺术策略是主体教学的动力保障

"心理的感情机制具有一系列的功能：反映现实世界，同时从生物和社会历史关系经验的角度评价现实世界；重新调整人的机体和心理，以促进和加速在该种条件下必要行动纲领的制定和实现；迫使开始这些行动，成功就'奖赏'，鼓励在今后相似条件下采取类似的行动。"[109]183职业情感是职业自豪感与职业满足感的前提，是人们搞好自己本职工作的重要心理基础。要充分肯定情感在一般教师成为优秀教师过程中的价值。在人性的结构中，感性与理性是一体两面的存在，它们相互作用构成人的生活的真实面貌。情感是感性的重要内容，决定着人们的精神状态，给人们的生活提供重要的动力支持。情感主要有感染与激发两种功能。一是感染功能。情感是教师内心的一种情绪状态、一种内心的倾向，它决定着教师的态度、

兴趣，这种倾向性的内心特征影响教师的认识与行为。同时这种内心倾向通过外在的态度、希望表达出来以后，也会影响其他教师。这种感染表现为自感染与他感染。二是激发功能。情感虽然不启动行为，但却强化或弱化行为，可以延续或停止行为。教师凭借对学生的情感、对教育事业的情感积极参与教学活动，积极进行自主探索。如果教师缺乏积极的情感，那么这些参与的内容就会减少，程度就会降低，就会影响他们从一般教师向有效教师的发展。

教学是理性与感性的统一，只有理性，只有"客观主义"的道白，主体教学自然就会缺乏激情。只有"晓之以理，动之以情"的教学才能焕发学生学习的活力。尽管人的主体性受人的意识的支配，但情感却可以强化或弱化人的某种意识甚至改变人的意识。因此，我们也可以说，情感可以改变主体性的方向，增强或减弱人的主体性程度。为了保证主体教学的有效性，应重视情感在主体教学中的作用。在一些主体教学实验学校，有些教师只从主体性角度考虑主体教学的有效性，致使主体性的强度受到了一定的影响，在客观上降低了主体教学的有效性。

在教学中利用好情感，可以促进学生认知素质的发展。首先，可以提高认知的积极性。在同样的学习条件下，处于良好情绪状态中的学生会表现出更强的学习的自觉性、主动性和克服困难、对付挫折的勇气和力量，表现出情感对学生认知学习活动积极性的调动作用。其次，可以实现认知优化。适宜的情绪品质（一般为正情绪）和强度（一般为中等强度）会促进学生认知能力的发挥和发展，表现出情感对学生认知学习活动的调节作用。最后，可以推进认知深化。当学生对所学的内容感兴趣时，他才会掌握与之有关的认知策略或学习方法，否则便是教了不会、学了不用。此外，情绪会影响高级认知活动——创造性，学生在愉快或不焦虑状态下的创造性显著高于难过或焦虑状态下的，且主要体现在流畅性和变通性两个方面。但是情感就像一把双刃剑。如果一件事情或一条信息价值很小或没有价值，人的大脑就会拒绝接受加工它。如果一个人的情感体验过于复杂，就会产生抑制，就不能进行理智、明确的思维，效率也就较低。[188]因此，为了实现主体教学的有效性，我们应当适度地把握教学情感。

首先,教师应学会诱发情感。教师在备课时就应考虑设计什么样的教学方法,教学内容如何组织才能引起学生学习的兴趣,诱发他们的情感,使他们产生强烈的学习欲望。

其次,教师应学会激发学生的感情。诱发情感是情感阀门的开启,但情感的持续与发展还需教师在教学过程当中予以激发。学生的情感往往是内隐的,需要教师用动情的教学语言激发,当他们的感情被激发起来以后,他们会产生巨大的学习动力。为了达到激发学生情感的目的,教师的语言必须具有一定的感染性。要使学生产生情感,教师就必须首先具有情感,而且要通过语言把自己的情感传递出来。教师语言的鼓动力、感染力激起学生的感情,教学就会充满生命的气息。教师要善于触发学生的共鸣,触发他们与教学内容的共鸣。

四、手段性教学艺术策略是主体教学基础性环节上的关键

这里重点探讨基于计算机网络技术的教学艺术策略。"计算机网络教学可充分利用计算机技术和通信技术,调动学生的主动性,改变千人一面的、固定的、单向的教学模式,使远距离教学发展到一个新的阶段。"[189]在中小学教学中,计算机网络的应用尚不普遍。并且,由于传统教育观念的影响,许多网络教学课件仍处于强化训练、传授知识的状态,即存在"网灌"现象。

实际上,多媒体网络的功能相当强大,它能够为每个学生提供相同或不同的课件学习服务;能保持对学生学习过程的记录;能够感知学生当前的学习状态与当前遇到的困难,并能对常见的问题进行分析、引导、提示。基于 Internet 的多媒体网络教学给我们提供了一个校内、校外一致的教学模式,无论是在学校多媒体网络教室中上课,还是在家中学习,都可访问到相同的教学资源。[190]

(一)及时、高效地获取信息,独立自主地提出问题

在主体教学中教师要注重通过计算机网络技术及时、高效地获取信息,

并在掌握信息的基础上,鼓励学生独立自主地提出问题、解决问题。互联网日益成为主要的信息交流与存储渠道,网络信息的庞大带来两方面影响:一方面,给使用者带来前所未有的便利;另一方面,也容易令使用者在无尽的信息中迷航。要让学生学会从信息的"海洋"中汲取所需的信息,并能够对信息进行分析,从而独立地发现、提出潜在的问题。

(二)甄别信息,批判性和创造性地运用信息

网络及其"海量"信息的存储与传递是信息时代的主要特征,但信息的良莠不齐是信息社会无法避免的,也是现代教学必须直面和解决的问题。很多人都以网上信息过于杂乱为由,反对中小学生上网。多方围堵不如因势利导,计算机网络技术教学的目标之一就是引导学生积极地利用计算机网络,在使用中提高对信息的甄别能力,并能够从探究主题出发,批判性和创造性地运用信息,以科学的思维方式和方法解决问题。

(三)合理、有效地运用计算机网络,进行自主探究与协作,解决问题

在主体教学活动中,计算机网络可以充当资源库、信息处理平台、交流平台、存储空间、成果发布平台等多种角色。要让学生在计算机网络的支持下,开展自主探究活动,并积极与学习伙伴协作,解决问题。主体教学艺术的功能就是使每个人在网络交互平台的支持下,与学习伙伴、网上其他协作者(可以是对所研究问题感兴趣的任何人,也可以是相关的专家、学者)进行同步或异步的交流、协作。

(四)学会指导、组织网上的探究与交流

在主体教学中,学生的网上探究与交流是关键环节,教师的指导与组织作用在此应充分体现。例如,教师要为学生的自主探究提供帮助,设计网上同步交流平台、组织网上异步交流等,并在与学生的交流中,根据学生的需要和实际情况,提供指导性意见,以增强学生学习活动目标的指向性。

针对如何利用校园网实现学科教学这一问题，近年来人们进行了一定的探索，在技术层面也做了不少工作，并取得了一定的成果。例如，某公司在全国范围内首先推出了基于校园网的学科平台，使校园网硬件平台得到了真正的应用，实现了网络教学与学科教学的有机结合。该平台是为学校外语教学量身定做的专业软件平台，内嵌先进的教学理念和教学模式，包含了大量的外语教学资源，同时提供了一个虚拟的外语交流环境，是具有学校特色的专业学科平台。

外语语音实验室已经发展到全数字语言实验室水平。网络课程、学生在线学习、教学博客已经被越来越多地运用在课堂教学中。这个平台为外语教学提供了全方位、多层次的服务，满足了教师备课、课堂教学、自主学习、网络作业、无纸化网络考试以及专业化口语考试等要求，轻松实现了对教、学、考的有效控制，使管理和评估更加便捷有效。

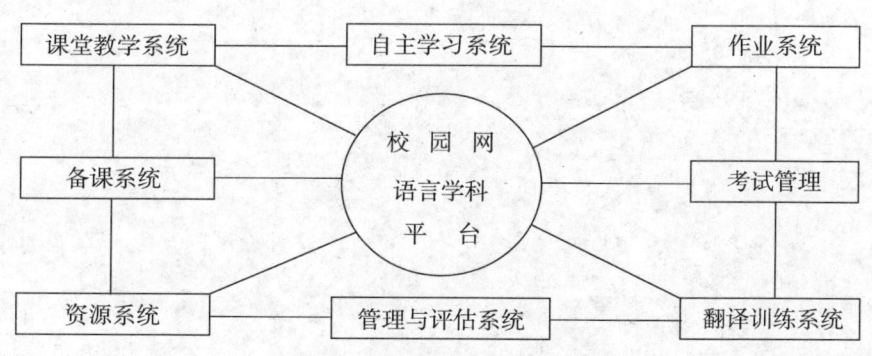

图 5-1 校园网语言学科平台

教师可以利用网络存储技术将有关教学信息存储备份到网络存储器上，也可以要求每个学生备份各自电脑里的内容到网络存储器，还可以开辟每个项目的存储空间，将某门课程的所有资料如课件、讲义、参考资料均存放于其中。这样可以实现教学资源的共有共享，实现教学信息资源的历时性共享。

目前的网络化多媒体教室，主要实现了对教室中配备的多媒体设备集中控制和网络远程管理的功能。但是，随着数字校园建设的不断深入，校园网的资源越来越丰富，应用平台越来越多，这就要求多媒体教室能够与课程资源生成平台、监控管理平台以及与资源平台进行信息交互，实现资源共享。为此，可以组建网络集控型、网络可视型、网络录播型等多种类型的网络化多媒体教室。

在录播系统建设中，可以把多媒体技术、网络流媒体技术、人工智能和自动控制化技术集于一体，将课堂教学中的生动场景进行智能化的切换录制，自动生成课程资源，将教学设备、教学理念和教学手段相结合，实现课堂教学活动全面完整的再现，形成常态化、自动化、智能化的课程资源建设和应用平台。

第六章

主体教学有效性实验研究

内容提要

我们从有效教师、合理的主体性参与、教学艺术、教学公平等四个不同假设角度进行了有利于提高主体教学有效性的实验研究。使教师走向"有效教师"是我们在主体教学实验中首先采取的一种策略。通过调查分析我们发现，教师的教龄、文化程度及所在学校类型等因素对主体教学有效性均有不同程度的影响。针对教师进行主体教学有效性理论的讲授、研讨、课堂体验及专题实验研究，是教师成长为有效教师的有效措施。我们从"英语情境教学策略"、"多媒体技术主要手段的合理使用"、"初中英语互动教学"三个方面进行"合理的主体性参与有利于提高主体教学有效性"的实验研究。在语文教学中我们进行了"教学艺术可以保证主体教学有效性"的实验研究。教学公平是教育公平最重要的方面，是教学主体在教学态度、教学参与机会、教学资源配置、教学方法选用、教学评价等方面所采取的比较合情合理的行为。基于这样的理解，我们从"差异性教学策略"方面来进行教学公平促进主体教学有效性的实验研究。通过实验，我们的假设得到了验证，有效教师、合理的主体性参与、教学艺术、教学公平均有利于提高教学有效性。

第一节　有效教师有利于提高主体教学的有效性？

提高教师素质、培养有效教师是主体教学有效性的首要策略与重要保证。主体教学对教师提出了挑战与要求。为了保证主体教学的有效性，使教师走向"有效教师"是我们在主体教学实验中首先采取的一种策略。

一、教师个人因素对主体教学有效性影响的调查分析

本研究采用问卷法调查一线教师对此问题的态度和看法。我们采用的是自编主体教学有效性调查问卷，包含5个维度，即学生主体性发挥的合理程度、充分程度、深入程度、均衡性以及各方面的整体协同程度，共18道题目，采用likert五点计分方式，由1~5分别表示完全同意、基本同意、一般、基本不同意、完全不同意，来调查教师对上述五个方面的态度。每个题目的得分在1~5之间，3分为中等强度值。均值越趋近于1，表示教师越认可主体教学开展的有效性；越趋近于5，表示教师越不认同主体教学的有效性。自2008年3月起，我们在河北、山西、陕西、甘肃等地共发放2500份教师调查问卷，收回问卷2115份，回收率为84.6%，去除填写不完整和不符合要求的问卷85份，保留有效问卷2030份，有效率为81.2%。本研究除了思考主体教学在实践上存在的不足外，也试图探究教师的个人背景变量对其开展主体教学的影响。很多研究都提到教师是影响有效教学非常重要的一个因素，对该问题进行研究可以使教师在某些关键阶段得到更适宜的指导和帮助，进而更好地开展主体教学。

为此，本研究运用SPSS11.5统计软件对数据进行分析，以问卷中个人基本信息所反映的教龄、文化程度、学校类型为自变量，以主体教学有效性问卷的五个维度得分为因变量进行方差分析，并对达到显著水平的项目以LSD法进行多重比较，详细内容如下。

（一）不同教龄的教师对主体教学有效性评价的差异

表6-1反映了不同教龄的教师在主体教学开展的充分程度和深入程度的评价上存在显著差异，其他维度上不存在显著差异。在充分程度上，各教龄间差异异常显著（F=7.075，P<0.001），教龄21年及以上得分最低，即认同度最高；在深入程度上，差异比较显著（F=3.205，P<0.01），同样也是教龄在21年及以上的教师得分最低。

上述结果表明，教师随着教龄的增长，对主体教学有了更好的驾驭能力，能够促进主体教学深入、充分发展，在更好地促进学生主体性发展的同时，教师自身对主体教学开展的有效性也更加认同。

表6-1 不同教龄教师对主体教学有效性评价的差异

	1 5年及以内 N=221		2 6~10年 N=226		3 11~15年 N=254		4 16~20年 N=142		5 21年及以上 N=242		F	LSD
	M	SD	M	SD	M	SD	M	SD	M	SD		
合理程度	2.808	0.635	2.728	0.691	2.766	0.677	2.753	0.710	2.680	0.686	1.003	
充分程度	2.937	0.578	2.867	0.590	2.929	0.509	2.834	0.581	2.670	0.572	7.075***	①
深入程度	2.725	0.582	2.647	0.637	2.738	0.635	2.684	0.649	2.551	0.624	3.205**	②
均衡性	2.786	0.775	2.708	0.796	2.783	0.784	2.826	0.890	2.778	0.813	0.592	
协同程度	2.931	0.487	3.022	0.476	2.931	0.514	2.977	0.546	2.912	0.520	1.932	

注：(1) *P<0.05，**P<0.01，***P<0.001（下同）

(2) 各因子M值比较：①1>5；2>5；3>5；4>5；②1>5；2>5；3>5；4>5

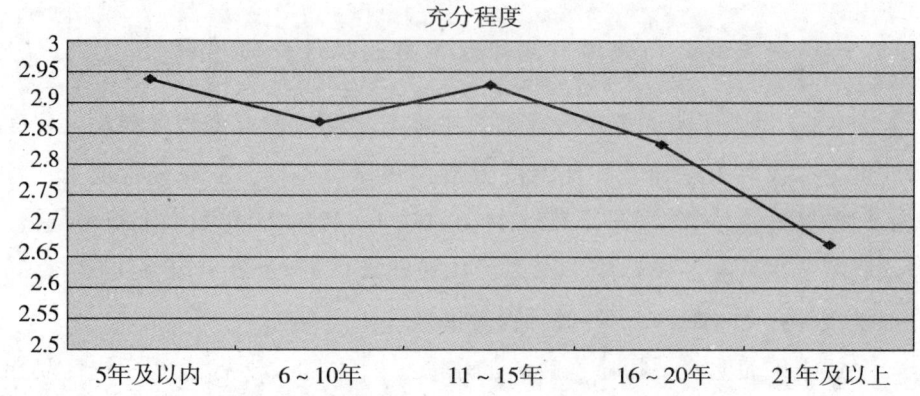

图6-1 不同教龄教师在主体教学开展充分程度上的分值

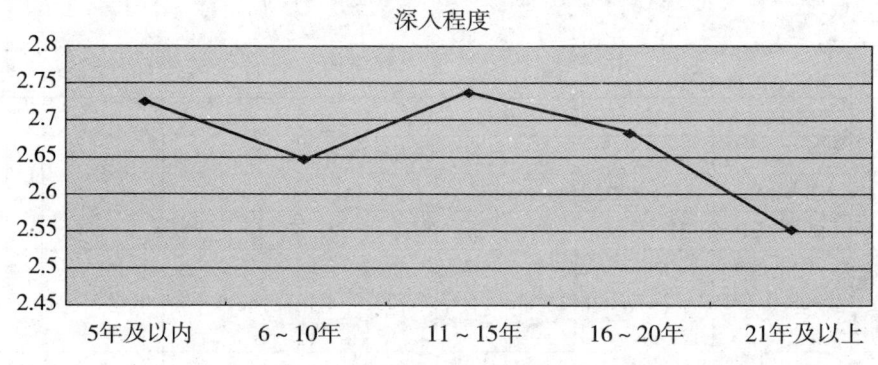

图6-2 不同教龄教师在主体教学开展深入程度上的分值

(二) 不同文化程度的教师在主体教学评价上的差异

表6-2反映了不同文化程度的教师在主体教学开展的合理程度、充分程度和深入程度的评价上存在显著差异,其他维度上不存在显著差异。在合理程度上,不同文化程度的教师对主体教学的评价差异比较显著($F = 2.875$,$P < 0.01$),中专组教师得分最低,硕士组教师得分最高,表明中专组教师的认同度最高;在充分程度上,差异异常显著($F = 17.060$,$P < 0.001$),同样也是中专组教师得分最低;在深入程度上,差异比较显著($F = 4.220$,$P < 0.01$),也是中专组教师得分最低。

上述结果表明中专文化程度的教师对主体教学开展的有效性认同度相对较高,硕士文化程度的教师认同度最低。为什么学历越高的教师对主体教学有效性的认同度越低呢？这表明教师对主体教学的驾驭程度和学历并没有必然的、直接的联系，更多的是与教师自身经验等因素有关。目前的情况是，学历高的教师一般是较为年轻的教师，教学理论掌握得较多，一线教学实践及教学经验较少，因此在教学中不够灵活，容易形成灌输，而不是给学生更多参与的机会，或者即使将学生看做教学活动的主体，开展了主体性的活动，但由于自身对课堂教学的驾驭能力较差，无法真正实现有效的主体教学。

表6-2 不同文化程度的教师对主体教学开展情况的评价

	1 中专/职高 N=74		2 大专 N=238		3 本科 N=754		4 硕士及以上 N=19		F	LSD
	M	SD	M	SD	M	SD	M	SD		
合理程度	2.491	0.722	2.766	0.677	2.767	0.677	2.771	0.522	2.875**	①
充分程度	2.523	0.610	2.679	0.549	2.936	0.548	2.973	0.617	17.060***	②
深入程度	2.466	0.661	2.600	0.642	2.707	0.618	2.934	0.424	4.220**	③
均衡性	2.725	0.828	2.757	0.841	2.779	0.798	2.912	0.586	0.396	
协同程度	2.905	0.549	2.903	0.492	2.976	0.511	3.065	0.463	1.344	

各因子M值比较：①2>1；3>2；4>3；②2>1；3>1；4>1；3>2；4>2；4>3；③2>1；3>1；4>1；3>2；4>2；4>3。

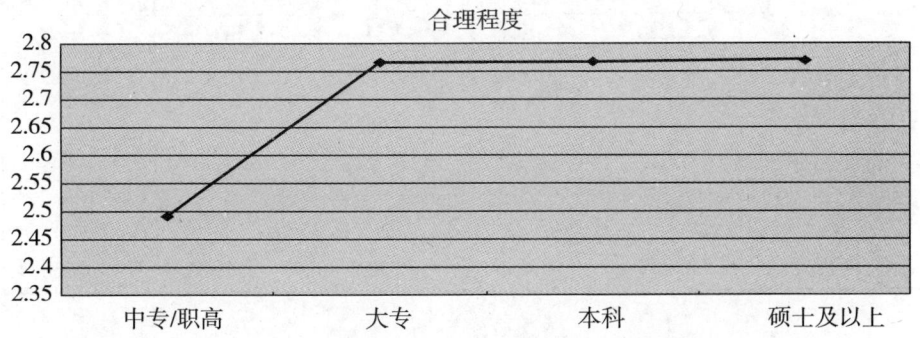

图6-3 不同文化程度教师在主体教学开展合理程度评价上打分

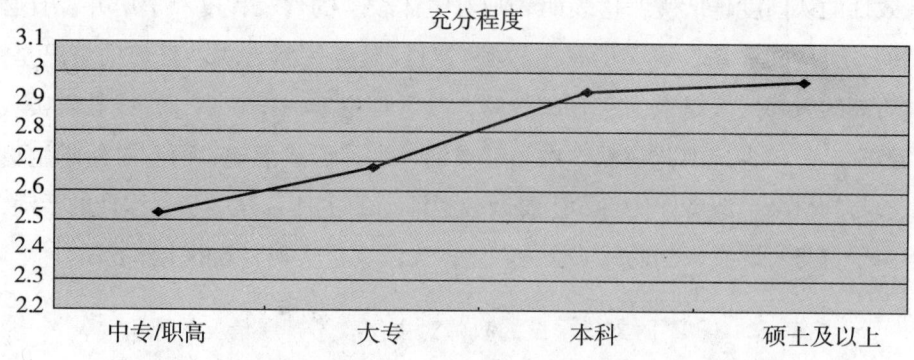

图 6-4　不同文化程度教师在主体教学开展充分程度评价上打分

（三）不同类别学校的教师对开展主体教学的评价的差异

从表 6-3 可以看出，不同类别学校的教师在对主体教学开展情况各维度评价上均不存在显著差异。总体而言，重点学校的教师在各维度评级的分值略高于普通学校的教师，这表明相对而言，普通学校的教师更认可主体教学在实践中的开展情况。产生这种现象的原因可能是重点学校升学压力相对更大，教师受这种压力的影响，更加注重学生应试能力的培养，而忽视了开展主体教学，或者即使开展了主体教学，也没有注重其有效性；而普通学校的教师和学生可以投入更多时间和精力开展主体教学，进而取得更积极的效果。

表 6-3　不同类别学校的教师对开展主体教学的评价

	普通学校 N=732		重点学校 N=353		T
	M	SD	M	SD	
合理程度	2.723	0.696	2.797	0.646	-1.682
充分程度	2.807	0.574	2.941	0.555	-3.621
深入程度	2.645	0.632	2.719	0.618	-1.805
均衡性	2.760	0.814	2.797	0.794	-0.719
协同程度	2.937	0.519	2.995	0.490	-1.750

研究教师个人因素对开展主体教学有效性的影响，有助于在教师成长

的关键阶段和某些方面给予指导和关注,帮助教师更好地开展主体教学,提高主体教学的有效性。正如第二个问题所反映出来的那样,刚工作的年轻教师、学历高的教师以及在重点学校工作的教师对主体教学有效性的认同度较低。为了在实践中使主体教学更具有效性,学校应该对年轻教师予以更多的指导和帮助,增强其对课堂的驾驭能力,这样才能更好地开展主体教学,不至于要么管得过死,要么收不回来;对于学历文化程度较高的教师,应该使其认识到不能因为自己的文化程度高就在课堂上滔滔不绝讲授和灌输知识,忽视学生的主体地位;对在重点中学工作的教师,学校应帮助她们减轻工作压力,使其认识到有效地开展主体教学不但能活跃课堂气氛、使学生参与兴趣浓厚,而且可以提高学习成绩,有助于学生全面发展。

二、采取措施使实验教师成为有效教师

(一)进行主体教学有效性理论的讲授,使实验教师从理论上认识主体教学及其有效性

以有效性为研究切入点,实验者展开了对主体教学有效性的实验研究,但教学实验开展之前,理论的学习是非常重要的。理论是方向,是研究的基石。基于这样的认识,笔者对参与实验的五位教师进行了主体教学有效性理论方面的系统培训,使他们首先从理论上认识主体教学及其有效性。我们主要采取集中培训与分散教授相结合的方式。集中培训的时间总计为一周,分散教授达到30多次。

实验教师通过培训,在三个方面有了深刻的认识:

① 他们认识到培养与发展学生合理的主体性具有十分重要的意义,主体教学的有效性正是建立在这一目标定位的基础之上的;

② 他们认识到对主体教学的有效性应当从教学社会性、教学公平与教学艺术三个方面进行审视与把握;主体教学矛盾对于主体教学的顺利运行有重要的推动作用;

③ 他们掌握了主体教学有效性标准与保证主体教学有效性的策略。

这就为我们进行主体教学有效性实验研究打下了重要的理论基础。

有位实验教师在学习了理论后，根据理论对课堂教学进行了如下反思。

（1）部分教师不善于调动学生的积极性，课堂气氛沉闷，基本没有学生的主体参与，教学效果很差。

（2）学生在课堂上的主体性主要表现为举手发言、分组讨论、情节表演等热闹但浮泛的场景。主体教学的形式主义严重影响了课堂效率，我们要想办法让学生的思维参与到教学中来。

（3）教师总是关注好学生，漠视甚至忽视差生的存在。整堂课上，发言的总是那几个好学生，中等生或差生基本丧失了发言的机会。学生的主体性存在着严重的不均衡现象，教学效果势必受到很大影响。只有全体学生的共同发展才是有效的教学。

（4）许多学生学了近十年的英语，但进步很小，成绩一直不理想，对英语失去了兴趣和信心。即使是好学生，尽管得分很高，但他们是真正喜欢英语本身吗？恐怕有相当一部分学生只是迫于老师、家长及考试升学的压力，不得已而学之。

（5）有这样一批老师，对工作兢兢业业、一丝不苟、任劳任怨，但由于思想观念陈旧，教学方法不当，致使教学效率低下，教学成绩平平。

笔者初次接触这位教师让她对课堂教学进行评价时，她不知如何去说。上述思考表明，在进行了理论学习与培训以后，这位教师对教学尤其是主体教学有了自己的基本认识。

（二）进行主体教学有效性理论研讨，使实验教师参与主体教学有效性的理论研究

要想真正地调动实验教师的主体性，使其成长为有效教师，理论的讲解与传授只能解决认识上的问题，必须在此基础上进一步做到理论学习的内化，转变教师的教育教学观念。因此，笔者组织实验教师进行了研讨。

首先，组织他们进行专题研究，深入推进理论研讨。他们的专题如下：

① 主体参与与教学互动方面："英语情境教学策略对主体参与的影响研

究"、"主体教学理论下初中英语教学互动研究";

② 教学公平与教学手段方面:"多元智能理论下的高中英语课堂教学公平问题的研究"、"以多媒体技术为主要手段的学生主体参与教学研究";

③ 教学艺术方面:"主体参与型语文教学艺术之研究"。

其次,组织他们进行研究成果的相互交流,并展开讨论。讨论中,教师有如下认识与感受:

——在教学过程中,教师和学生是教学活动的主体。教学的目标是:教师通过自身主体性的发挥,充分调动和促进学生主体性的发挥,实现有效教学。教师主体性的发挥体现在:融洽师生关系,创设良好的课堂氛围,为学生发挥主体性创造条件,充分了解每个学生的学习特点、认知水平,注重个性差异,有针对性、目的性地进行教学。

——主体性教学是一种通过自学、讨论等方式引导学生进行学习的教学方法。有效的主体教学就应该在高度民主的条件下,激发学生的主体性,使学生在课堂上充分表现出主动性、自主性和创造性,从而提高课堂教学效率。

——有效的主体教学就是要把课堂还给学生,让学生做课堂的真正主人。课堂是学生进行活动和学习的地方,教师不是课堂的'霸占者',只是课堂的指导者、监督者、组织者。

在不断的思想碰撞的过程中,实验教师清楚地认识到,合理主体性的发挥与发展才是主体教学有效性的保证。主体教学就是为了发挥与发展学生的主体性,让学生真正成为课堂的主人,实现教学的最优化。

(三)让指导教师在课堂教学中体验主体教学有效性理论,提高他们主体教学的实践水平

在理论研讨的基础上,实验教师在自己的课堂教学中开始使用主体教学有效性的一些理论,例如,有的教师精心设计与运用教学艺术,并注意观察由此所引起的学生的变化;有的教师对教学公平感兴趣,在主体教学中努力实现公平的要求,结果发现更多学生对自己的教学产生了兴趣;有的教师通过对主体教学有效性标准的使用,对标准提出了一些修改意见,

等等。初步的尝试性使用加深了实验教师对主体教学有效性更加深刻的认识，也使他们体验了主体教学有效性理论的价值。

案例6-1

一位实验教师在学习了主体教学有效性理论后进行了"营造音乐环境，培养音乐智能"的理论运用，事后她做了总结和反思：

"音乐/节奏智能的主要特征是对于节奏和旋律的感受、欣赏和创作能力。青少年学生听觉敏锐，善于模仿，具有音乐的潜能。因此，我利用课外或教材的音乐资源，把音乐与教材内容的有机结合作为培养学生音乐智能的主渠道。教学的方式有听主题音乐或背景音乐，唱与教材同步的英文歌曲或与生活联系密切的抒情歌曲。教学步骤是：先听歌曲，然后呈现歌词，讲解歌词的语法、句法和词汇，分析歌词内容，最后学唱。例如，教授音乐词汇时，我首先让学生听几段音乐，感受不同形式以及来自世界不同地区的音乐，培养学生的鉴赏能力。我边放音乐边叙述'I love this kind of music. It is wonderful. How about you?'这样的语句。学生听三遍后，我运用 brainstorming 形式，要求学生参考教材后面的词汇表，说出所听曲目的音乐类型，教师根据学生回答，在黑板上写出相应的单词，通过这样的方式，学生能牢牢记住这些词汇。

实践表明，听歌能够促进目的语的输入、内化和习得；唱歌既可以提高音乐的理解力、增强节奏感，也可以学习语音、语法和句法，增加词汇量，还可以增强语感和语言文化的熏陶，激发学生学习英语的兴趣和动机。在外语学习中配合音乐会使记忆过程变得轻松、简单和愉快，适时地安排学生听唱英文歌曲能够消除疲劳、活跃课题学习气氛、增强团队凝聚力、提高认知和情感水平。"

案例6-2

高一七班共有51人，班容量较大，教室空间较小，学生只能按照"秧田型"排座位，"马蹄型"无法实现。如何最大限度地实现教育公平呢？一位教师采取了调换学生座位的方法。他让课代表写了一份座次表，重新安排学生座位。原则上是三个学生做同桌,中间的学生学习成绩较好,他的左右各有一个学困生。同时,尽可能让大个子同学在不影响别的同学视线的前提下坐在教室的前面。这样,学困生在好学生的带动下就会慢慢参与到课堂教学中来。换座位是一个比较敏感的问题,为了避免出现矛盾冲突,这位教师和课代表一起来调,把那些关系不融洽的学生分开,关系好的学生安排在一起,让情感因素在教学中发挥积极的作用。

(四)进行主体教学有效性的专题实验研究,使实验教师在主体教学实践中深度参与研究

在对主体教学有效性进行理论研讨与研究课题基本确定的基础上,五位实验教师开始了为期半年到一年的专题实验研究,在主体教学实践中深度参与研究。

以张老师的实验"从多媒体技术这一主要教学手段的角度看学生的主体参与"为例,来说说我们实验教师是如何在教学实践中深度参与研究的。

案例6-3

一位实验教师的研究过程

首先,实验教师根据自己的研究内容,进行实验设计,确立研究方法。

其次,实验教师进入实验学校,在取得校方同意的基础上,通过问卷调查了解了教师在教学中使用多媒体技术的情况以及学生对教师使用多媒体的看法,掌握第一手资料后选择被试,并确立了控制班与实验班,这样便于教学实验的开展。

在实验进行期间,实验教师仔细观察课堂教学的变化,目的是确认在初中的课堂上有效使用多媒体技术进行教学之后,学生在各个方面的参与情况是否有所改善。实验教师还亲自授课以实践主体教学有效性思想理念,课后积极总结教学心得体会,试图经过长时间的实验进一步了解如何使用多媒体技术才能更好地促进学生的各种参与。通过对这一问题的研究可以使教师在实际教学中更好、更合理地使用多媒体技术,从而更好地促进学生全身心投入课堂,提高学习效率。

最后,总结教学实验研究效果,撰写研究论文。

三、有效教师提高了主体教学的有效性

一年多来,实验教师在陕西、山西和河北的不同城市开展实验研究。通过教师有效的教,学生的学也开始变得积极有效,提高了主体教学的有效性,主要表现为以下几点。

(一) 学生对教学变得富有兴趣

主体教学的目的就是使学生充分发挥自己的主体性,获得全面发展。而要真正有效地做到人人参与教学,对教学变得富有兴趣,充分发挥主体性,一个决定性的因素就是要十分重视教学主体间的关系,这也是我们进行教学实验时十分注意的一个方面。我们积极地创建和谐课堂,尤其注意教学公平问题,如学生主体性的公平问题、主体教学中教学资源分配的公平问题、主体教学活动中学生参与的公平问题、主体教学评价的公平问题等。我们发现,和谐的、相倚的师生关系保证了主体教学的有效性,学生们积极、踊跃地参与课堂教学活动,真正地成了课堂教学活动的主人。

案例6-4

一位实验教师写的教学日记

根据多元智能理论,每个人都有多种智能,不同的人会有不同的智能组合,问题不再是一个学生有多聪明,而是一个学生在哪些方面聪明和怎样聪明。我们判断一个学生聪明与否、好差与否、成功与否的标准也应该是多种多样的。多元智能理论的本质是:承认智力是由同样重要的多种能力而不是由一两种核心能力构成的,承认各种智力是多维度地、相对独立地表现出来的而不是以整合的方式表现出来的。我们不能只是因为学生的语言或数学智能较差,就断定学生是差生,就对其歧视甚至放弃。教师应

该公平对待这些学困生，给予他们同样的课堂参与机会。针对学困生普遍存在的基础比较薄弱、自信心缺乏、课堂上不敢举手发言等问题，我采取的做法是让学困生回答一些简单的问题或重复别人的答案，或者是老师事先帮学生做好充分准备，然后再让他在课堂上向全体学生展现。

今天我找刘××、康××两位同学到我办公室谈心，首先对他们身上的优点进行了充分的肯定：讲文明，懂礼貌，遵守纪律，尊敬师长，积极进取……刚来到办公室时，他们脸上写满了疑惑和忐忑，但当我告诉他们我想帮他们学好英语时，我深深感觉到了他们眼中的意外和惊喜。

我：刘××，我发现你上课听讲挺认真的，喜欢学英语吗？

刘××：当然，否则我不会买那么多的资料了。

我：太好了。康××，老师觉得你是一个特别懂事的孩子，想把英语学好吗？

康××：想。

我：真不错。老师来帮你们学好英语，好吗？

刘××、康××：太好了，真的吗？太谢谢老师了。

我：当然是真的，不用客气。今天我们讲的是有关幽默、相声、小品的话题，你们对此感兴趣吗？

刘××：挺喜欢的。我家有一本英汉对照的笑话书，特逗。（本来我想为他们提供材料的）

我：那你能不能在周一的课堂上讲给大家听呢？

刘××：没问题！（回答非常干脆）

我：康××，你可以和刘××一起讲个幽默小笑话吗？

康××：行。我从刘××那本书上选一篇。

我：选好后老师帮你们一起准备，到时好好表现一下。

刘××、康××：好，我们会的。

这次谈话只用了短短6分钟就结束了，我的思考却开始了。刘××平时在课堂上很沉默，从来没有主动回答过问题，考试成绩也不理想，我在很长一段时间都叫不上他的名字，甚至没注意到他的存在。康××则是要么在课上看小说、玩东西，要么就趴在桌子上睡觉。现在在教育公平理念的影响下,我才关注到他们。通过谈话,我发现他们的内心世界挺丰富的,也渴望成功,渴望被关注。我真切地感到每个学生都是需要我们教师关注的,我们不应对任何一个学生轻言放弃,只要我们公平对待学困生,对他们多些关注、多些鼓励,就有可能帮助他们点燃希望之火,照亮他们前进的道路。

有一位参与实验的学生这样写道:

英语老师已经教我们一年多了。老师用的是一种主体教学的方式,与其他老师的教学方法大不相同,刚开始感觉不太适应,但是我逐渐感觉这种方法更加有利于我们的全面发展。老师上课并不像其他老师那样讲一节课,而是把大部分时间留给我们,让我们理解与讨论。这种教学方法让我对英语产生了兴趣!

(二) 学生的参与方式发生了变化

为了保证主体教学有效性,笔者非常注意观察学生在课堂教学活动中的参与方式。主体教学的目标是学生参与课堂教学活动,积极发挥主体性,可是,学生主体性的发挥不仅仅表现为举手发言、分组讨论、情节表演等热闹的场景,更表现为思维积极活跃的参与,使主体参与更加内外一致,"表里如一"。在保证有效性的主体教学活动中,笔者发现,学生的参与方式改变了,由外在的主体活动参与转变为内在思维活动的参与,真正地实现了学生本真的主体性的发挥与发展。

大家都知道,语文教学活动首先需要培养学生的听说读写四项能力,可是听说读写的外显活动离不开学生内隐的思维活动,它们是紧密结合在一起的。结合得好,就能互相促进,起正迁移作用。教学中的问题往往是思维的起点,又是思维的动力,是激发创造能力和探索能力的强大动力。语文教学活动中一个重要的教学环节就是唤醒和弘扬人的天性中蕴藏着的探索的冲动,培养学生的问题意识和敢于质疑的个性,引导学生思维,引导学生质疑。学生积极学习的内隐的思维活动使学生个体处于参与的最佳状态。那么,如何激发学生内隐的思维活动呢?以一位实验教师做的关于"主体参与型语文教学艺术"的教学实验为例。

案例6-5

在教学《我与地坛》时,实验教师先播放悉尼残奥会上我国运动员夺金时的镜头剪辑,约两分钟。随后,教师又作出了这样的导入:

"同学们,残奥会上这些运动健儿,身虽残但志不残,他们那种顽强的拼搏精神,使我们这些正常人都感到汗颜。人生难免会遇到种种挫折,但无论处于什么样的环境中,我们都应像他们一样去拼搏、去追求。君不见,罗斯福坐着轮椅完成了世界格局的大逆转;布伦克特牵着导盲犬坐在了英国教育大臣的座位上;张海迪,坐着轮椅为他人减轻痛苦;王占君,坐着轮椅历经艰难,写出了近十部长篇小说;海伦·凯勒,虽然生活在黑暗而无声的世界中,但她用顽强的毅力演绎了《我生命的故事》……与他们相比,我们是幸福的,因为我们拥有健康。可我不禁要问,我们该怎样对待这宝贵又幸运的生命,该如何活着呢?"

这样的疑问引起了学生的深入思考和积极回答,扩展了学生思维活动的空间,巧妙地激发起学生个体参与的主动性,启发他们更深入地钻研课文。当然,需要注意的是问题的提出要从教材和学生实际出发,不能故弄玄虚。

(三)课堂质量明显提高

学生积极主动地参与教学,充分发挥自身的主体性,不仅使自己成为了课堂教学的主人,还相应地提高了课堂教学质量,使课堂充满了生命活力。这是主体教学有效性的显著特征。

一位实验教师在实施了主体参与型合作学习之后,这样写道:

在课堂中我采取了小组合作学习。合作学习包括同伴合作活动、协商活动、小组合作活动、分组讨论等多种学习活动形式。一次理想的合作学习活动实际上也是一次信息交流活动,它要求合作双方既要认真倾听也要勇于发表个人看法。各项合作学习活动以合作精神为总的指导原则,通过不同形式的合作学习,学生获得了更多的参与机会,丰富了学习内容,更新了学习形式,对提高学生的学习积极性十分有利。合作学习的积极学习氛围对学习者的影响是全方位的。它使学习者减轻了心理焦虑，增强了学习动机，端正了学习态度，增加了自信和自尊；它提供了可理解性输入和输出，体现了不同的学习风格，锤炼了坚韧不拔的意志，融洽了合作者之间的关系，活跃了课堂教学的气氛，为获取学科知识、培养综合能力奠定了基础。

有一位学生这样写道：

我感觉这学期的英语课堂有一种公平、和谐、快乐的氛围。我对英语学习的兴趣和自信心都提高了。这主要是因为英语课变得生动有趣，教学效率很高。具体情况如下：第一，老师经常通过一些漂亮的图片、生动的视频、优美的乐曲和猜谜等形式进行复习和导入新课，我们感觉轻松而快乐。第二，在讲新课过程中，老师使用了灵活多样的教学手段。我积极回答问题，尽管我坐在最后一排的角落里，但通过展示我的优势智能得到了老师和同学的热烈掌声，我体会到了成功的快乐。第三，不仅我的优势和弱势智能得到了发展，我各方面的表现也进步了，因为老师不仅用传统的考试评价我们，而且还采用了多种评价方式，比如自我评价、同学间评价、家长评价等。尤其是档案袋，里面有我漂亮的书法作品、整洁的作业、小手工等，老师给了我高分，我感到很快乐。老师的教学方法、评价方式公平而且有效，我越来越喜欢英语和英语老师了。

另一位学生这样写道：

刚上高一的时候，我在课上经常说话，不写作业，扰乱课堂纪律，但老师从没有当众大声斥责我，而是走到我身边拍拍我的肩膀示意我不要这样做，课下耐心地给我讲道理。作业没完成，老师也没有撕掉我的作业本，或写上恶毒的评语，反而会表扬我："你的字写得真漂亮，如果能认真完成就更好了。""你是一个很懂事的孩子，相信你能完成作业"。"今天的作业有进步，加油！"……我有时课上趴在桌子上，老师会像对待班上第一名的同学那样关心地问我："怎么了，不舒服吗？"而不像有的老师那样恶狠狠地训斥我。我感到老师公平地对待了每一个学生，不管是优等生还是后进生。我感到心里很温暖，渐渐地开始喜欢英语了。老师为了我们每个学生都能进步,课上进行了合作学习和分层教学,我喜欢这种教学方法。小组讨论,让我们有了表达自己想法的空间,与同学相互讨论感到放松、快乐。分层教学使我"伸伸手就能够到树上的苹果",我品尝到了成功的果实,各方面也提高了。公平使我不再自卑,我大胆地回答问题、表演对话、参与小组活动,课堂表现积极踊跃,我相信我的英语学习会越来越好。

第二节 合理的主体性参与有利于提高主体教学的有效性?

本研究认为,培养与发展学生合理的主体性是主体教学有效性的目标。什么是合理的主体性呢?合理的主体性首先应该是个体主体性与类主体性的并重,强调"我"与"我们"的结合。其次,合理的主体性还应该从表面的主体性走向根主体性。再次,合理的主体性还应该从异化的主体性走向非异化的主体性。最后,合理的主体性还应该从神秘的主体性走向平常的主体性。

合理的主体性能确保主体教学的有效性吗?我们假设,合理的主体性参与有利于提高主体教学有效性,进而开展教学实验来检验这一假设。

一、实验研究设计

(一)实验研究的被试控制

为确保实验的效度,本研究对可能有损实验真实性的无关变量进行了控制,主要有以下几个方面。

第一,被试变量的控制:实验班的学生按自然常态编班,即入学随机编班,学生家庭背景、学习成绩、个体情况等方面无明显差异。

第二,教学投入的控制:实验班与其他班级在课程设置、教材范围的控制诸方面均相同,按《普通高中课程标准(实验)》的要求安排教学。

(二)实验研究的方法

采取定性研究和定量研究相结合的方法进行研究。

二、实验研究的策略措施

主体教学归根结底要落实在学生对教学的主体参与上,因此,本研究提出了学生有效参与策略,并从活动的有效设计、和谐课堂的创造等方面做了论述。因为人的活动、人际关系是构成社会的两大要素,前者需要参与,后者需要交往、互动。基于这样的思想理念,我们从"英语情境教学策略"、"多媒体技术主要手段的合理使用"、"初中英语互动教学"三个方面进行"合理的主体性参与有利于提高主体教学有效性"的实验研究。

(一)英语情境教学策略对主体参与的影响研究

此实验在陕西西安八十四中高一年级两个班进行(一个班为控制班,运用传统英语教学方法;另一个班为实验班,运用英语情境策略教学),为期一学期。

英语课堂教学实验中实施的教学策略主要是:激励学生主体积极参与英语情境的策略;促使学生主体在英语情境中产生体验的策略;设计活动使情境具体化的策略;文化情境渗透的策略。

本研究从学习兴趣、参与力度、师生关系、课堂形式这四个维度探讨了"英语教学情境策略"的实施对学生主体参与的影响,并对实验班前后测搜集的数据进行了分析。

1. 学习兴趣

(1)你认为本学期你的英语老师的教学方法有没有改变?

选项	百分比(%)	
	前测	后测
A. 有很大变化,比以前更好	7	72
B. 变化很少	43	15
C. 和以前一样	38	13
D. 比以前更差	12	0

（2）你对现在的英语课堂的喜好：

选项	百分比（%）	
	前测	后测
A. 更喜欢	10	58
B. 略感喜欢	23	25
C. 与以前一样	39	6
D. 不喜欢	28	11

（3）（第2题选A或B的，请做此题）喜欢英语课的原因是：

选项	百分比（%）	
	前测	后测
A. 老师制订的奖励制度和风趣幽默的教学风格	8	22
B. 课本内容很有趣	15	17
C. 课堂活动及游戏多，有趣	2	30
D. 英语很有用	75	31

（4）（第2题选C或D的，请做此题）不喜欢英语课的原因是：

选项	百分比（%）	
	前测	后测
A. 老师讲得多，学生活动少，课堂沉闷	52	0
B. 英语不重要	2	0
C. 作业太多太难	24	8
D. 听不懂	22	92

注：后测选做此题的学生很少，他们的答案主要集中在D项。

(5) 你英语作业的完成情况：

选项	百分比（%）	
	前测	后测
A. 超额完成	2	14
B. 按时完成	35	47
C. 偶尔不能完成	43	30
D. 经常没完成	20	9

(6) 英语课前是否有预习？

选项	百分比（%）	
	前测	后测
A. 有	12	21
B. 偶尔有	68	62
C. 没有时间	13	12
D. 不必预习	7	5

评析：从以上六题的调查结果可以看出，实施英语教学情境策略以后，大多数学生对英语产生了浓厚的兴趣，对英语课堂较满意。他们认为英语教学情境策略很适用，把课堂内容与生活情境紧密相连，激发了大家的学习兴趣。不喜欢英语课的学生大大减少了，个别学生不喜欢英语，原因主要是基础太差，听不懂。

2. 参与力度

(7) 在课堂上，每节课你大概有多少次发言的机会？

选项	百分比（%）	
	前测	后测
A. 4次以上	7	12
B. 2~3次	10	25
C. 1次	20	33
D. 很少，几乎没有	63	30

（8）上英语课时会做和英语课无关的事情吗？

选项	百分比（%）	
	前测	后测
A. 从未	10	21
B. 很少	23	49
C. 有时	57	30
D. 经常	10	0

（9）对老师提出的问题，你的表现是：

选项	百分比（%）	
	前测	后测
A. 总是积极要求发言	5	15
B. 有时主动发言	33	40
C. 很少主动，等点名	42	30
D. 从不主动，尽量避免发言	20	15

（10）英语课堂上，老师经常给你们提供各种机会和自由吗？（如提问的机会、讨论的机会、选择学法的自由、发表不同意见的自由）

选项	百分比（%）	
	前测	后测
A. 经常	10	22
B. 有时	30	45
C. 很少	58	33
D. 从未	2	0

（11）你向你的英语老师请教过英语学习方法问题吗？

选项	百分比（%）	
	前测	后测
A. 经常	8	15
B. 有时	34	47
C. 很少	45	30
D. 从未	13	8

（12）对于师生正在讨论的问题，你的态度是：

选项	百分比（%）	
	前测	后测
A. 积极参与	11	35
B. 有时参与	40	42
C. 很少参与	40	23
D. 从不参与	9	0

评析：从以上六题的调查结果可以看出，实施英语教学情境策略以后，我们的英语老师在课堂上给学生自由支配的时间增加了；学生参与课堂活动、自由表达思想感情的机会也多了；老师也乐意让学生参与课堂活动，给学生自由支配的时间；学生表达思想的能力也增强了。这就大大加强了学生主体参与课堂的力度，对学生的全面发展必将带来很多正面影响。

3. 师生关系

（13）在英语教学中，你给教师提出过教学建议吗？

选项	百分比（%）	
	前测	后测
A. 经常	3	12
B. 有时	23	30
C. 很少	42	31
D. 从未	32	27

（14）你的英语老师上课时，关注你的课堂表现吗？

选项	百分比（%）	
	前测	后测
A. 经常	10	20
B. 有时	28	45
C. 很少	40	25
D. 从未	22	10

（15）你的英语老师面对学生出错误时，他通常采用什么样的方式？

选项	百分比（%）	
	前测	后测
A. 含蓄幽默	23	5
B. 冷嘲热讽	32	0
C. 大发雷霆	20	75
D. 不作反应	25	20

（16）你被英语老师批评以后，你的情绪通常是：

选项	百分比（%）	
	前测	后测
A. 心服口服	22	70
B. 愤愤不平	33	17
C. 置之不理	40	13
D. 变本加厉	5	0

（17）英语课上，你感到与老师的关系是：

选项	百分比（%）	
	前测	后测
A. 融洽、真诚、平等	8	40
B. 老师是权威，要听老师的	30	24
C. 怕老师，有不安全感	50	26
D. 没什么关系	12	10

（18）在英语课堂上，你的老师对学生们的各种观点能否给予尊重？

选项	百分比（%）	
	前测	后测
A. 能	12	30
B. 基本能	17	35
C. 有时能	31	24
D. 不能	40	11

评析：从以上六题的调查结果可以看出，实施英语教学情境策略以后，出现了以下变化：①实验教师开始努力做到与学生平等对话。②实验教师开始努力做到与学生真诚交往；同时在情感、意向等方面给予学生指导性的关怀和支持，使学生积极地、创造性地投入到教学过程中来，尊重学生、信任学生，而不是把学生看做是年幼无知或不成熟的人而强迫其服从自己、接受自己。③实验教师开始努力做到与学生相互理解。在英语教学中，学生通过与教师的相遇受到启迪而成长，教师通过与学生的"对话—理解"而实施教育。这样，学生不仅仅接受了英语知识，更多的是通过对话获得了人生体验和人生的智慧，并且在这种教育中体验生活，体验人际关系，从而能够积极地面对未来的生活和世界。我们的英语教师开始与学生共同建立起一种新型的师生关系——合作的、民主的、开放的师生关系。

4. 课堂形式

（19）你班英语课的状况是：

选项	百分比（%）	
	前测	后测
A. 师生共同就文本提出问题，大家共同讨论解决	3	30
B. 教师分析课文，提出问题，大家共同讨论解决	30	40
C. 教师讲得多，学生活动主要为回答问题	40	30
D. 教师分析课文，学生听记，基本没有发言机会	27	0

（20）英语课上，有以小组为单位进行角色扮演吗？

选项	百分比（%）	
	前测	后测
A. 经常	7	40
B. 有时	40	35
C. 很少	48	25
D. 从未	5	0

（21）英语课堂上，老师会不会让大家看经典影片？

选项	百分比（%）	
	前测	后测
A. 经常	5	32
B. 有时	13	35
C. 很少	35	33
D. 从未	47	0

(22) 你们英语老师经常利用多媒体和网络来给你们上课吗?

选项	百分比（%）	
	前测	后测
A. 经常	7	27
B. 有时	8	38
C. 很少	22	35
D. 从未	63	0

如选择 A、B 或 C，请回答多媒体和网络教学的有效性怎样。

(23) 老师每堂课会给你们留出多少时间自由支配?

选项	百分比（%）	
	前测	后测
A. 不留	20	0
B. 5 分钟	57	23
C. 10 分钟	23	36
D. 15 分钟	0	41

(24) 老师会不会和你们共同设计课堂?

选项	百分比（%）	
	前测	后测
A. 经常会	1	52
B. 有时会	5	31
C. 很少会	22	17
D. 不会	72	0

评析：从以上六题的调查结果可以看出，实施英语教学情境策略以后，英语课堂形式开始走向多样化：既有传统的师问生答、师生讨论，也有现

代的网络教学、多媒体教学、电影教学和音乐教学；既有角色扮演，也有师生共同设计课堂。多样化的英语课堂形式充分体现了"以学生为主体"的教学思想；为英语语言教学提供了更生动、形象的真实情境；打破了传统教学狭窄的天地，将课堂延伸至社会，甚至全世界，极大地开拓了学生的视野，丰富了学生的信息；促使教师在教学中不断更新知识，使英语教学出现了能动的、生机勃勃的新局面。

（二）多媒体技术的合理使用有利于提高主体教学有效性的实验研究

此实验在山西太原十二中初二年级进行，为期一学期，探讨教师在教学中合理、公平使用多媒体技术对学生主体性发挥有效性的影响，并从行为、情感、思维三个方面做了具体的分析。

1. 以多媒体技术为主要手段的学生行为参与

在课堂上以多媒体技术为主要手段，有利于促进学生的行为参与，具体表现在以下几个方面：

① 有利于提高学生开口发言的积极性和能力；

② 有利于促进学生的动手参与程度；

③ 不能在课件中只使用文本呈现知识，因为单一的媒体对学生的影响不大，还会扰乱他们的视线，分散他们的注意。

案例6-6

数学课《图形的展开与折叠》（第2课时）

在本节课的教学中，教师使用了课件、flash 动画和展示台三种多媒体手段，这里的 flash 动画独立于课件，在另外一个窗口呈现。其中，在课件中使用文本和相关的图片呈现课程知识，包括正方体、圆柱和圆锥的彩色展开图；flash 动画呈现展开的整个过程，使学生了解正确的展开图形和完整的展开过程。

本节课的教学流程是：①由课本第11页"问题解决"中的两道关于正方体的习题引出"如果沿正方体某些棱剪开，会得到什么样的平面图形？这样的平面图形有多少种？"这样的问题；②由学生回忆、总结棱柱的展开图的特征，教师引导学生思考、动口说；③学生自己画出或剪出正方体的展开图，随后贴到黑板上，若画在练习本上，则用展示台展示，教师巡回观察；④教师用大屏幕展示正方体展开的整个过程，之后师生根据学生用不同方法所呈现的结果一起总结展开图的特性，并让学生思考：将正方体的某些棱剪开，展成一个平面图形，需要剪开几条棱？学生讨论，教师总结正确答案；⑤让学生按照同样的方法，画出圆柱和圆锥的展开图，学生思考，并动手画。

学生在本节课上的主要行为表现有：

① 回答提问。课堂上教师个别提问的次数不多，大多数问题都是教师提出后由学生们集体回答，回答过程中90%的学生都能开口，一半的学生能边动手折叠边回答问题。

② 讨论。课堂中的讨论环节共5分钟，教师允许讨论的话音刚落，学生自觉以前后三排结合的方式展开了讨论，有实物的小组通过动手剪来寻找问题的答案。学生参与的积极性极高，每个人都在小组中积极发言。由于学生们不了解讨论的规则，因此没有人做记录。

③ 做练习。课堂中的练习环节指快下课时学生在练习本上画圆柱和圆锥的展开图。在这个环节中，认真动手画的学生占60%，个别学生不画，少数学生不会画，也没有思考，在本上重复画正方体的展开图（即他画过的图）。

④ 动手制作。指教学过程第三步中的"画或剪正方体的展开图"，要求制作了正方体模型的学生用剪刀剪，80%的学生动手剪，20%没有模型的学生便在练习本上边思考边画。

为了进一步了解多媒体技术对学生行为参与的影响和促进作用，我们通过问卷对学生进行了调查，调查结果见表6-4。[①]

---

① 我们编制的行为参与问卷内容包含钻研难题、课堂提问、回答问题、参与讨论、动手操作等方面，其中选项A代表"总是这样"，B代表"经常这样"，C代表"有时这样"，D代表"从不这样"。

表6-4 多媒体技术对学生"参与讨论"的影响的调查结果

课堂类型	学生百分比（%） 选项	使用多媒体课件	不使用多媒体课件
数学课堂	A	33	32
数学课堂	B	38	33
数学课堂	C	28	32
数学课堂	D	1	3
语文课堂	A	25	15
语文课堂	B	37	34
语文课堂	C	30	46
语文课堂	D	8	5

通过这些数据可以看出：多媒体能促进学生的参与行为，参与学生人数增加。

2. 以多媒体技术为主要手段的学生情感参与

在课堂上以多媒体技术为主要手段，有利于促进学生的情感参与，主要表现为以下几方面。

① 多媒体技术所创设的情境可以增强学生学习的好奇心，提高学生参与的积极性；

② 多媒体技术所创设的情境可以使学生产生身临其境的感觉，更易于学生对教学内容的理解；

③ 在讲解知识内容时，使用只包含纯文字叙述的课件会降低学生参与课堂的积极性，使学生产生厌倦的情绪，多媒体技术的使用能有效改变这种状况。

案例6-7

《美丽的西双版纳》一课中，我们对上讲台作导游的2名学生、举手造句的1名学生与随机选择的没有这些表现的1名学生（共4名）进行了访谈。

一个上讲台作导游的学生说："如果我们只读课文，很难想象西双版纳到底有多美,可老师使用多媒体课件放映了一个介绍西双版纳的片段后,我发现西双版纳真的非常美丽,有神秘的热带雨林,还有很多珍稀的动物等,我希望把我自己看到的这些告诉给更多的人,所以我愿意给大家当导游。"

那个没有发言的学生说:"通过多媒体课件里的视频和图片,我看到了西双版纳的美丽风景,我对课文的理解更深刻了,再读这篇课文也更有滋味了。听了两位作导游的同学的介绍,我真希望有一天能去那里旅游。"

结果表明,愿意走上讲台展现自己风采的学生增多了,虽然因课堂时间有限,无法让更多学生展示,但是没有机会展示的学生同样认真听同学解说,营造了一种和谐的气氛。运用图片和视频片段所设置出的情境能起到激发学生思维的作用,他们更愿意通过自己的语言将图片描绘出来。

为了更进一步地了解多媒体技术对学生情感参与方面的影响和促进作用,我们对学生进行了问卷调查,调查结果见表6-5[①]。

表6-5 多媒体技术对学生"积极情感"的影响的调查结果

课堂类型	学生百分比(%) 选项	使用多媒体课件	不使用多媒体课件
数学课堂	A	50	48
	B	31	34
	C	16	15
	D	3	3
语文课堂	A	38	31
	B	38	38
	C	20	26
	D	4	5

从表6-5中的数据可以看出,在语文和数学课堂上使用多媒体可以增

---

① 我们编制的情感问卷内容包含积极的情感(喜欢、高兴、愉快、兴奋、乐观、自信、好奇、有趣、满足)和消极的情感(不喜欢、厌倦、不耐烦、紧张、枯燥、讨厌),其中选项A代表"总是这样",B代表"经常这样",C代表"有时这样",D代表"从不这样"。

强学生的参与情感，使他们更愿意参与到课堂中去，更喜欢语文教学。

3. 以多媒体技术为主要手段的学生思维参与

多媒体技术对学生学习规则或法则时思维参与情况的影响如下：

① 复习课上，投影和展示台呈现文字可以给学生的思维参与提供便利，帮助学生整理已学内容，但由于复习的课时很少（每单元一次），因此不能保证每节课中学生思维的参与；

② 课件或展示台能帮助学生运用法则进行推理（外在行为表现为做练习题），延长学生推理思维的过程；

③ 课件不能使学生批判性地接受原理知识，甚至会分散学生的注意力。

多媒体技术对学生动手操作后思维参与情况的影响如下：

flash 动画的呈现可以使学生在头脑中形成对文字、图片的感性认识，促进学生的动手参与，在动画的操作过程中如果同时伴有思维参与，则更能促进学生的动手操作。

多媒体技术对学生开口表达后思维参与情况的影响如下：

① 运用影片、视频与图片这样的多媒体技术，可以激发学生阅读的热情，加强学生对课文的进一步思考；

② 教学过程中与教学过程后的画面呈现可以促进学生对课文的分析、判断，在学生比较分析和判断理解这两种思维的参与中，进一步提高了他们的注意力。

在我们所研究的语文课堂中，"阅读"主要体现在对课文的阅读方面，包含朗读、小声读和默读。某学生说："大声或小声并不是评价是否参与课堂的标准。"之后我们问："那你怎么证明在阅读课文的同时也在思考？"他说："我一般默读的时候会思考，而大声朗读时则很少。"当问到对多媒体技术的认识时，有学生说："在老师使用多媒体时，我就特别愿意听。"

"表达"主要体现在讲演（如《美丽的西双版纳》中的导游解说）、提出问题、回答问题和口头作文（包括造句）方面。学生在表达自己的认识时首先要做的是整理自己的思路，因此表达是体现学生思维参与的最佳途径之一。

"写作"即课堂中的练笔（如写微型作文），如《甜甜的泥土》、《美丽的西双版纳》和其他一些课中,教师都安排了造句和练笔环节,学生在多媒体创设的环境中都能动脑思考,有的学生闭眼思考后开始动笔写作,写作过程中他们要进行语言的选择和加工,将口头表达形式转变为书面表达,而且字数比口头表达时多,要求也比口头表达高。访谈时有学生说:"在写的过程中,脑子里已经想好词了,然后一个字一个字地写出来,就浪费时间了,因为老师是让写完后读出来,所以好多时候就只能写好发言时的提纲,到时再临时组织语言。如果是让交的话,老师会留很长时间,这样我们能慢慢想,想好了再认真写就行了。"

为了更进一步考察多媒体进入课堂后对学生思维参与方面的影响,我们对学生进行了问卷调查,调查结果见表6-6。①

表6-6 多媒体技术对学生"思考"的影响的调查结果

课堂类型	学生百分比(%) 选项	使用多媒体课件	不使用多媒体课件
数学课堂	A	22	24
	B	37	34
	C	38	39
	D	3	3
语文课堂	A	19	14
	B	41	33
	C	36	50
	D	4	3

通过以上数据可以看出,在数学课堂上使用多媒体课件时,"总是参与"的情况不如不使用的好,"从不参与"的人数百分比与不使用时是一样的。这说明,多媒体在数学课堂中激发学生思维的作用并不大。在语文课堂上使用多媒体后可以增加思维参与的人数,减少不参与的人数,因此多

---

① 我们编制的思维参与问卷内容包含思考(包括对讲课内容和纠错时的思考)、对新旧知识的关注、联想、比较分析和产生疑问等。其中选项A代表"总是这样",B代表"经常这样",C代表"有时这样",D代表"从不这样"。

媒体技术使用对语文课堂中学生的思维发展是极为有益的。

（三）主体参与教学理念下初中英语互动教学实验研究

此实验在河北石家庄第二十二中学初二年级进行，为期一学年，控制班42名学生（20个男生，22个女生），实验班40名学生（21个男生，19个女生），共82名学生参加实验。这两个组的学生都已学习了一年的初级英语，且在一年级学期末时英语成绩基本保持平衡（见表6-7）。这两个组由同一个老师授课，实验组采用教学互动策略授课，控制组仍采用传统教学方法。

表6-7 主体参与教学理念下初中英语互动教学学生成绩统计表

分数 \ 学生人数	控制班	实验班
91~100	7	8
81~90	9	6
71~80	13	15
61~70	6	5
60以下	7	6

1. 访谈

经过一学年互动教学的实施，在本学年结束的时候，我们从实验班中随机抽取了12名学生，对他们进行了一次访谈。当然，访谈的话题主要针对学生参与方面，实行开放式问答，时间是15分钟。

在访谈过程中，教师与12名学生围绕课桌坐定，没有回答的先后顺序之分，允许学生自由畅谈。当然，访谈者有自己的访谈主题，主要有以下几点。

① 你有兴趣参与课堂教学活动吗？
② 在学习策略的使用过程中你获益了没有？举例说明。
③ 你对小组合作与课堂讨论是怎么认识的？
④ 你觉得你的教师教学行为如何？

⑤ 互动教学实施后，你认为自己有变化没有？

有一个叫李永豪的男孩，这样表达他的看法：

我很胆小，在英语课上我没有自信。因此，很多时候我在课堂上是不做声的，怕被同学们嘲笑。可是，我的老师告诉我："不要害怕会犯错误，老师有时候也会犯的。今天的错误很有可能明天就可以避免。你应该参与课堂上的所有活动。"这些话鼓励了我，我开始试着参与班级活动。现在，我对英语学习很有兴趣，我可以在英语课堂上自由地表达我的观点。

有一个叫李涛的男孩，在日记中这样写道：

老师采用的教学方式是完全不同于我以前所经历的那些，其中有好多是十分新颖的，如辩论。在课堂教学中，老师会给你一个话题，你可以针对这个话题组织正方反方两个团队，互相之间进行辩论。我认为，这对提高我的口语水平十分有益。

另外，其他学生也表达了自己的看法：

——互动式教学提高了课堂交流，激发了我的英语学习兴趣。

——在英语课上，教师不再过多地关注语法和语言重点的讲解，使我感到轻松自由。

——我喜欢小组讨论。因为这样我们可以自由地交流，表达自己的不同观点，彼此学习。

——我喜欢这种课堂气氛，老师既亲切又友好。

——老师的教学方法有利于我的学习，当我上课的时候，我特别愿意学习。

——我不喜欢语法学习，所有的时间都在记笔记、长篇大论地背诵……这令我很烦。

——在课堂上，我很喜欢师生之间关于一些话题的交流。

——对于现在的我来说，丢脸是"过去式"，你看，我在口语课上是很有自信的。

从以上的信息可以看出，在英语课上学生们是非常乐于接受互动式教学方式的，通过教师的指导他们可以很好地掌握一些学习策略，也可以分享学习的快乐，在课堂上的表现也非常积极。当然，也有一些学生感到对这样的课堂不适应。比如，有的学生在讨论或辩论中，往往因为词汇的匮乏而很少言语，有的仍有点羞于表达……但总的来说，不管在英语口语的学习上，还是在英语的交流上，学生们普遍有了很大提高。

2. 一节互动课堂教学实录

案例6-8

"怎样制作香蕉奶茶"课堂实录

教学材料：初二年级第一册。

授课班级：石家庄某初级中学初二年级实验班40名学生。

教学时间：一课时（45分钟）。

教学工具：录像机，多媒体课件。

教学目标：

（1）培养学生的语言交流能力与语言知识能力；

（2）学会与别人交流与合作；

（3）培养学生的主动参与意识。

教学内容：

（1）学会描述一种食物的制作过程；

（2）根据说明完成制作；

（3）举例：怎样制作香蕉奶茶？

① 剥掉香蕉皮；

② 把牛奶倒入搅拌机；

③ 我们需要多少香蕉呢？

④ 我们需要多少酸奶酪呢？

（4）词汇：turn on, cut up, peel, pour, put, mix up, blender, relish, milk shake, sauce, recipe

教学方法：互动教学。

互动模式：师生之间，生生之间（一个与多个，多个与多个）。

教学过程：

第一步：热身活动（5分钟）。

请回答以下问题（师生间互动）：

（1）你喜欢什么饮料？

（2）你自己可以动手做一些食物或饮料吗？

（3）你喜欢香蕉奶茶吗？

（4）你知道怎样制作香蕉奶茶吗？

（5）你想学习做香蕉奶茶吗？

第二步：表演（师生间互动）（5分钟）。

老师给学生们边展示一些图片边进行说明，图片展示的是一些操作动作，教师描述每个动作，并让学生们重复，比如剥香蕉，切碎香蕉，把香蕉和冰激凌倒入搅拌机，把牛奶也倒入，打开搅拌机，品尝香蕉奶茶。

第三步：练习（师生之间，多个学生之间互动）（10分钟）。

（1）每四个学生为一组来讨论制作香蕉奶茶的步骤，并按正确的顺序写下来，每组选一个代表来叙述制作顺序。

（2）在学生们讨论的过程中，教师可以到各个组查看，以便随时给予指导。

（3）选一个或两个学生用自己的语言给全班学生叙述香蕉奶茶的制作过程。

第四步：听力练习（师生间互动）（5分钟）。

（1）向学生说明要求：指出练习1a中的食物并读出来，请将你在录音中听到的单词圈出来。

（2）播放第一次录音，学生只听。

（3）播放第二次录音，边听边圈听到的单词。

（答案：butter, relish, tomato, onion）

第五步：分角色表演（多个学生之间互动）（15分钟）。

在全班学生中选取两个学生，一个为采访记者，一个为厨师长，其他学生分为四组作为观众。给这两个学生一点练习时间，然后让他们共同完成一个关于"一种事物或饮料制作过程"的采访。依照这样一种做法，让每个组进行表演，教师与学生们分别给予评价。

第六步：总结固定句型（3分钟）。

How do you make a banana milk shake?

Peel the bananas.

Pour the milk into the blender.

How many bananas do we need?

Three bananas.

How much yogurt do we need?

A cup of yogurt.

第七步：布置作业（2分钟）。

（1）课下同学之间互相合作进行一次关于做沙拉或饺子的采访。

（2）使用练习1a中的单词写一个简单的对话。

三、实验研究的结果

从实验研究过程可以看出，我们的假设得到了验证，合理的主体性参与有利于提高主体教学有效性。

设置教学情境遵循的原则之一就是主体性原则，从学生的生活经验入手，以学生原有的知识积累为起点，遵循"简易低耗"、"直观有益"、"学生本位"的原则创设教学活动。学生在教学活动中尽情自在地表达，教师则是一个积极的倾听者和带有强烈鼓励倾向的评价者。此时教师的评价也不能只用"好"或"不好"来表达，因为每一个学生的观点都是他们自己的，都具有独特的价值，教师在充分鼓励的基础上要提出改进的建议，真正地做到了尊重学生的创造性劳动，提高了学生的主体参与。

教学手段也是影响主体教学有效性的因素之一。实验研究的结果表明，主体教学中如果实现了教学手段的合理使用，就会呈现出教师主体性与学生主体性的协同性，生生间主体性发挥的协同性以及师生主体性的发挥与教学其他因素间的协同性，保证了主体教学的有效性。

互动教学营造了良好的教学氛围。师生关系的多元化、教学活动的多维化都是教学融合生活的体现。师生关系的多元化指教师与学生既有正式的工作关系，又有非正式的人际关系，甚至可能在师生互动中会出现学生教老师的情况。在和谐的人际关系环境中，为个体学生提供了向教师与其他同学学习的机会。因此说，教学互动既是学生主体性发挥的一种形式，也是发展他们主体性的一种方式。

第三节　教学艺术有利于提高主体教学的有效性？

一、实验研究的设计

（一）实验研究的被试

实验班选择在山西临汾二中高一年级进行，全班53名学生，其中男生29名，女生24名。为确保实验的效度，对可能有损实验真实性的无关变量进行了控制，主要有以下几个方面。

第一，被试变量的控制。实验班的学生按自然常态编班即入学随机编班，学生家庭背景、学习成绩、个体情况等方面无明显差异。

第二，教学投入的控制。实验班与其他班级在课程设置、教材范围的控制诸方面均相同，按《普通高中课程标准（实验）》的要求安排教学。

（二）实验研究的方法

本研究采取定性研究和定量研究相结合的方法进行研究。

（三）实验研究的数据管理分析

数据采用社会统计学软件SPSS11.5对录入的被试数据进行管理并进行卡方（χ^2）分析。

在第三章中我们从教学艺术的视阈出发，从教学最优化理论的阐释中看到了教学艺术对主体教学有效性的重要作用，它善于调动人的智力和非智力潜能，不同于过去那种只重视知识传授、能力培养的教学，能最大限度地培养学生的情感、兴趣,激发他们的学习动机。教学艺术的掌握、运用可以实现教学过程的最优化控制,达到对学生最佳的教育效果。因此,主体教学有效性需要教学艺术,教学艺术可以保证主体教学有效性,这也是我们提出"主体教学艺术策略"的原因所在。为了更充分地说明"教学艺术可以保证主体教学有效性"这一研究假设,我们在语文教学中进行了实验研究。

二、在实验中采取的主要策略

(一)差异性教学艺术策略

由于学生在学业基础、学习能力和发展水平等方面存在着明显的差异,为了适应各类学生学习上的差异性,我们采取因材施教与分层教学策略。比如在教学实验中,教学活动就是从学生的差异出发,让不同层次的学生按不同层次的要求拥有同等参与活动的机会。教学目标的制订适应学生的差异,下能保"底",上不封"顶",使学生尝到"跳一跳能摘到果子"那样的快乐,避免了程度好的学生"吃不饱"、程度差的学生"吃不了"的现象。这样,学生就能主动、积极而充分地参与学习,并获得有差异的发展。学生在不断获取成功的过程中得到了一种轻松、愉悦、满足的心理体验,激发起想再次获得成功的欲望。

常见的教学目标可分为三层。A层:"超标不封顶",依据课程标准,拓宽学习内容,不封顶,使有语文能力的学生有更大发展。B层:"依标在标",依据课程标准,在课程标准中做文章。C层:"依标达标",依据课程标准,教学中适当降低要求,并最终达标。

高一语文课本第一单元是一个诗歌单元。鉴赏诗歌,首先应该理解诗歌的意象,然后才能由此把握住由多个意象组合而营造的意境,从而体会诗人的思想感情,理解诗歌的主旨内涵。但是,不同诗歌的侧重点应不同。比如,《毛泽东词两首》中,《沁园春·长沙》是毛泽东诗词中革命现实主义和革命浪漫主义完美结合的精品,教师应重点引导学生领会作者主宰大地沉浮的宽广胸襟和无所畏惧的革命气概,品味词中博大的意境;而学习

《采桑子·重阳》，重点应感受作者在战争胜利后的喜悦之情和对革命前途的乐观精神。学习《中国现代诗三首》时，教师应主要引导学生感受诗中涌动着的激情，让学生把握诗歌主题，理解诗歌中意象的意义和象征作用，了解不同诗人不同的创作风格。新中国成立之后，当代新诗继承五四以来的优良传统，从古典诗歌和民歌中吸取养料，取得了显著成就。学习《中国当代诗三首》，教师应引导学生了解朦胧诗的特点；理解诗歌中鲜明而又各具特色的意象，丰富而又深刻的哲理；感受诗歌语言"物中见情、情景交融"的艺术特点。外国诗歌历史悠久、地域广阔，拥有大量名诗人、名作品，可使我们感受异国的情趣。学习《外国诗三首》，教师应引导学生了解一些外国诗歌知识；理解诗中的意象、意境，感受诗人复杂的思想感情；体会三首诗中不同的创作风格和表达方式。因此，本单元的教学目标分层如下。

C 层：①学生能流利地诵读全诗，运用工具书弄清生字词的意义；②了解诗歌创作的背景、创作意图、构思；③结合时代背景和文体特点理解全文，较准确、全面地把握诗歌内容。

B 层：除掌握 C 层同学所要求的内容外，能品味诗歌意象与意境，理解诗歌的主旨内涵。

A 层：熟练掌握对 B、C 两层同学的要求，能够学写简单诗歌。

（二）科学性教学艺术策略

教学科学是教学艺术的基础，在教师运用教学艺术策略时，首先要从教学科学的原则要求出发。科学性是教学成功的基本条件。若缺乏科学性，教学将会变得盲目、无序，失去基本的依据。

教学的科学性包括教学目的的科学性、教学内容的科学性、教学方法策略的科学性、教学手段运用的科学性、教学评价的科学性等。

这里我们重点说一下教学评价的科学性问题。建立科学的评价体系是此次课程改革的一个重点，新课程改革提出了课程评价体系要体现评价主体的多元化和评价形式的多样化，要有利于实施对教学全过程和结果的有效监控，有利于促进教师、学生、课程的共同发展。一是要对学生进行全方位的评价。不仅要关注学生的学业成绩,还要发现和发展学生多方面的潜能,如价值观、艺术才华、心理素质、社会生活知识、实践能力等,有效地发挥评价的教育功能,促进学生全面发展。二是要以形成性评价为主。评价应关注学生综合运用能力的发展过程以及学习的效果,采用形成性评价与总结性评价相结合的方式。三是要充分体现人文关怀。评价要了解、分析每个学生的个体差异,充分尊重、信任学生,尽量发现学生的闪光点。学生还可以自评,通过自评让学生认识自我,在自评中产生愉快的心理体验,鼓励他们树立信心,促进每个学生在原有水平上得到发展,使评价成为一种关怀手段和促进课程与教学发展的行为。四是要注重评价结果对教学的反馈作用。教师要了解评价是否促进了学生自己的发展和自信心的建立,教与学还存在哪些问题,要根据评价的反馈信息对自己的教学行为进行分析与反思,及时调整教学计划和教学方法,促进教学质量不断提高。

(三) 审美性教学艺术策略

主体教学充满了教师与学生本质力量的发挥,充满了理性知识的建构,充满了满足学生求知欲的乐趣。教师要使主体教学成为立美与审美的统一,通过艺术化的手段、方法使教学成为学生体验自然美、社会美和科学美的过程。

案例6-9

实验老师讲《荷塘月色》一课,一开始他就给学生描绘了一幅"月夜图",创设了一个"遍地月华清辉"的特定的审美情境,从而把学生领入到一片融融的月色之中。"在日常生活中。我们常常经历这样一种情景,即当夜色降临,黑暗就要吞噬大地万物的时候,一轮明月跃出,使山山水水,一景一物,宛如镀上一层白银,笼上一层轻纱,显得那么恬静,那么柔和、神秘而富有诗情画意。那如盘的明月,如水的月色,皎洁的清光,像甘露沁人心脾,像纯酒令人心醉。"随后,他又用"接天莲叶无穷碧,映日荷花别样红"等诗句开启学生的审美心扉,使学生心驰神往,犹如进入了一个荷叶亭亭、荷花艳艳、荷香袅袅的优美境界。

学生置身于这种特定的荷塘情境中,兴味盎然地带着一种对荷塘月色美景的憧憬和领略荷塘月夜风光的审美情感,进入文章的情感世界。这种情感的共鸣,可以转化为学生自觉审美的"催化剂",使学生产生新的审美追求,主动深入到文章构筑的内部世界,领悟文章的真谛。

(四)情感性教学艺术策略

职业情感是职业自豪感与职业满足感的前提,是人们搞好自己本职工作的重要心理基础。教学是理性与感性的统一,只有理性,只有"客观主义"的道白,自然缺乏激情。只有"晓之以理,动之以情"的教学才能激发学生学习的活力。如果教师缺乏积极的情感,就谈不上教学艺术,更谈不上主体教学的有效性。根据教学情境的要求,教师该笑则笑,该怒则怒,该哀则哀,用富有情绪变化的语言表达自己爱憎分明的态度,以起到潜移默化的教育效果。

案例6-10

实验老师在教学《沁园春·长沙》一课时的导语设计

"古来有才学、有抱负之士,一旦登临送目,凭高览胜,必生万端感慨。日月的变迁,家园的忧患,人生的辛苦一齐涌上心头,奔赴笔端。曹操横槊赋诗'对酒当歌,人生几何',以显英雄气概;杜甫吟唱'无边落木萧萧下,不尽长江滚滚来',以叹时运的不济。这样的名篇佳作,不胜枚举。毛泽东的《沁园春·长沙》一词更以其境界的开阔、气势的恢弘而令吟赏者叹为观止。今天,就让我们走近这位伟人,走进这篇佳作。"(学生们急不可待地翻开了课本)

(五)创造性教学艺术策略

教师还要学会创造新的教学方法,这是一个优秀教师必然要考虑的问题。当教师发现现有的教学方法对于学生发展而言有许多缺陷时,他们可以创造出让学生主体参与的教学方法。

案例6-11

《致大海》一课的主要教学环节

观海：多媒体课件展示一组以大海为主画面的图片，图中的大海时而轻翻着微波细浪，时而咆哮着击打岩石，周围有异域风光（包括一些树、建筑等）。通过图片展示，让学生对大海有个直观的感受，领略大海那独有的美的境界。

读海：给学生展示普希金的《致大海》与当代诗人韩东的《你见过大海》这两首诗，让学生自由朗读，把握二者的不同之处。配乐朗读这两首诗，使文本美与音乐美融为一体，让学生在读、听中体验、思考。

辨海：你认为这两首诗在描写大海上有什么不同？学生结合自己的审美经验从感受语言特点、分析意象、体会意境等方面展开激烈的讨论。

想海：你认为两位诗人描写大海是要表达什么情感呢？学生根据自己对诗人人生经历和写作背景的了解，各抒己见。学生的思维活跃了，理解和表达的能力也得到提高。

说海：对你心目中的海进行重新审视，说说它的特点。学生把课内所得知识与生活联系起来，进行口头表述。

写海：在说的基础上成文，写写每个人心目中的海。大海，因其坦荡开阔而受人赞颂，也因其汹涌澎湃而令人畏惧。不管是哪一种，在学生个性化的思考和表达中都具有了生命色彩。

"观海—读海—辨海—想海—说海—写海"是审美体验、鉴赏、创造的连续过程，这一过程达到了由审美而立美，由立美而立人的目的。

通过以上主体教学艺术策略的介绍与分析可以看出，主体教学艺术是教的艺术与学的艺术的有机合成。主体教学不仅仅要让教师教得绘声绘色，而且要让学生学得津津有味。让学生乐于参与教学活动是我们运用主体教学艺术的目的所在。

三、实验研究的结果分析

我们对实验班前后测试搜集的数据进行了分析，结果如下。

(一) 兴趣维度

问题与选项	学生人数	前测	χ^2	后测	χ^2	$Z_{(前-后)}$	P
1. 你喜欢上语文课吗？	A. 非常喜欢	11	17.47**	25	20.87**	-3.19**	.001
	B. 喜欢	32		26			
	C. 一般	10		2			
	D. 讨厌	0		0			
2. 每学期拿到语文新书，你是否迫不及待地翻阅、阅读？	A. 总是	32	22.22**	34	4.25*	-1.05	.290
	B. 有时	17		19			
	C. 很少	4		0			
	D. 从未	0		0			
3. 你有课外阅读的习惯并经常读各类书籍吗？	A. 总是	8	12.71**	13	20.98**	-2.10*	.036
	B. 有时	29		33			
	C. 很少	16		7			
	D. 从未	0		0			
4. 对于你喜欢的读物，你写读书笔记吗？	A. 总是	4	16.81**	18	6.38*	-4.65**	.000
	B. 有时	19		25			
	C. 很少	22		10			
	D. 从未	8		0			
5. 在学习一篇课文之前，你读过几遍？	A. 三遍及其三遍以上	4	30.09**	14	28.34**	-4.02**	.000
	B. 一至两遍	26		35			
	C. 按老师的要求	20		4			
	D. 未读过	3		0			

续表

问题与选项 \ 学生人数		前测	χ^2	后测	χ^2	$Z_{(前-后)}$	P
6. 上语文课时会做和语文课无关的事情吗?	A. 从未	14	10.17**	27	16.57**	-3.95**	.000
	B. 很少	15		22			
	C. 有时	20		4			
	D. 总是	4		0			
7. 我的阅读时间是:	A. 每天阅读	8	10.02**	18	23.81**	-4.70**	.000
	B. 每周阅读	11		32			
	C. 每月阅读	23		3			
	D. 基本不读	11		0			

注：**表示 $P<0.01$，*表示 $P<0.05$。

从以上数据可以看出，实验班的学生在对语文学习的态度与学习习惯上有了显著的差异（$P<0.01$），如非常喜欢语文的比例由 20.8% 上升到了 47.2%，对语文持一般态度的比例由 18.9% 下降到了 3.8%；在语文课前的阅读、课堂上注意力的集中、读书笔记的重要性等方面都有了较为明确的认识。

（二）行动自由维度

问题与选项 \ 学生人数		前测	χ^2	后测	χ^2	$Z_{(前-后)}$	P
8. 在课堂教学中教师给你们一定的自由支配时间吗?	A. 总是	4	16.81**	19	19.28**	-5.66**	.000
	B. 有时	8		30			
	C. 很少	22		4			
	D. 从未	19		0			

续表

问题与选项	学生人数	前测	χ^2	后测	χ^2	$Z_{(前-后)}$	P
9. 课堂上，你与老师和其他学生观点不一致时，你表述自己的感受吗？	A. 总是	3	25.72**	13	15.30**	-4.30**	.000
	B. 有时	9		24			
	C. 很少	28		12			
	D. 从未	13		4			
10. 对教师提出的问题，你的表现是：	A. 总是积极要求发言	5	29.04**	18	4.79*	-4.37**	.000
	B. 有时主动发言	9		24			
	C. 很少主动，等点名	30		11			
	D. 从不主动，尽量避免发言	9		0			
11. 对于师生正在讨论的问题，你的态度是：	A. 积极参与	6	13.94**	17	16.34**	-3.99**	.000
	B. 有时参与	21		30			
	C. 很少参与	19		6			
	D. 从不参与	7		0			

续表

问题与选项	学生人数	前测	χ^2	后测	χ^2	$Z_{(前-后)}$	P
12. 你喜欢自己去理解、体会课文而不是单纯地听老师的讲解吗?	A. 总是	7	11.38**	16	8.36*	-3.30**	.001
	B. 有时	8		20			
	C. 很少	22		11			
	D. 从未	16		6			
13. 语文课堂上,老师经常给你们提供各种机会和自由吗?(如提问的机会、讨论的机会、选择学法的自由、发表不同意见的自由)	A. 总是	5	10.93*	17	19.17**	-4.85**	.000
	B. 有时	13		31			
	C. 很少	22		5			
	D. 从未	13		0			

注: **表示P<0.01,*P<0.05。

学生是否为教学活动的参与主体,其重要的衡量标准就是看学生能否自由地参与教学活动,这是主体教学艺术所要达到的重要目标。在这个维度上,根据前后测试的数据对照,我们可以很清晰地看到,学生在参与教学上有了一定的自主权,也更促进了学生学习积极性的提高。如学生在课堂上自由支配时间的比例由原来的7.5%提高到35.8%,在师生讨论的问题参与度上也由11.3%上升到了32.1%。

（三）师生关系维度

问题与选项		学生人数 前测	χ^2	后测	χ^2	$Z_{(前-后)}$	P
14. 在语文课堂上，你向语文老师提问题吗？	A. 总是	2	18.32**	13	22.09**	-4.33**	.000
	B. 有时	14		27			
	C. 很少	24		9			
	D. 从未	13		4			
15. 在语文教学中，你给教师提出教学建议吗？	A. 总是	2	15.91**	17	7.30*	-4.65**	.000
	B. 有时，看教师情况而定	12		19			
	C. 很少	18		10			
	D. 从未	21		7			
16. 你的语文老师上课时，关注你的感受吗？	A. 总是	4	18.62**	16	20.87**	-4.71**	.000
	B. 有时	20		32			
	C. 很少	22		5			
	D. 从未	7		0			
17. 你们班语文老师提问哪一类的学生？	A. 给所有同学提供机会	24	18.62**	39	39.09**	-2.27*	.023
	B. 成绩好的	12		5			
	C. 成绩中等的	15		9			
	D. 差的	2		0			
18. 你遇到学习困难会主动问老师吗？	A. 总是	8	19.68**	19	19.28**	-3.99**	.000
	B. 有时	23		30			
	C. 很少	19		4			
	D. 从未	3		0			

续表

问题与选项	学生人数	前测	χ^2	后测	χ^2	$Z_{(前-后)}$	P
19. 你发现老师讲错了会主动提出来吗？	A. 总是	13	14.25**	20	24.26**	-3.04**	.002
	B. 有时	24		31			
	C. 很少	11		2			
	D. 从未	5		0			
20. 如果你对老师的做法有看法，你会：	A. 直接对老师说	2	24.06**	6	47.91**	-3.25**	.001
	B. 给老师传纸条或以其他方式告之	22		34			
	C. 看老师情况而定	22		12			
	D. 绝不会说出来	7		1			
21. 老师到你家家访，讲了很多你的缺点，老师走后，你受到了父母的责备，你心中怎么想？	A. 理解老师的用心，尽量改正自己的缺点	36	56.66**	48	78.38**	-2.64**	.008
	B. 给老师提出意见，希望老师以后不要这么做	12		4			

续表

问题与选项		学生人数	前测	χ^2	后测	χ^2	$Z_{(前-后)}$	P
21. 老师到你家家访，讲了很多你的缺点，老师走后，你受到了父母的责备，你心中怎么想？	C. 老师就会这一招，我根本不怕		2	56.66**	1	78.38**	-2.64**	.008
	D. 决定用恶作剧报复老师		3		0			
22. 在学习或生活中你有问题或困难愿意和老师倾诉吗？	A. 总是		0	9.09*	11	22.70**	-4.64**	.000
	B. 有时		12		27			
	C. 很少		28		12			
	D. 从未		13		3			
23. 在学校日常教育教学工作中，老师能否尊重、信任每一个学生？	A. 能		0	1.17*	27	16.57**	-2.45*	.015
	B. 基本能		19		22			
	C. 有时能		20		4			
	D. 不能		14		0			
24. 语文课上，你感到与老师的关系是：	A. 融洽、真诚、平等		8	12.28**	38	35.13**	-5.17**	.000
	B. 老师是权威，要听老师的		21		8			
	C. 怕老师，有不安全感		18		7			
	D. 没什么关系		6		0			

注：**表示 P<0.01，*P<0.05。

师生之间能否建立良好、和谐的教学交往关系，和谐融洽的师生关系是关键。从上表的数据中我们可以看出，在这一维度上，很多表现的前后变化是非常显著的。在师生关系的认识上，选择"融洽、真诚、平等"的学生的比例由 15.1% 上升到了 71.7%。

（四）教学活动维度

问题与选项 / 学生人数		前测	χ^2	后测	χ^2	$Z_{(前-后)}$	P
25. 老师要求你利用图书馆、网络等信息渠道进行探究性学习吗？	A. 总是	4	24.36**	12	10.91**	-4.54**	.000
	B. 有时	9		29			
	C. 很少	28		12			
	D. 从未	12		0			
26. 你们班语文课堂气氛经常是以下哪种情况？	A. 高涨，充满活力和激情	12	13.79**	37	33.55**	-3.78**	.000
	B. 紧张严肃	14		4			
	C. 平淡安静	23		12			
	D. 沉闷，只有老师的分析讲授	4		0			
27. 你班语文课的状况是：	A. 师生共同就文本提出问题，大家共同讨论解决	0	4.11*	12	33.55**	-4.87**	.000
	B. 老师分析课文，提出问题，大家共同讨论解决	24		37			

续表

问题与选项	学生人数	前测	χ^2	后测	χ^2	$Z_{(前-后)}$	P
27. 你班语文课的状况是：	C. 老师讲得多，学生活动主要为回答问题	12	4.11*	4	33.55**	-4.87**	.000
	D. 老师分析课文，学生听记，基本没有发言机会	17		0			
28. 语文课上，有以小组为单位开展的学习活动吗？	A. 总是	4	15.00**	15	26.08**	-4.83**	.000
	B. 有时	23		34			
	C. 很少	16		4			
	D. 从未	10		0			
29. 语文课堂上，老师组织如辩论、演讲、朗诵、情景表演之类活动吗？	A. 总是	2	14.70**	14	16.11**	-4.66**	.000
	B. 有时	18		31			
	C. 很少	20		8			
	D. 从未	13		0			

注：**表示 $P<0.01$，*$P<0.05$。

从以上数据中我们可以看出，如果教师能够较好地运用教学艺术，能够多渠道、多方式地让学生展开学习，语文课堂质量就会得到明显的提高。

四、实验研究的结论

通过一学期的教学实验，我们得出的结论是：教学艺术可以保证主体教学有效性，主体教学有效性需要艺术化的教学。因此，我们每一位教师要形成、掌握和运用教学艺术，真正发挥主体教学的有效性。

第四节 教学公平有利于保证主体教学的有效性？

教学公平作为教育公平在微观教学层面的体现，对于教育公平的实现具有重要意义。主体教学公平是培养学生合理主体性的必然要求，是教学有效性的客观要求。为进一步在课堂教学中贯彻教学公平理念，我们提出了主体教学公平策略。

差异性公平策略是培养学生个性的重要措施。多元智能理论认为，每个学生的智能特点都是不同的，因此真正的教学公平必须建立在承认与发展每个学生的差异性智能的基础之上。主体教学十分重视培养学生的个性。从比较的角度讲，个性就是差异，就是不同。由不同个性的学生所组成的班级，同学们互相学习，取长补短，从而形成了一个颇具活力的集体。具体来说，我们可以采取因材施教与分层教学策略培养和发展学生的个性。

交往性公平策略是主体教学有效性的重要保证。教师在教学中给学生传授知识，培养其能力，提高其智力，使他们形成健全的人格，通过自己与学生的交往对学生产生一定的教育作用。为此，教师必须与所有学生进行交往。在教师与学生公平交往的过程中，学生对公平的认识有了提高，他们亲身感受到了公平，体验到教师对学生的公平公正，为今后他们自身践行公平、公平对待他人奠定了良好的基础，也为他们今后走入社会后，宣传社会公平、维护社会公平，从而推动社会民主、平等的发展奠定了基础。

评价性公平策略有利于产生对学生的正向引导作用。主体教学中，教师的评价对学生主体性的表现与发展起着十分重要的作用，因此，教师的评价要公平公正。其遵循的基本原则是：第一，坚持正向评价原则，以鼓励、引导为主；第二，根据个性差异、学习实际进行评价；第三，以发展的眼光评价学生；第四，评价要有利于全体学生的发展；第五，评价应当把他评与自评结合起来。

资源性公平策略是主体教学有效性的基本要求。教学资源是教学中的硬条件，教学资源的公平利用是教学公平的重要内容。教学中，教学资源是少数学生使用，还是全体学生公平使用，对调动、维持学生的积极性起重要作用。它的不公平使用会使学生产生严重的不满，甚至形成与教师的对立冲突，以致影响教学的有效性。只有教学资源使用的充分性与广泛性的有机结合才能真正确保教学资源使用的有效性。

小班化公平策略有利于保证全体学生的发展。班级授课制虽然有许多优点，如可以节省师资，快速传授知识，可以在集体中培养学生的社会性品质等，却不利于尊重学生的个性差异发展。适度的班级规模既有班级授课制的突出优点，又可以发挥、发展学生以主体性为核心的个性品质。首先，小班化教学可以提高教师对学生的关照度及期望值。小班教学中师生之间互相影响、带动的机会大大增加。教师能有机会倾听学生的见解、意见，同时能据此改变自己的行为方式。教学不再是预成的而是生成的，是师生和谐共创的结果。其次，小班化教学有利于提高教学质量。

一、实验研究设计

（一）实验研究的被试控制

为确保实验的效度，对可能有损实验真实性的无关变量进行了控制，主要有以下几个方面。

第一，被试变量的控制：实验班的学生按自然常态编班即入学随机编班，学生家庭背景、学习成绩、个体情况等方面无明显差异。

第二，教学投入的控制：实验班与其他班级在课程设置、教材范围的控制诸方面均相同；按《普通高中课程标准（实验）》的要求安排教学。

（二）实验研究的方法

本研究采取定性研究和定量研究相结合的方法进行研究。

二、实验研究的策略措施

教学公平是教育公平最重要的方面。它是指教学主体在教学态度、教学参与机会、教学资源配置、教学方法选用、教学评价等方面所采取的比较合情合理的行为。基于这样的理解,我们从"差异性教学策略"这一点来进行教学公平促进主体教学有效性的实验研究。

差异性高中英语课堂教学实验在河北石家庄第六中学高一年级进行,为期一学期。

(一) 问卷调查

1. 学习兴趣方面

问题与选项	学生人数与所占比例		控制组(46人)		实验组(47人)		对照(%)
			后测	百分比(%)	后测	百分比(%)	
1. 我认为英语是非常有趣的。		A	3	6.5	0	0	-6.5
		B	11	23.9	7	14.9	-9.0
		C	17	37.0	17	36.2	0.8
		D	12	26.1	8	17.0	-9.1
		E	3	6.5	15	31.9	25.4
2. 我有自信学好英语。		A	3	6.5	3	6.4	-0.1
		B	10	21.7	10	21.3	-0.4
		C	13	28.3	12	25.5	-2.8
		D	11	23.9	7	14.9	-9.0
		E	9	19.6	15	31.9	12.3
3. 兴趣是我学好英语的最大动力。		A	9	19.6	4	8.5	-11.1
		B	11	23.9	6	12.8	-11.1
		C	15	32.6	10	21.3	-11.3
		D	9	19.6	19	40.4	20.8
		E	2	4.3	8	17.0	12.7

续表

问题与选项	学生人数与所占比例		控制组（46人）		实验组（47人）		对照（%）
			后测	百分比（%）	后测	百分比（%）	
4. 我的自信使我成功。		A	8	17.4	3	6.4	-11.0
		B	12	26.1	11	23.4	-2.7
		C	17	37.0	10	21.3	-15.7
		D	7	15.2	14	29.8	14.6
		E	2	4.3	9	19.1	14.8
5. 我的英语水平提高了。		A	9	19.6	6	12.8	-6.8
		B	12	26.1	7	14.9	-11.2
		C	15	32.6	9	19.1	-13.5
		D	8	17.4	17	36.2	18.8
		E	2	4.3	8	17.0	12.7
6. 我与其他同学是一样聪明的，我可以成功。		A	1	2.2	0	0	-2.2
		B	2	4.3	0	0	-4.3
		C	8	17.4	5	10.6	-6.8
		D	13	28.3	6	12.8	15.5
		E	22	47.8	36	76.6	28.8

注：A. 从不；B. 偶尔；C. 有时；D. 经常；E. 总是。

2. 课堂参与方面

问题与选项	学生人数与所占比例		控制组（46人）		实验组（47人）		对照（%）
			后测	百分比（%）	后测	百分比（%）	
7. 坐在侧排与后排的学生积极参与课堂教学活动。		A	6	13.0	5	10.6	-2.4
		B	21	45.7	14	29.8	-15.9
		C	12	26.1	10	21.3	-4.8
		D	6	13.0	8	17.0	4.0
		E	1	2.2	10	21.3	19.1

续表

问题与选项	学生人数与所占比例	控制组（46人）		实验组（47人）		对照（%）
		后测	百分比（%）	后测	百分比（%）	
8. 好学生与学困生有同等参与课堂的机会。	A	0	0	0	0	0
	B	5	10.9	2	4.3	-6.6
	C	6	13.0	3	6.4	-6.6
	D	24	52.2	16	34.0	18.2
	E	11	23.9	26	55.3	31.4
9. 基于个人差异，老师给了我公平的参与机会。	A	2	4.3	1	2.1	-2.2
	B	2	4.3	1	2.1	-2.2
	C	14	30.4	8	17.0	-13.4
	D	21	45.7	17	36.2	-9.5
	E	7	15.2	20	42.6	27.4
10. 我更加积极地参与课堂活动并回答问题。	A	14	30.4	5	10.6	-19.8
	B	9	19.6	13	27.7	8.1
	C	16	34.8	9	19.1	-15.7
	D	7	15.2	16	34.0	18.8
	E	0	0	4	8.5	8.5
11. 我有表达自己的机会。	A	6	13	4	8.5	-4.5
	B	13	28.3	12	25.5	-2.8
	C	17	37.0	13	27.7	-9.3
	D	8	17.4	10	21.3	3.9
	E	2	4.3	8	17.0	12.7
12. 在英语课上，我与同学们一起讨论、辩论。	A	1	2.2	0	0	-2.2
	B	4	8.7	3	6.4	-2.3
	C	19	41.3	8	17.0	24.3
	D	14	30.4	13	27.7	-2.7
	E	8	17.4	23	48.9	31.5

续表

问题与选项	学生人数与所占比例		控制组（46人）		实验组（47人）		对照（%）
			后测	百分比（%）	后测	百分比（%）	
13. 在小组合作学习中我得到了发展。		A	5	10.9	1	2.1	-8.8
		B	15	32.6	4	8.5	-24.1
		C	13	28.3	16	34.0	5.7
		D	11	23.9	16	34.0	10.1
		E	2	4.3	10	21.3	17.0

注：A. 从不；B. 偶尔；C. 有时；D. 经常；E. 总是。

3. 教学策略与教学评价方面

问题与选项	学生人数与所占比例		控制组（46人）		实验组（47人）		对照（%）
			后测	百分比（%）	后测	百分比（%）	
14. 我喜欢也乐于接受分层教学，我经常为自己的进步而高兴。		A	7	15.2	4	8.5	-6.7
		B	12	26.1	8	17.0	-9.1
		C	13	28.3	13	27.7	-0.6
		D	8	17.4	10	21.3	3.9
		E	6	13.0	12	25.5	12.5
15. 各种各样的教学方法极大地吸引了我。		A	5	10.9	0	0	-10.9
		B	7	15.2	4	8.5	-6.7
		C	16	34.8	13	27.7	-7.1
		D	14	30.4	14	29.8	0.6
		E	4	8.7	16	34.0	25.3
16. 针对学生的个体差异，老师采用了各种各样的公平策略。		A	6	13.0	0	0	-13.0
		B	8	17.4	4	8.5	-8.9
		C	19	41.3	11	23.4	-17.9
		D	12	26.1	14	29.8	3.7
		E	1	2.2	18	38.3	36.1

续表

问题与选项 / 学生人数与所占比例		控制组（46人）		实验组（47人）		对照（%）
		后测	百分比（%）	后测	百分比（%）	
17. 采用客观而公平的评价是科学而合理的。	A	3	6.5	2	4.3	-2.2
	B	7	15.2	2	4.3	-10.9
	C	16	34.8	12	25.5	-9.3
	D	15	32.6	16	34.0	1.4
	E	5	10.9	15	31.9	21.0
18. 诸如个人档案袋、写作练习、日记等形式的评价方式我是非常喜欢的。	A	1	2.2	0	0	-2.2
	B	11	23.9	3	6.4	-17.5
	C	15	32.6	11	23.4	-9.2
	D	14	30.4	19	40.4	10.0
	E	5	10.9	14	29.8	18.9
19. 评价方式的多样化使英语教学更加有效而公平。	A	1	2.2	0	0	-2.2
	B	10	21.7	2	4.3	-17.4
	C	19	41.3	12	25.5	-15.8
	D	9	19.6	16	34.0	14.4
	E	7	15.2	17	36.2	21.0

注：A. 从不；B. 偶尔；C. 有时；D. 经常；E. 总是。

4. 学生反馈方面

问题与选项 / 学生人数与所占比例		控制组（46人）		实验组（47人）		对照（%）
		后测	百分比（%）	后测	百分比（%）	
20. 英语课堂教学呈现出公平、愉悦而轻松的学习氛围。	A	8	17.4	1	2.1	-15.3
	B	19	41.3	7	14.9	-26.4
	C	7	15.2	10	21.3	6.1
	D	8	17.4	17	36.2	18.8
	E	4	8.7	12	25.5	16.8

续表

问题与选项 / 学生人数与所占比例		控制组（46人）		实验组（47人）		对照（%）
		后测	百分比（%）	后测	百分比（%）	
21. 英语课堂教学环境对我的英语提高是有帮助的。	A	1	2.2	0	0	-2.2
	B	10	21.7	1	2.1	-19.6
	C	16	34.8	13	27.7	-7.1
	D	14	30.4	15	31.9	1.5
	E	5	10.9	18	38.3	27.4
22. 在英语课堂上的学习有助于我各方面的发展。	A	1	2.2	2	4.3	2.1
	B	16	34.8	7	14.9	-19.9
	C	18	39.1	14	29.8	-9.3
	D	6	13.0	12	25.5	12.5
	E	5	10.9	12	25.5	14.6
23. 我取得了进步，有一种成功感。	A	4	8.7	2	4.3	-4.4
	B	14	30.4	13	27.7	-2.7
	C	13	28.3	8	17.0	-11.3
	D	12	26.1	12	25.5	-0.6
	E	3	6.5	12	25.5	19.0
24. 英语课堂教学促进了每个学生的发展。	A	3	6.5	1	2.1	-4.4
	B	15	32.6	5	10.6	-22.0
	C	13	28.3	11	23.4	-4.9
	D	10	21.7	16	34.0	12.3
	E	5	10.9	14	29.8	18.9

注：A. 从不；B. 偶尔；C. 有时；D. 经常；E. 总是。

分析：以上我们分别从英语学习的兴趣、学生课堂参与程度、学生对教师教学策略与教学评价的看法、学生反馈等几个方面进行了问卷调查。从表中数据可以看出，控制组与实验组表现出了明显的不同。以前六个题为例，这是关于学生英语学习的兴趣、动机和自信心方面的测试。数据显示，在控制组中，只有3个学生（占6.5%）总是认为英语是非常有趣的，

3个学生（占6.5％）态度明确承认自己从不喜欢英语。而在实验组中，情况发生了变化，有15个学生（占31.9％）总是认为英语非常有趣，比控制组高25.4％，在选项A"从不"上已经变为了零。

（二）课堂观察

在教学实验中，我们对实验班学生的参与机会、回答问题、讨论、表演等各方面进行了观察和记录，并对学生的行为表现进行了分析。

案例6-12

张卫，一个高高的、淘气、开朗的男孩，喜欢各种各样的运动，尤其是篮球。在班里，他不认真听老师讲课，经常制造各种噪音来影响老师与其他同学，在英语的学习上根本没有兴趣……在第八单元"运动"的学习中，实验教师安排了一个活动"模拟采访"，让他担当姚明这个角色，并与"宁辛"（一位女同学扮演）进行一次面对面的来自CCTV的采访。准备时间只有两天，他收集了很多关于姚明的资料，排练的时候也很认真，在演出中他获得了很大的成功，同学们都叫他"中国百事通"，他感觉到了一种成功后的喜悦。从那之后，张卫开始喜欢英语，也积极地参加英语班级活动了。

邓杰，英语学习很差，没有自信，与别人相处时很害羞。父母对她的压力很大，但她却丝毫没有学习英语的兴趣。在一次采访中，实验老师了解到，她擅长唱歌与跳舞，但却没有机会去展示，她的父母不支持她学这些，因此，她每天都很不快乐。实验老师设计了一个活动，通过角色扮演来展示每个人的才能，并积极地鼓励她参加。在此次活动中她竭尽全力，老师与同学们由衷地表扬了她，她也为自己取得的好成绩而高兴。从此，她喜欢上了表演，建立了自信，提高了语言表达能力，英语水平也有了一定的提高。

可以看出，张卫有较强的身体—动觉智力，根据他的这一特点，老师设计了一个合理化的教学方案。不仅他的身体—动觉智力得以发挥，其他的智力如言语—语言智力、交往—交流智力也得到了很好的提高。邓杰的言语—语言能力较弱，她潜在的能力不能发挥是由于环境的因素，只要采取有效的教学方式激发她被压抑的身体—动觉智力和音乐—节奏智力，她就会找回自信，同时树立学习英语的自信。当然，其他的智力也会随之而得到发展。

总之，只要公平合理地对待每一个学生，采取有效的、多元化的教学策略与科学的教学评价，就会促进学生学习的兴趣和多元智力的发展。

三、实验研究的结论

经过实验研究，我们的研究假设得到了验证，教学公平有利于保证主体教学的有效性。真正的主体教学公平必须是基于差异发展的公平。在课堂教学中，教师根据多元智能理论，发挥与发展了每一个学生的个性特点，满足了不同学生的不同学习需求，真正地实现了学生的差异发展、合理发展，提高了主体教学的有效性。

参 考 文 献

[1] 林志红. 打造远离"浮躁"的数学课堂 [J]. 中国教育学刊, 2010 (8): 54.

[2] 李秀萍. 新时期主体教育研究应关注的三个问题 [J]. 中国教育学刊, 2005 (4): 33 - 36.

[3] 汪继东. 主体教育中的自主、发展与创新 [J]. 江西教育科研, 2005 (8): 11 - 12.

[4] 薛爱建. 着力提高学生主体参与水平——主体教育的再思考 [J]. 教育改革, 2005 (1): 8 - 10.

[5] 曾继耘. 主体教育视野下的差异发展教学 [J]. 教育研究与实验, 2006 (5): 14 - 18.

[6] 韩旭东. 假主体性教学是什么样子 [J]. 广东教育, 2007 (2): 22 - 23.

[7] 王升. 主体教育现实化必须重视主体参与 [J]. 教学与管理, 2001 (3): 3 - 6.

[8] 宋秋前. 有效教学的理念与实施策略 [M]. 杭州: 浙江大学出版社, 2007.

[9] 姚利民. 有效教学研究 [D]. 上海: 华东师范大学, 2004.

[10] 钟启泉, 崔允漷. 基础教育课程改革纲要 (试行) 解读 [M]. 上海: 华东师范大学出版社, 2001.

[11] 孙亚玲. 课堂教学有效性标准研究 [D]. 上海: 华东师范大学, 2004.

[12] 关文信. 有效教学评价标准新探 [J]. 天津师范大学学报, 2006 (4): 23 - 26.

[13] 蒋萍, 马广彦. 从新课程看有效教学的标准 [J]. 社科纵横, 2007 (6): 49 - 52.

[14] 林少杰. 有效教学的评价、理念和策略 [J]. 教育导刊, 2007 (3): 48 - 50.

[15] 张璐. 略论有效教学的特征 [J]. 教育理论与实践, 2000 (11): 37 - 40.

[16] 李诏. 有效教学的策略探索 [D]. 桂林: 广西师范大学, 2008.

[17] 崔允漷. 有效教学: 理念与策略 [J]. 人民教育, 2001 (6): 46 - 47.

[18] 蒋诗泉. 高中数学有效教学策略研究 [D]. 天津: 天津师范大学, 2008.

[19] 陶蓉芳. 巧用各种资源, 提高数学教学的有效性 [J]. 教育科研论坛: 教师版, 2005 (9): 7 - 8.

[20] 唐珺. 提高词汇教学有效性的策略 [J]. 教学月刊: 中学版, 2007 (11): 41 - 43.

[21] 陈理宣. 有效教学策略探索 [J]. 西南民族学院学报: 哲学社会科学版, 2002 (6): 26 - 28.

[22] 陈厚德. 基础教育新概念: 有效教学 [M]. 北京: 教育科学出版社, 2000: 69 - 70.

[23] 吕西萍. 谈影响课堂教学有效性的因素 [J]. 咸宁师专学报, 2002 (5): 106-107.

[24] 朱浩亮, 冀桐. 论课堂教学的有效性 [J]. 教学与管理, 2006 (12): 57-59.

[25] 姚利民. 影响有效教学的教师因素分析 [J]. 高等教育研究学报, 2004 (1): 4-6.

[26] 严云堂. 教师教学有效性的制约因素分析 [J]. 教学与管理, 2004 (11): 8-9.

[27] 姚利民. 论有效教学的特征 [J]. 当代教育论坛, 2004 (11): 23-26.

[28] 进连军. 试论有效课堂教学的主要特征 [J]. 高等理科教育, 2007 (2): 13-17.

[29] 龙宝新, 陈晓端. 有效教学的概念重构和理论思考 [J]. 湖南师范大学教育科学学报, 2005 (4): 39-43.

[30] SAADEH I Q. Teacher Effectiveness or Classroom Efficiency: A New Direction in the Evaluation of Teaching [J]. Journal of Teacher Education, 1970 (3): 73-91.

[31] HARRIS A. Effective Teaching: A Review of the Literature [J]. School Leadership & Management, 1998, 18 (2): 169.

[32] ORNSTEIN AC. Strategies for Effective Teaching [M]. second edition. Madison, Wis.: Brown & Benchmark, 1995: 18-19.

[33] GETZELS J W & JACKSON P W. The Teacher's Personality and Characteristics [M] // GAGE N L. Handbook of Research on Teaching. Chicago: Rand McNally, 1963: 506-582.

[34] 陈晓端. 当代西方有效教学研究的系统考察与启示 [J]. 比较教育研究, 2005 (8): 56-60.

[35] KYRIACOU C. Effective Teaching in Schools [M]. Oxford: Basil Blackwell, Ltd.. 1986: 9.

[36] NDIRANGU M. An Improvement in Instructional Quality: Can Evaluation of Teaching Effectiveness Make a Difference? [J]. Quality Assurance in Education, 2005, 13 (3): 183.

[37] GALTON M, SIMON B & CROLL P. Inside the Primary Classroom [M]. London: Routledge and Kegan Paul, 1980.

[38] JOYCE B & WEIL M. Models of Teaching [M]. 4th ed. Englewood Cliffs, NJ: Prentice-Hall, 1996.

[39] TINA S & RICHARD J S. Teaching Effectiveness Research in the Past Decade: The Role of Theory and Research Design in Disentangling Meta-Analysis Results [J]. Review of Education Research, 2007, 77 (4): 54-499.

[40] 肖刚. 有效性教学理论之研究 [D]. 上海: 华东师范大学, 2001.

［41］EMERY C, KRAMER T and TIAN R. Return to Academic Standards：Challenge the Student Evaluation of Teaching Effectiveness［EB/OL］.［2008 - 03 - 12］. http：//www. bus. lsu. edu/academics/accounting/faculty/lcrumblery/stu_ rat_ of_ %20 instr. htm.

［42］ABRAMI P C, APOLLONIA D S and COHEN P A. Validity of Student Rating of Instruction：What We Know and What We Do Not［J］. Journal of Education Psychology, 1990, 82（2）：219 - 231.

［43］RUBIN I. Artistry and Teaching［M］. NY：Random House. 1985.

［44］叶澜. "新基础教育探索性研究" 报告集［M］. 北京：生活·读书·新知三联书店, 1999：87.

［45］马克思恩格斯全集［M］. 北京：人民出版社, 1979：295.

［46］刘敬鲁, 刘敬东. 论个体主体性生成的内在机制［J］. 中国人民大学学报, 1993（4）.

［47］HERBERT W M and LAWRENCE A R. Making Students' Evaluations of Teaching Effectiveness Effective—The Critical Issues of Validity, Bias, and Utility［J］. American Psychologist. 1997：1187 - 1195.

［48］DAVID W, JANE M, RICHARD F, LOUISE P. The Teaching Practices of Effective Teachers of Literacy［J］. Educational Review, 2000（2）：75.

［49］裴娣娜. 发展性教学与学生主体性发展［J］. 河南教育, 1999（1）.

［50］李志厚. 教学有效性与学生整体素质发展浅论［J］. 现代教育论丛, 2001（5）：23 - 29.

［51］程红, 张天宝. 论教学的有效性［J］. 上海教育科研, 1999（5）：13 - 14.

［52］余文森. 课堂教学有效性的探索［J］. 教育评论, 2006（6）：46 - 48.

［53］崔允漷. 有效教学：理念与策略［J］. 人民教育, 2001（6）：46 - 47.

［54］龙宝新. 有效教学的概念重构和理论思考［J］. 湖南师范大学教育科学学报, 2005：7.

［55］冯建军. 当代主体教育论——走向类主体的教育［M］. 南京：江苏教育出版社, 2004.

［56］海德格尔. 存在与时间［M］//刘放桐. 现代西方哲学：下. 修订本. 北京：人民出版社, 1990：602.

［57］多尔迈. 主体性的黄昏［M］. 万俊人, 等, 译. 上海：上海人民出版社, 1992.

［58］DAVID H. Effective Primary Teaching：Research Based Classroom Strategies［J］. Cambridge Journal of Education, 1997, 27 (3): 427.

[59] 转引自：佐藤正夫. 教学原理 [M]. 钟启泉，译. 北京：教育科学出版社，2001.

[60] AMY M U, PAUL H K, ROBERT J U. The Teaching Alliance: A Perspective on the Good Teacher and Effective Learning [J]. Psychiatry, 2007, 70 (3): 187.

[61] 沈德立. 高效率学习的心理学研究 [M]. 北京：教育科学出版社，2006.

[62] 弗洛姆. 自为的人 [M]. 万俊人，译. 国际文化出版公司，1988：177.

[63] 裴娣娜. 现代教学论：第一卷 [M]. 北京：人民教育出版社，2005：24

[64] 奥苏伯尔. 教育心理学 [M]. 余星南，宗钧，译. 北京：人民教育出版社，1994：26–28.

[65] 潘小明. 数学课堂教学活动性初探 [J]. 课程·教材·教法，2008 (11)：44.

[66] 佐藤学. 静悄悄的革命 [M]. 李季湄，译. 长春：长春出版社，2003：16–17.

[67] 刁培萼. 教育文化学 [M]. 南京：江苏教育出版社，1992：73.

[68] 黄雪丽. 把人文精神融入数学教学之中 [J]. 江西教育，2008 (15)：38.

[69] 石中英. 主体教育的文化透视 [J]. 教育研究与实验，1997 (1)：5–8.

[70] 吴也显. 教学论新编 [M]. 北京：教育科学出版社，1991.

[71] DANIEL M and DAVID R. Effective Teaching—Evidence and Practice [M]. London: SAGE Publications Ltd., 2005: 2.

[72] 梁海燕. 开展体验教学 感悟人文关怀 [J]. 中学生物学，2008 (12)：1.

[73] 康纳尔. 20世纪世界教育史 [M]. 张法琨，方能达，李乐天，等，译. 北京：人民教育出版社，1990：139.

[74] 徐红. 语文课堂教学中如何实现教学公平 [J]. 教育学术月刊，2008 (4).

[75] 孙孔懿. 教育失误论 [M]. 南京：江苏教育出版社，1997：244.

[76] 王升. 试论主体参与的教学价值 [J]. 中国教育学刊，2000 (2).

[77] 戴元光. 传播学原理与应用 [M]. 兰州：兰州大学出版社，1988：58.

[78] 李定仁，徐继存. 教学论研究二十年 [M]. 北京：人民教育出版社，2001：72.

[79] BANI B, JOHN C and ELISABET W. Action Research: A Means to More Effective Teaching and Learning, Innovation in Education and Training International [J]. Academic Research Library, 2000, 37 (4): 314.

[80] 袁昌平. 语文课竞争式教学法的运用 [J]. 文科爱好者：教育教学版，2010 (1)：128.

[81] 尼科洛夫. 人的活动结构 [M]. 张凡琪，译. 北京：国际文化出版公司，1988：99.

[82] BARBARA M F. Characteristics of the Teaching Art and Nature of Competencies that Insure Learning [J]. Education, 2000, 121 (1): 167.

[83] 李政涛. 做有生命感的教育者 [J]. 人民教育, 2009 (2): 13.

[84] 沙莲香. 社会心理学 [M]. 北京: 中国人民大学出版社, 1992: 376.

[85] 曾继耘. 论差异发展教学与教学公平的关系 [J]. 中国教育学刊, 2005 (6): 28-31.

[86] 赵丹丹. 课堂教学公平问题透视 [J]. 开封教育学院学报, 2009: 2.

[87] 袁贵仁. 马克思的人学思想 [M]. 北京: 北京师范大学出版社, 1996: 268.

[88] 张文学. 学生差异: 教学公平的困境与思考 [J]. 职业教育研究, 2007 (3).

[89] 尚金鹏. 论合作学习与教学公平 [J]. 普教研究, 2004 (2): 13-18.

[90] 周济. 爱与责任——师德之魂 [J]. 人民教育, 2005 (8): 4.

[91] 王升. 如何形成教学艺术 [J]. 北京: 教育科学出版社, 2008: 95-96.

[92] 邓银城. 论教师在教育公平中的角色 [J]. 教育发展研究, 2007 (4): 65-67.

[93] 李雨竹. 教学公平——教师的责任与素养 [J]. 中国教师, 2006 (36): 9-10.

[94] 全博, 王富伟. 从"潜能生"班看中学的公平教育 [J]. 教育探索, 2005 (8).

[95] 曹家祝. 情境——应为学生创设公平的学习素材 [J]. 数学大世界, 2011 (1).

[96] 叶奕乾, 等. 个性心理学 [M]. 上海: 华东师大出版社, 1993: 52.

[97] 韩进之. 中国青少年心理发展与教育 [M]. 北京: 中国卓越出版公司, 1990: 416.

[98] 涂艳国. 走向自由——教育与人的发展问题研究 [J]. 武汉: 华中师范大学出版社, 1999: 129.

[99] 张捷. 教学与交往之间——历史的看与现实的听 [J]. 教育评论, 2007 (1): 48-50.

[100] TRICIA H. Teaching and Learning in the Language Classroom [M]. Shanghai: Shanghai Foreign Language Education Press, 2002: 30.

[101] 陈国平. 教学、兴趣、能力 [J]. 高教研究, 2007 (1): 47-49.

[102] 杜威. 民主主义与教育 [M]. 王承绪, 译. 北京: 人民教育出版社, 1990: 245-278.

[103] 李强. 论问题教学与合作教学的整合 [J]. 天津市教科院学报, 2008 (1): 37-39.

[104] 王坦. 试论合作教学的理论基础 [J]. 山东教育科研, 2000 (12): 7.

[105] 阮彩霞. 中美课堂提问的比较研究——从两个课堂教学案例引发的思考 [J]. 江西教育科研, 2007 (6): 97-100.

[106] 汤小龙. 苏霍姆林斯基"情感动力"理论浅探（上）[J]. 外国教育资料, 1993 (5).

[107] 卢家楣，贺雯，等. 中学教师在教学中运用情感因素的情况调查 [J]. 教育研究，2001（8）：34-39.

[108] ELMORE LAPOINTE, ELMORE et al. Student Ratings of Teaching Effectiveness: Use and Misuse [J]. The Midwest Quarterly, 1997, 38 (2): 218-228.

[109] 邢维凯. 情感艺术的美学历程 [J]. 上海：上海音乐出版社，2004：206.

[110] 李山川，张履祥，等. 小学儿童不同情绪状态对记忆情绪词的影响 [J]. 心理科学通讯，1987（3）.

[111] 卢家楣. 论情感教学模式 [J]. 教育研究，2006（12）：55.

[112] 卢家楣. 教学领域情感目标的形成性评价研究 [J]. 教育研究，2007（12）：85-89.

[113] JIM S. Learning Teaching: A Guidebook for English Language Teachers [M]. Shanghai: Shanghai Foreign Language Education Press, 2002: 8.

[114] 徐桂书. 教师教学的情感因素 [J]. 成都教育学院学报，2002（8）：49-50.

[115] 李洪玉，何一粟. 学习动力 [M]. 武汉：湖北教育出版社，1999：186.

[116] MICHALIS K. The Characteristics of the Effective Teachers in Cyprus Public High School: the Students' Perspective [C]. PAPER PRESENTED AT Annual Meeting of American Educational Research Association, Chicago, April, 2003.

[117] 梁晓声. 教育是诗性的事业 [N]. 中国教育报，2004-08-10（1）.

[118] 孙喜亭，等. 简明教育学 [M]. 北京：北京师范大学出版社，1984：114.

[119] 刘克兰. 教学论 [M]. 昆明：西南师范大学出版社，1988：173.

[120] 黄甫全，王本陆. 现代教学论学程 [M]. 北京：教育科学出版社，1998：52.

[121] 杨青山. 论矛盾的层次性 [J]. 辽宁行政学院学报，2003（5）：44-45.

[122] 欧阳琼，雷江华. 教学矛盾之探论 [J]. 培训与研究（湖北教育学院学报），2002（4）：85-88.

[123] 贺合政. 操作活动要有深度 [J]. 陕西教育：教学，2010（1）：24-25.

[124] 魏正书. 教学矛盾论 [J]. 锦州师范学院学报：哲学社会科学版，1993（4）：88-92.

[125] 鲍里奇. 有效教学方法 [M]. 易东平，译. 南京：江苏教育出版社，2002：8-16.

[126] 王斌华. 有效教学与低效教学研究：上册 [J]. 全球教育展望，1997（1）：57-61.

[127] TERESA R B. Behaviors and Attitudes of Effective Foreign Language Teachers: Results of a Questionnaire Study [J]. Foreign Language Annals, 2005, 38 (2): 259.

[128] DON M B and JUDY R. Using Criteria of Effective Teaching to Judge Teacher Performance [J]. NASSP Bulletin, 1984: 31 – 35.

[129] PAUL L, ALISON B. To Touch a Life Forever: a Discourse on Trainee Teachers' Perceptions of What It Means to Be an Effective Teacher in the Primary School [J]. Educational Studies, 2003 (29): 2 – 3.

[130] 吴康宁. 为什么学校对学生的发展不负责 [J]. 教育研究, 2007 (12): 21 – 25.

[131] 王曦. 有效教学与低效教学的课堂行为差异研究 [J]. 教育理论与实践, 2000 (9): 49 – 52.

[132] 周浩波. 教育哲学 [M]. 北京: 人民教育出版社, 2000: 112 – 114.

[133] 宗秋荣. 全国首届主体教育理论研讨会综述 [J]. 教育研究, 2004 (3): 92 – 94.

[134] 朱爱所, 等. 初中学生厌学情况的调查报告 [J]. 山西大学学报: 哲学社会科学版, 1994 (2): 94 – 98.

[135] 吴翠龄. 主体性教学要义探析 [J]. 教育评论, 2003 (1): 35 – 37.

[136] 鲁洁: 论教育之适应与超越 [J]. 教育研究, 1996 (2).

[137] DENNIS L J, CAYLAR T, SUSAN J R, et al. The Dimensions of Students' Perceptions of Teaching Effectiveness [J]. Educational and Psychological Measurement, 1999, 4 (59): 580–596.

[138] 程红, 等. 论教学的有效性及其提高策略 [J]. 中国教育学刊, 1998 (5).

[139] 易良斌. 以学生发展为本, 提高小学数学课堂教学的有效性 [J]. 教育科学研究, 2002 (11): 39 – 42.

[140] 杨光. 行为科学的价值定位与构建和谐社会的几个问题 [J]. 首都经济贸易大学学报, 2006 (6): 22 – 25.

[141] EDWARD P M. Effective Teaching in the Urban High School [J]. Urban Education, 1979, 2 (14): 161 – 181.

[142] 吴素芸, 邓庆环. 基于有效性教学理论的教学管理模式构建 [J]. 教学与管理, 2006 (8): 56 – 57.

[143] 李秉德. 教学论 [M]. 北京: 人民教育出版社, 1991: 51.

[144] 王升. 教学设计法 [M]. 石家庄: 河北人民出版社, 2005: 61.

[145] 张华. 课程与教学论 [M]. 上海: 上海教育出版社, 2000: 174.

[146] R. M. 加涅. 学习的条件和教学论 [M]. 皮连生, 等, 译. 上海: 华东师范大学出版社, 1999: 358.

[147] 吴康宁. 教育社会学 [M]. 北京: 人民教育出版社, 1998: 99.

[148] 裴娣娜. 发展性教学论 [M]. 沈阳：辽宁人民出版社，1998：21.

[149] WILLIAM W, JANICE H, MARGARET I B, RICHARD K. Dynamics of Effective Secondary Teaching [M]. New Jersey：Prentice Hall, 2004：4.

[150] 王鉴. 课堂教学的有效性问题研究 [J]. 宁夏大学学报，2006（1）：110-114.

[151] 陈时见. 课程学习论 [M]. 南宁：广西师范大学出版社，2001：9.

[152] 李森. 现代教学论纲要 [M]. 北京：人民教育出版社，2005：381.

[153] 王晓东. 爱，需要用心复制、用行动粘贴 [J]. 考试周刊，2011：28.

[154] 史根东. 主体教育概论 [M]. 北京：科学出版社，1999：204.

[155] 叶澜. 扎实、充实、丰实、平实、真实：什么样的课算是一堂好课 [J]. 基础教育，2004（7）：13-16.

[156] MARIA Y, CHARLES B, GARY K. Evidence of Effective Teaching：Perceptions of Peer Reviewers [J]. Proquest Education Journals, 2002, 3（50）：104-110.

[157] 唐晓杰，等. 课堂教学与学习成效评价 [M]. 南宁：广西教育出版社，2000：64-74.

[158] 林德全，有效教学研究透视 [J]. 广西师范大学学报，1998（2）：88-91.

[159] 王雪丽，王明珠. 对课堂教学有效性的思考与认识 [J]. 太原理工大学学报：社会科学版，2002（1）.

[160] 郑和. 优秀教师自主成长：内涵与策略 [J]. 课程·教材·教法，2004（11）.

[161] JOSEPH S C. Teaching Classroom Educators How to Be More Effective and Creative Teachers [J]. Education, 2000, 4（120）：675-680.

[162] PETER B and VIV M. Relationships between Class Size and Teaching：A multimethod Analysis of English Infant Schools [J]. American Educational Research Journal, 2002, 1（39）：101-132.

[163] JEREMY A P. Traits of Effective Teachers [J]. Arts Education Policy Review, 2006, 4（107）：23.

[164] 蒋亦华. 当代我国教师标准问题之研究 [J]. 教师教育研究，2007（7）：33-36.

[165] 华才. 人才概念与人才标准 [J]. 中国人才，2004（2）：61-62.

[166] 买力坎·吐尔逊艾力，曹浩文，等. 美国20世纪中小学优秀教师标准的回顾 [J]. 课程教材教学研究（中教研究），2006（3）：16-17.

[167] 王荣德，等. 优秀教师的人格特征与名师的培养 [J]. 宁波教育学院学报，2005（2）.

[168] 吕星宇. "北环现象"中的管理变革 [J]. 中国教育学刊，2010（9）：53.

[169] MARY B and KEN A. Pupil Perceptions of Effective Teaching and Subject Relevance in History and Geography at key Stage 3 [J]. Proquest Education Journals, 2004 (71): 1-8.

[170] 范牡丹. 论主体性教育及其对建构现代课堂教学的启示 [J]. 榆林学院学报, 2005 (1): 103-104.

[171] 魏金声. 现代西方思潮的震荡 [M]. 北京: 中国人民大学出版社, 1996: 275.

[172] 张焕庭. 西方现代资产阶级哲学论著选 [M]. 北京: 人民教育出版社, 1979: 114.

[173] 弗里德曼, 等. 中小学教师应用心理学 [M]. 李国辰, 译. 北京: 人民教育出版社, 1993: 9.

[174] 夸美纽斯. 大教学论 [M]. 傅任敢, 译. 北京: 教育科学出版社, 1999: 19.

[175] DALID G, LINDSAY M. Establishing Self-Access—From Theory to Practice [M]. Shanghai: Shanghai Foreign Language Education Press, 2002: 1-3.

[176] 丁念金. 学校课程统整中的课程结构设计 [J]. 课程·教材·教法, 2008 (11): 6.

[177] DAVID M. Key Element of Effective Teaching in Block Periods [J]. The Clearing House, 1998, 1 (72): 55.

[178] 联合国教科文组织国际教育发展委员会. 学会生存——教育世界的今天和明天 [M]. 华东师范大学比较教育研究所, 译, 北京: 教育科学出版社, 1996: 42.

[179] 胡劲松. 论教育公平的内在规定性及其特征 [J]. 教育研究, 2001 (8): 8-12.

[180] 王福显. 教师课堂教学公平的实现 [J]. 教学与管理, 2005 (10): 3-5.

[181] 中央教育科学研究所比较教育研究室编译. 简明国际教育百科全书: 教学 (上) [M]. 北京: 教育科学出版社, 1990: 6.

[182] LEONARD S L. Class Size and Instruction [M]. UK: Longman Press, 1983: 202.

[183] 代小锋. 以表扬、鼓励代替批评、惩罚 [J]. 陕西教育: 教学, 2010 (4): 59.

[184] 桑新民, 陈建翔. 教育哲学对话 [M]. 石家庄: 河北教育出版社, 1996: 317.

[185] 李润洲. 课堂教学公平问题的理性思考 [J]. 天津市教科院学报, 2002 (8): 48-52.

[186] 金传宝. 美国关于班级规模的实验研究 [J]. 比较教育研究, 2004 (1): 54-57.

[187] 苏霍姆林斯基. 给教师的建议: 下册 [M]. 北京: 教育科学出版社, 1981: 289.

[188] PAT W. Revisiting Effective Teaching [J]. Educational Leadership, 1998, 3 (56): 61-64.

[189] 田盛丰, 李爱中. 计算机网络教学应用研究 [J]. 中国电化教育, 1998 (4): 56-58.

[190] 邓栩, 刘忠. 基于 Internet 和 Intranet 的多媒体网络教学 [J]. 中国电化教育, 1999 (5): 49-51.

一、关于选题

我的博士论文是《发展型教学主体参与研究》，在当时进行答辩时，一些专家提出了学生参与的效度问题。该论文在教育科学出版社出版后，引起了较为广泛的关注。我在网上注意到，一些中小学校把它作为教师培训的教材或参考书。该书的一些读者也反映了主体教学的有效性问题。

在河北工作以来，我参与过一些中小学教师与校长的培训，他们对主体教学很感兴趣，认识到在教学中应当培养与发挥学生的主体性，但他们也有一定的困惑，对主体教学实践过程中的一些问题不知如何解决。例如，如何处理主体性发展与应试能力培养的关系问题，如何使学生的主体性更加适应我们传统文化的问题，如何解决主体教学中的不公平问题，如何提高主体教学的效率问题等。

我去过一些教改实验区，观察过一些"所谓"主体教学的课堂教学。有两种情况：一种情况是一些教师认为主体教学在应试教育的现实背景下往往难落到实处，因此他们在教学中对此纯粹予以排斥；另一种情况是一些教师不知如何在合理的"度"上把握主体性，致使在教学中出现了一些形式主义的东西。

因此，我越来越感觉到，主体教学应该进行本土化改造，应该更加强调"实效性"。如果把主体教学推到一种极端状态——一种与传统教学完全对立的状态，那么，它就会"曲高和寡"，必然在现实的教学中失去其应有的位置。

如果说主体教学一开始作为一种教学理念的话，那么，十余年后的今天，主体教学更应该成为一种实际的方法。教师需要的不仅是一种理念的冲击，他们更需要的是现实的方法方面的指导。

由此，我便选择了这个课题作为我博士后工作期间的主要研究任务。

如果说我的博士论文富有浪漫主义色彩的话，那么我的博士后论文就更具现实主义基调。

我的选题得到了合作导师曾天山研究员的认可，也得到了一些中学教师与校长、朋友的支持，他们认为该研究可以帮助他们解答一些认识与实际操作方面的困惑。

二、关于研究过程

我的基本研究思路是：问题研究—目标定位—标准设计—视阈分析—动力分析—教学策略—教学实验。

合理的主体性作为主体教学的一个目标定位，是我强烈的现实主义精神的具体体现。我认识到理论必须服务于当前的实际需要，也认识到只有合乎我国主流文化，我们所培养的人才能为和谐社会作出自己的贡献。从哪几个方面去看主体教学的有效性，这是我在主体教学视阈研究中考虑的主要问题。主体教学具有很强的社会性，我们培养的学生也要服务于未来社会，因此，社会性视阈必须是第一视阈。教学公平问题在我国当前的教学中比较凸显，没有公平，也就没有主体教学的有效性，可见，公平就是第二视阈。过去的主体教学对教学艺术较为忽视。不重视人的情意因素，就会影响主体教学的有效性，我们应该把教学艺术视阈作为主体教学有效性的第三视阈。

教学动力问题也是本研究特别关注的。社会性动力、心理动力都是主体教学的必要动力，矛盾也是推动主体教学的动力。主体教学有效性的标准是本研究的一个难点。标准设计出来以后，我与该课题合作教师反复进行讨论，他们也在自己的教学中进行试用。在此基础上，我们进行了教学策略的研究，具体方法是边设计策略边进行实验研究。因此，实验部分主要是对策略的实证研究。

三、本研究的创新与亮点

第一，研究视野的创新。研究主体教学的成果不少，但研究主体教学有效性的成果却很少；研究教学有效性的成果较多，但研究主体教学有效性的成果却少之又少。因此，进行主体教学有效性研究就是一种研究视角的创新。

第二，提出了合理的主体性的目标定位，首次对主体性的边界、程度进行了思考，这是本研究的基点。对科学精神和人文素养与主体性的关系进行了研究，进而提出了科学的主体教学内容方面的价值取向。

第三，首次探讨了审视主体教学的视阈问题，从不同的方面看主体教学会有不同的标准要求。本研究提出了社会视阈、公平视阈、教学艺术视阈，首次探讨了主体教学与教学公平、教学艺术的关系。

第四，首次探讨了主体教学有效性的标准问题，为教师在课堂上科学、合理地把握主体教学提供了基本依据，具有很强的可操作性，有利于把主体教学理论运用到教学实践中去。

第五，在主体教学策略方面也进行了创新性探索，对主体参与进行了系统探索，首次从教学公平、教学艺术角度探讨了保证主体教学有效性的策略问题。

研究过程的几个亮点：

第一，广泛调查，从问题出发进行研究，增强了研究的针对性。

第二，查阅了大量的外文资料，使本研究具有"国际视野"。

第三，进行了范围较广的实证研究。

四、特别鸣谢

首先我要感谢导师曾天山研究员，他对重大课题娴熟的驾驭能力以及高层次的见解，永远是我学习的榜样！

在中国教育科学研究院组织的开题报告与中期检查中，各位专家的具体指导使我的思路越来越清晰，观点越来越成熟。研究之初，我在几个省市进行了问卷调查，也访问过当年开展主体教学的试验学校，得到了许多朋友的热情帮助，他们的一些意见给了我很大的启发。我要感谢他们！

我要感谢朱小蔓教授、田慧生研究员、华国栋研究员、程方平研究员、陈如平研究员！

感谢教育科学出版社刘灿主任以及责任编辑何薇为本书的出版所付出的辛勤劳动！

我要感谢我的妻子赵双玉女士，她是我顺利完成学业的坚强后盾！

我要感谢我的合作者：张燕、李海燕、辛志英、张婉丽、杜庆峰、张彦钗、王志英、董晶晶！